삶의
길목에서
만난,
신화

삶의 길목에서 만난 신화

초판 1쇄 발행 2013년 2월 10일 **╲초판 3쇄 발행** 2015년 8월 1일
지은이 김융희 **╲펴낸이** 이영선 **╲편집 이사** 강영선 **╲주간** 김선정 **╲편집장** 김문정
편집 김종훈 김경란 하선정 김정희 유선 **╲디자인** 김회량 정경아 이주연
마케팅 김일신 이호석 김연수 **╲관리** 박정래 손미경

펴낸곳 서해문집 **╲출판등록** 1989년 3월 16일(제406-2005-000047호)
주소 경기도 파주시 광인사길 217(파주출판도시) **╲전화** (031)955-7470 **╲팩스** (031)955-7469
홈페이지 www.booksea.co.kr **╲이메일** shmj21@hanmail.net

ⓒ 김융희, 2013
ISBN 978-89-7483-590-3 03100
값 14,900원

이 도서의 국립중앙도서관 출판시도서목록(CIP)은 e-CIP 홈페이지(http://www.nl.go.kr/ecip)에서
이용하실 수 있습니다.(CIP제어번호: CIP2013000346)

이 책은 2011년 '참여연대 아카데미 느티나무'에서 개설한 〈삶의 길목에서 만나는 신들의 이야기〉강연을 토대로 만들어졌습니다.

삶의 길목에서 만난, 신화

김융희 지음

서해문집

프롤로그

신화가 말을 건넬 때

> 악천후는 여행에 소금 같은 것이다. 비록 그 고요한 질서를 뒤흔들어 놓기는 하지만. 악천후는 잊을 수 없는 기억을 보증한다. 비록 당장에는 애태우며 겪어야 하는 체험이긴 하지만.
> ― 다비드 르 브르통, 《걷기예찬》 중에서

사는 일이 안갯속을 헤매는 듯할 때가 있다. 늘 다니던 길이 흐릿해지고 길을 알려 주던 표지들이 갑자기 불어온 폭풍우에 날려 부서지거나 사라져 버릴 때가 있다. 그 길 위에 서서 우리는 지금까지 우리를 안전하게 보호해 주던 것들이 우리에게 등을 돌리며 우리가 믿고 의지하던 앎이나 견해들이 무용지물이 됨을 경험한다. 예상치 못한 순간에 찾아오는 손실, 배반, 이별이 우리를 뒤흔들어 슬프게 하고 분노하게 하며, 아무 탈이 없던 인생에 균열을 일으키며 뜻밖에 불어온 매서운 바람이 우리를 바닥에 내동댕이칠 때가 있다. 매끈하게 다듬어진 인생의 행로에 균열이 가고 그동안의 질서가 와해되며 삶이 희뿌연 안개로 뒤덮인다고 느낄 때쯤 저 너머 어디선가 알

듯 모를 듯 작고 희미한 목소리가 우리를 이끌어 다시 길을 찾고 혼란 속에 잊었던 원래의 목적지를 기억나게 할 때가 있다.

　　　　허풍으로 가득 찬 판타지로 알고 있던 신화가 우리에게 그 진면목을 드러내는 순간이 바로 그런 때다. 눈에 보이는 것, 겉으로 드러난 것들이 우리에게 더 이상 표지가 되지 못할 때, 당연해 보이던 것이 의심스러워지기 시작할 때, 내 뒤편의 길게 드리워진 그림자가 비로소 눈에 띄기 시작할 때다. 앞을 향해서 거침없이 내달리던 삶에 예기치 않은 제동이 걸리기 시작하는 그 순간, 이상하게도 신화는 그때 그 멈춤이 장애가 아니라 축복이라고 말해 주는 듯하다. 그동안 우리의 눈이 한곳에 고정되어 알아볼 수 없던 것들에 눈이 열리고 우리 자신과 세계의 전체적 면모를 비로소 이해할 수 있게 되는 기회 말이다.

　　　　　오래된 이야기가 전해 주는 희미한 목소리에 귀를 기울이면 지금까지 큰소리에만 반응하다 피곤해진 청각의 예민함이 다시 살아난다. 거센 눈보라와 안개바람에 휩쓸려 보이지 않던 미세한 세계들이 눈에 들어오며 작은 바스락거림도 길을 찾는 힌트가 된다. 신화가 건네는 말이 들리기 시작하면 우리를 뒤흔드는 삶의 변덕과 요동에 불안해 하고 두려워하기보다는 그것이 우리의 삶을 움직이는 자연의 섭리임을 알고 큰 흐름에 몸과 마음을 맡기는 여유가 생긴다.

신화는 우리가 운명이라고 부르는 자연의 섭리에 대한 이야기다. 우리는 세상을 마음대로 다루며 편한 대로 바꾸며 살고 싶어 하지만 그것은 어디까지나 욕심일 뿐이다. 이 세상은 인간만 사는 것도 아니고 우주가 인간만을 위해서 존재하는 것도 아니다. 우리는 큰 우주, 큰 생명의 일부분일 뿐이다. 옛날 중국의 창조신화 속에서 인간은 우주적 거인의 몸속에 빌붙어 사는 벼룩이었다고 한다. 산과 들은 우주적 거인의 몸이고 강과 바다는 우주적 거인의 피라고 한다.

반고盤固라는 이름의 이 거인은 혼돈이라는 이름의 알에서 태어나 하늘과 땅이 뒤섞이지 않게 하려고 두 팔과 두 다리로 1만 5000년 동안 버티고 섰다 온몸에 힘이 빠져 그 자리에 쓰러져 버렸다. 그의 두 눈은 해와 달이 되었고 머리카락에 붙은 땀방울들은 하늘의 별이 되었다. 그의 몸에 나 있던 털들은 초목이 되었고 그 사이에 숨어 살던 벼룩은 인간이 되었다고 한다. 이 이야기를 전한 이들에게 이 세계는 살아 있는 우주적 거인의 몸이다. 산과 들, 산맥과 바다는 모두 언젠가 숨을 쉬고 땀을 흘리던 생명을 지닌 몸이었다. 그뿐만 아니라 이 모든 것을 태어나게 한 존재는 태초의 충만함으로 가득 찬 '혼돈'

이라는 이름의 알이다.

　　　　이 세상을 더 이상 생명을 지니지 않은 죽은 사물로 보기 시작하면서 인간에게는 재앙이 찾아왔다. 그리스인들이 전하는 비극적 신화들은 바로 인간이 자연의 일부라는 사실을 망각하고 인간의 영웅적 면모를 찬양하면서 생겨나기 시작했다. 그리스의 비극적 신화들이 저 밑바닥에서 조용히 울리는 경고는 '인간들이여, 오만을 경계하라'는 목소리다. 어디 그리스인들에게만 울릴 뿐일까. 지금 우리는 자연에 대하여, 우주에 대하여 더할 나위 없이 오만하다. 세상 모든 것이 지나치게 인간중심적으로 개조되고 말았다. 그 결과는 모두가 다 알다시피 지구생태계의 위험이며 그 안에 거주하고 있는 우리 삶의 부조화와 생명의 고갈이다.

　　　　신화는 자연의 보이지 않는 운명적 질서에 대한 이야기를 건넨다. 한편에서 승리하면 한편에서는 패배한다. 한편에서 살아나면 한편에서 죽는다. 한편에서 밝으면 한편에서는 어둡다. 물론 어느 쪽도 영원히 승리하거나 영원히 밝지 않다. 언젠가의 승리는 또 다른 패배를 부르며 빛은 어둠과 교체된다. 우리가 둘로 나눠 놓은 가치들이 생명 속에서는 항상 함께하고 있으며 누구도 그 뒷면을 거부할 수는 없다. 우리가 밀어낸 것들이 다시 우리에게 돌아오며 우리가 갈구하는 것들이 끊임없이 우리의 손아귀를 벗어난다. 마치 상반된 것처럼 보이는 것들이 뒷면에 그림자처럼 자리 잡고 있다가 어느 날 갑자기 소리도 없이 우리 앞에 나타난다. 가장 밝은 대낮에 검은 그림자가 발밑을 물들이며 가장 어두운 밤에 새벽의 빛이 깃들 듯이 말이다. 빛나는 아침이든 캄캄한 밤이든 우리는 가던 길을 가야 하고 삶은 우리에게 항상 예상치 않은 선물을 감추고 있다.

신화 속에 깃든 목소리는 오래전 모든 자연 속에 깃들어 있던 신성한 생명의 소리다. 가만히 귀를 기울여 보면 우리의 내면 속에서 아주 작고 미미한 소리로 울리는 영혼의 울림 같은 것이다. 길을 잃고 헤맬 때 우리는 어느 때보다 그 소리를 잘 들을 수 있다. 밖이 어둡고 혼란스러울 때 우리 안의 빛은 그 어느 때보다 강해진다. 아주 오래전 우리가 동물과 가까이 지내고 숲과 바다와 가까이 지낼 때 우리를 이끌던 생명의 목소리가 깨어나 우리를 이끄는 것이다. 신화는 우리 안에 깃든 이 오래된 생명에 대한 이야기다. 그 오래된 생명은 사람과 동물, 나무와 풀, 바다와 산, 숲과 사막에 깃들어 있으므로 신화 속에서 사람은 동물이 되기도 하고 나무가 되기도 하며 바다와 숲의 말을 하기도 한다.

우리 안에서 생명이 살아 있는 자연과 한 그물로 연결되어 있듯이 신화를 만들어 내고 전달하는 주인공은 신화를 기록하는 사람도 신화를 이야기하는 사람도 아닌, 모두에게 깃들어 있는 오래된 생명의 목소다. 그 목소리가 우리 안에서 들리기 시작할 때 우리는 신화 속에 등장하는 신들이 그러하듯이 '변신'한다. 그때 우리를 혼돈 속에 묶어 두던 안개는 걷히고 비로소 보이지 않던 길이 환하게 드러난다. 우리가 이전과는 다른 존재로 성장하는 것이다.

이 책은 우리가 살면서 만나게 되는 악천후에 대한 이야기다. 우리 모두는 언젠가 한번쯤 길을 잃게 되며 우리가 길을 잃을 때마다 우리 안의 자연은 그 다음에 우리에게 줄 선물을 준비하며 저편에서 웃음 짓는다. 길을 한번 잃고 다시 거기서 잃어버린 길을 되찾을 때마다 우리는 조금씩 성장한다. 삶의 성장은 한평생 이어지며 우리 모두는 길 위에 서 있다. 이 책이 삶의 길목에서 만나는 악천후 속에서 길을 헤쳐 나가는 아리아드네의 황금실이 될 수 있기를 바라면서, 신들의 이야기를 시작한다.

프롤로그
신화가 말을 건넬 때 4

I 교차로에서 던지는 신의 질문 · 엇갈림
오이디푸스와 스핑크스 15
너 자신을 알라 22
스핑크스의 목소리를 따라서 29

2 꿈의 문지방 건너기 · 꿈
영혼의 밧줄 45
문지방의 시간 54
헤르메스와 트릭스터 59

3 신, 동물, 인간의 변신놀이 · 변화
스피릿 75
염소사냥꾼 83
늑대인간 91
곰이 되고 싶어요 97

4 삶의 미로에서 만나는 괴물들 · 방황
크레타의 미궁 107
미궁 속의 황소 118
거미여신의 축복 127

5 잃어버린 신발 찾기 · 사랑

재투성이 아가씨　　　　　　139
황금과 재 그리고 아궁이　　　149
등잔과 칼　　　　　　　　　156

6 황금양털의 주인 · 독립

모노산달로스　　　　　　　　179
무서운 아버지와 아들의 복수　185
메데이아의 가마솥　　　　　　195
뿔 달린 신　　　　　　　　　205

7 사랑의 여신들의 지하여행 · 삶과 죽음

거꾸로 매달린 여신　　　　　217
어머니 여신과 아들　　　　　229
신경질적인 영웅　　　　　　241
루시퍼　　　　　　　　　　　246

8 성배와 연꽃사다리 · 공감

당신, 괜찮으세요?　　　　　259
밥하고 빨래하는 여신　　　　278

에필로그
스핑크스의 질문에 답하며　　288

주 · 298　　참고 자료 · 301

교차로에서 던지는 신의 질문

I

엇갈림

오이디푸스와 스핑크스
너 자신을 알라
스핑크스의 목소리를 따라서

오이디푸스와 스핑크스

옛 그리스의 보이오티아Boeotia 지방에 테바이Thebae라는 도시가 있었다. 그런데 이 도시에는 골치 아픈 문제가 있었다. 도시로 들어오기 위해서 반드시 거쳐야 하는 길목에 괴물이 자리 잡고 앉아 있다가 지나가는 사람들을 잡아먹었기 때문이다. 그런데 이 괴물은 사람을 해치기 전에 꼭 수수께끼를 냈다. 게다가 괴물은 생김새도 요상했는데 몸은 사자, 날개는 독수리, 꼬리는 뱀의 모습을 했고 얼굴은 아름다운 여자였다. 정체성이 묘연한 이 괴물이 지나가는 나그네를 불러 세워 놓고 질문을 던진다. "두 발로도 걷고 네 발로도 걸으며 또한 세 발로도 걷는다. 이 생물의 이름은 하나다. 땅 위를 걷거나 공중을 날거나 물속을 헤엄치는 모든 것 중에 이것만이 형상을 바꾼다. 그러나 네 발로 걸을 때가 가장 느리다. 그것이 무엇인가?"

　　　　도둑이나 강도가 출몰할 것 같은 인적이 드문 길목에서 이렇게 생긴 괴물이 갑자기 나타나 길을 막고 이런 질문을 던진다면 어떤 기분일까? 그 당시 멀고 험한 여행을 주로 하던 사람은 아마도 거의 모두 남자였을 테니 이 괴물의 아름다운 얼굴에 먼저 마음을 빼앗겼을지도 모를 일이

귀스타브 모로, 〈오이디푸스와 스핑크스〉, 1864

다. 괴물의 목소리는 어땠을까? 외모가 이러니 목소리도 여러 겹이 아니었을까? 사자처럼 으르렁거리며 뱀처럼 교태가 넘쳐흐르고 독수리 눈처럼 날카로운 목소리였을 거다. 어쨌든 이 여자 괴물은 항상 지나가는 사람의 길을 막고 묻는다. 한편으로는 무섭고 한편으로는 신비스러운 모습에 이미 넋이 반쯤은 나간 나그네는 십중팔구 답을 못 했을 게 틀림없다. 넋이 빠져 우물쭈물하고 있는 나그네를 지켜보던 괴물은 순식간에 그를 덮쳐 날카로운 발톱으로 몸을 갈기갈기 찢어 굶주린 사자처럼 뜯어먹었을 게다. 주변에는 이전에 먹잇감이 된 불쌍하고 어리석은 나그네들의 잔해가 여기저기 널려 있었을 테고 말이다.

이 무섭고도 아름다운 괴물에 대한 소문은 주변 마을로, 도시로 바람에 실려 흘러 다녔다. 물론 괴물을 마주친 자들은 모두 죽었을 것이므로 괴물이 수수께끼 내기를 한다는 사실보다는 길목에서 마주치게 되면 잡아먹히게 된다는 이야기만 돌아다녔을 게다. 아무도 수수께끼를 풀지 못한 채로 먹잇감이 되어 버렸으니 말이다. 그런데 영원한 승자는 없는 모양인지 승승장구하던 그녀의 명예에 먹칠을 하는 사건이 터지고 말았다. 오이디푸스Oedipus라는 이상한 이름을 가진 자가 나타나 수수께끼를 풀고 만 거다.

오이디푸스란 '부은 발'이란 뜻이다. 그는 테바이와 이웃해 있는 코린토스Korinthos 왕의 업둥이 왕자였다. 물론 많은 업둥이가 그러하듯이 그는 자신이 업둥이라는 사실을 모른 채로 성장한다. 이런 이름을 얻게 된 것은 친부모가 그를 버리면서 상자에 넣은 채로 발에 못을 박아 강물에 띄워 보냈고, 양부모가 그를 발견했을 때 발이 심하게 부어 있었기 때문이다. 친부모가 그를 버린 이유는 자식이 태어나면 자신들에게 무서운 재앙이 닥친다는 예언을 들었기 때문이다. 그렇게까지 했는데도 몹쓸 예언은 결국 실현되고 말지만 말이다. 친부모가 두려워한 예언은 자식이 태어나면 제 아비를 죽이고 제 어미와 몸을 섞게 된다는 거였다. 오이디푸스는 자신이 업둥이라는 사실을 모른 채로 이 예언에 대해 알게 된다. 그가 코린토스를 떠나 테바이로 가게 된 것도 실은 무시무시한 저주로부터 도망치기 위해서였다. 저주를 피하려면 부모로부터 멀리 떠나는 것이 상책이었으므로. 그런데 무언가를 피한다는 것이 결국은 그것으로 끌려가게 되곤 한다. 오이디푸스도 그랬다.

코린토스를 떠나 방황하고 있던 젊은 청년 오이디푸스는 길거리에서 어떤 노인과 시비가 붙었다. 좁은 길목에서 서로 길을 비키라고 실랑이를 벌이게 된 거였다. 아직 철이 없던 오이디푸스는 자신에게 내려진 불길한 운명을 생각하느라 심란하고 우울했고 그러다가 화가 난 참이었다. "도대체 왜 나한테 이런 운명이 내려진 거야? 내가 뭘 잘못했길래? 그 망할 놈의 신탁 때문에 나는 내가 가진 모든 것을 포기했어. 신탁만 아니었으면 나는 코린토스의 왕자로서 나라를 이어받았을 거고 장차 왕이 돼 아무 문제없이 이 나라를 다스릴 수 있었을 텐데. 이렇게 방랑자의 꼴이 되다니. 쳇!" 신탁이 아직 실현되진 않았지만 마음은 영 불안했다. 도대체 누구를 탓해야 할지도 몰랐다. 이런 상황에서 우리는 불특정 다수, 말하자면 세상에 대해 화를 낸다. 나만 빼고 모든 사람이 멀쩡한 것 같고 남들은 불행이 뭔지도 모르고 고뇌가 뭔지도 모르는 채로 아무 탈 없이 행복하게 살고 있는 것으로만 보인다. 좁은 길목에서 모르는 노인과 실랑이가 붙었을 때 오이디푸스의 마음도 마찬가지였다. 그러던 차에 마차 안에 앉아 있던 노인

네가 갑자기 튀어나와 들고 있던 지팡이로 오이디푸스의 머리를 탁탁 치며 이렇게 말했다. "요즘 젊은 것들은 정말 버르장머리가 없다니까! 보아하니 행색도 변변치 않은 꼴이 별 볼 일 없는 놈인 것 같은데 저리 비키지 못할까!" 불난 곳에 기름을 부은 꼴이다.

성질이 불같이 치솟은 오이디푸스는 들고 있던 몽둥이로 노인을 마구 두들겨 팼다. 주변에서 말리려는 수행원들에게도 가리지 않고 몽둥이를 휘둘러 댔다. 그렇게 끓어오르는 울분을 한껏 풀고 정신을 차려 보니 노인을 비롯해 일행 모두 죽어 있었다. 사실 노인이 그의 친부였으니 예언이 실현되고 만 꼴이다. 물론 그도 그의 아비도 그 사실을 모른 채 말이다. 그때 오이디푸스는 자신이 저지른 끔찍한 짓을 반성하지도 후회하지도 않았다. 그저 지나가다 벌어진 재수 없는 사건이라 생각하고 얼른 자리를 피해 도망쳤다.

그가 '질문하는 괴물' 스핑크스Sphinx와 마주친 것은 이런 일이 있은 후였다. '스핑크스'란 이름은 '묶는다'란 뜻이다. 그래서 그녀는 때로 '교살자'로 불리기도 했다. 그녀는 당시의 여자 괴물들이 그러하듯이 지나가는 나그네를 유혹해 덫에 빠트리는 존재였고 그 덫이 바로 수수께끼였다. 거의 모든 사람이 수수께끼를 풀지 못한 채로 그 덫에 빠져 목숨을 잃었지만 오이디푸스는 수수께끼를 풀었기 때문에 덫에 걸려 버린다. 그가 걸려든 덫은 바로 '오만'이라는 또 다른 덫이었다. 오만이 어떻게 덫이 될 수 있을까?

그리스인들이 가장 경계한 것 중에 하나가 바로 오만이었다. 아리스토텔레스는 《시학》에서 비극의 주인공이 몰락하게 되는 원인이 '오만'이라고 말한다. 그는 오만을 일종의 성격적 결함으로 보았다. 오이디푸스 역시 마찬가지다. 그가 자신의 처지에 대한 분노에 이글거려 길거리에서 만난 노인을 아무런 죄책감 없이 죽일 수 있던 것도 바로 오만한 성격에서 비롯되었다. 그는 성미가 불같은 젊은이였다고 한다. 자기 길을 막는 자는 모조리 밀쳐내 버리고 자기 외에 다른 이는 안중에도 없는 것, 이것이 그의 오만이다. 게다가 아무도 풀지 못하던 스핑크스의 수수께끼를 풀었다는 자신감은 그를 더욱 오만한 인간으로 만들기에 충분했을 것이다. 소포클레스가 쓴 《오이디푸스 왕》에는 이런 대목이 나온다. "오만은 폭군을 낳는다. 오만은 합당치도 이득도 되지 않는 부에 허망한 포만을 느끼고 드높은 성벽에 오르면 비참한 운명에 빠지고 허우적거리며 헤어나지 못한다."[1] 그런 의미에서 진정한 승자는 오이디푸스가 아닌 스핑크스라 할 만하다.

오만의 덫을 놓은 자는 다름 아닌 스핑크스다. 그녀는 오이디푸스가 수수께끼를 풀자 벼랑에 몸을 던져 자살했다고 알려진다. 그러나 스핑크스는 그렇게 쉽게 사라지지 않는다. 그녀는 괴물로 그려지지만 엄연한 신족이다. 신은 모습을 바꿀 뿐 완전히 사라지는 법이 없다. 다른 장소에서 다른 모습으로 다시 등장한다. 신은 우주에서 생겨났다 사라지기를 반복하는 에너지의 다른 표현이기 때문이다. 스핑크스 역시 어디에선가 다른 모습으로 또 다른 오이디푸스를 기다리고 있을지도 모른다. 그녀는 우주의 불가해한 완전성의 표현이기 때문이다.

사람 얼굴에 사자의 몸, 독수리의 날개, 뱀의 꼬리를 지닌 스핑크스의 모습은 당시 하늘의 네 귀퉁이를 지키는 별자리를 상징한다. 봄·여름·가을·겨울, 또는 춘분·하지·추분·동지, 또는 동서남북을 의미하는 이 네 자리는 우리가 지금 어디에 서 있는지를 알려 주는 좌표라고 할 수 있다. 스핑크스는 이 네 방향의 기준점이 하나로 통합된 자리를 표현한다. 네 방위, 네 장소는 각각 서로 다른 모습을 하고 있지만 하나의 우주를 다르게 표현한 것이다. 태양이 하늘의 네 귀퉁이를 지나갈 때마다 천체는 다른 모습을 연출한다. 이 변화하는 모습이 바로 시간을 통해 우리에게 나타난다. 스핑크스는 봄에는 사람의 모습으로 여름에는 사자의 모습으로 가을에는 독수리의 모습으로 겨울에는 뱀의 모습으로 우리에게 나타난다. 그런데 이 네 가지는 하나의 우주를 표현한 다른 모습일 뿐이다. 장님이 코끼리 더듬듯이 우리는 별개의 모습만을 알고 기억한다. 그녀의 서로 다른 모습이 하나의 우주를 다르게 표현한 것임을 알지 못하기 때문이다. 서로 다른 시간과 서로 다른 공간이 아무런 연관 없이 제각각 움직이고 있다고만 생각하는 것이다.

그런데 서로 분리되어 있어야 마땅하다고 생각되는 것들이 한꺼번에 우리 앞에 그 모습을 드러낼 때 우리는 당혹감에 길을 잃곤 한다. 갑자기 불행에 빠진 사람들이 흔히 하는 말이 있다. "하필이면 내가 왜 이런 일을 당해야 하는 거지?" 그때 나란 존재는 세상에서 벌어지는 불행한 일들과는 아무 관련이 없어야 마땅하다고 생각하는 존재다. 하지만 세상 전체의 입장에서 보면 그런 일은 누구에게나 일어날 수 있는 일이며 누군가에게는 일어나야 하는 일일 때도 많다. 이 이해할 수 없는 삶의 수수께끼와 마주하는 순간이 바로 스핑크스와 조우하는 순간이다.

너 자신을
알라

우리는 살아가면서 가끔 삶의 방향을 잃고 혼란에 빠지곤 한다. 지금까지 내내 믿고 의지하던 앎이나 신념 그리고 그것에 기반을 두고 있는 인간관계 등이 갑자기 제자리를 잃고 비틀대는 순간이 있다. 그때 삶은 어지러움과 혼란이란 모습으로 다가와 우리를 잡아먹을 기세로 달려들곤 한다. 코린토스의 왕자인 줄만 알고 행복하게 지내던 오이디푸스가 어느 날 갑자기 자기에게 내려진 무서운 저주를 알게 되었을 때처럼 말이다. 삶의 기반이 뒤흔들리는 경험이다. 이때 우리는 무엇을 해야 할지 어디로 가야 할지 누구를 믿어야 할지 모르게 된다. 지식이든 지위이든 권력이든 재력이든 간에 내가 가지고 있던 삶의 도구가 무용지물이 되어 버리면 어찌할 바를 모르게 되는 것이다. 뭔가를 의지하고 싶어 교회나 절을 찾아가기도 하고 점쟁이나 무당을 찾아가기도 한다. 내면이 강건한 사람이라면 스스로 혼란을 해결하겠노라고 선언하고는 말년의 오이디푸스처럼 방랑의 길을 떠나게 될지도 모르겠다. 고대 그리스인들 역시 우리와 마찬가지다. 현실에서의 삶이 여의치 않을 때, 삶의 방향을 잃었을 때 그들은 신전을 찾아가 신탁을 받았다. 신탁은 예언의 말이다. 물론 신은 인간의 목소리를 빌려 말한다. 우리에게 잘 알려진 그리스의 신탁이 있다. "너 자신을 알라!"

이 말은 소크라테스가 남긴 경구로 더 많이 알려져 있지만 사실은 델포이Delphoe에 있는 아폴론 신전에 적힌 말이라고 한다. 여러 고민거리를 안고 신전을 찾은 모든 사람에게 내려진 아폴론의 조언이다. 그러고 보니 스핑크스가 낸 수수께끼 역시 인간에 대한 질문이다. 인간에게 인간이 누구냐고 묻는 셈이다. 스핑크스는 이 수수께끼를 뮤즈Muse에게 배워서 알았다고 하기도 하고 자신의 부모로부터 배웠다고 하기도 한다. 스핑크스의 부모는 아폴론에게 죽임을 당했다고 알려진 델포이의 왕뱀 피톤Python과 같은 종족이다. 피톤은 아폴론 신전이 세워진 곳인 델포이에 살고 있었고 아폴론이 신전을 세운 자리는 이 피톤의 동굴이었다고 한다. 아폴론의 여사제를 피티아라고 부르는 것도 최초의 사제가 피톤의 딸이었기 때문이라고 한다. 스핑크스와 아폴론이 몇 다리를 거친 연관관계 속에 있는 셈이다. 아폴론이 지성과 자신감이 넘치는 남신의 말투로 '너 자신을 알라'고 말한다면 스핑크스는 괴팍하고 음울한 분위기의 여러 겹 목소리로 말한다. 하지만 둘 모두 우리에게 묻고 있다. "너는 누구인가?"

오이디푸스 이야기를 얼핏 보면 스핑크스가 작은 조연에 지나지 않는 것처럼 보인다. 오이디푸스 이야기의 핵심은 운명의 잔혹함과 그 운명을 견뎌 내야 하는 인간의 고통과 비극적 상황이다. 그는 태어날 때부터 버려졌고 절름발이인데다 자신이 진정으로 누구인지도 모르는 채로 운명의 희생양이 되고 만다. 그는 자신에게 내려진 저주를 알고 피하려 고향을 떠나는 선택을 했지만 그 선택이 바로 그를 불운한 비극의 주인공으로 만드는 계기가 되고 만다. 그는 결국 아버지를 죽이고 아버지 나라의 왕이 되었으며 선왕의 아내인 어머니와 결혼해 아이까지 낳는다. 그는 늘 뭔가를 알아내고 해결했다고 자신하지만 해결은 해결이 아니라 오히려 자신 앞에 놓인 덫에 발이 감기는 꼴이 된다. 고향을 떠난 것도 스핑크스의 수수께끼를 푼 것도, 테바이의 왕으로서 나라의 불행을 해결하려 한 것도 모두 결국 자신을 하나의 지점, 예언의 실현이라는 운명으로 끌고 간 셈이다. 그는 자신에게 닥치는 고통을 피할 수 없는 처지가 된다. 그가 모든 것을 알고 나서 한 일은 자신의 두 눈을 찔러 장님이 되는 것이었다. 그때 그는 자신의 눈을 찌르면서 아폴론을 저주한다. "나에게 이 쓰라리고 쓰라린 불행을 일으킨 건 아폴론이다."[2] 자신의 눈을 찌른 이유는 아폴론이 눈의 지혜와 관계된 신이었고 모든 불행이 아폴론에 대한 신뢰 때문이라고 생각했기 때문이다. 아폴론은 "너 자신을 알라!"고 말했지만 그가 가져다주는 앎이 오이디푸스를 불행에 빠트리고 만 것이다.

　　이때 죽은 듯 보였던 스핑크스가 다시 살아난다. 인간에게 위기의 순간에 '너 자신을 알라'고 명령했던 자신만만한 신의 목소리가 갑자기 힘을 잃게 되는 것이다. 우리는 정말 우리가 누구인지 알 수 있을까? 우리가 알고 있는 우리 자신이 진짜 자기 모습이라고 확신할 수 있을까? 우리가 무언가를 알기 위해서 일차적으로 의존하는 기관은 눈이다. '봐, 이게 맞잖아', '너는 눈에 뵈는 게 없니?', '알아보자' 등의 우리말 표현에서도 드러나듯이 우리는 눈으로 봐서 안다. 눈에 보이게 확연히 드러나면 분명히 존재한다고 생각하기도 한다. 그런데 눈이 우리를 배신한다면 어떨까? 우리가 두 눈으로 본 것이 사실이 아니라면, 만약 우리가 눈에 속고 있는 것이라면 어찌할 셈인가? 이것이 바로 오이디푸스가 봉착한 문제다. 그가 자신의 눈을 찌른 것도, 아폴론을 저주한 것도 바로 이러한 깨달음 때문이다.

아폴론은 지중해 지방에서 태양의 신이자 지혜의 신이다. 그리스인들은 우리의 눈과 태양이 하나로 연결되어 있다고 믿었으므로 눈으로 볼 수 있는 능력 역시 아폴론의 선물이라고 할 수 있다. 그들은 인간이 학문과 예술을 창조할 수 있는 힘이 무엇보다도 눈을 통해 세상을 볼 수 있다는 데서 비롯된다고 생각했다. 하늘에서 밝게 빛나는 태양빛은 사물을 명료하게 구분할 수 있게 해 주고 밝은 빛 덕분에 우리는 이것이 저것과 다르다는 것을 안다. 가까운 것과 먼 것, 튀어나온 것과 들어간 것, 구불구불한 것과 곧게 뻗은 것 등 정체성 확인을 위해 필요한 거의 모든 잣대는 우리의 시각에 의존한다. 우리 눈이 보이지 않는다면 우리는 이것과 저것을 구분하고 분별하는 데 애를 먹을 것이다. 아폴론의 지혜는 밝은 대낮에 우리가 눈으로 바라보는 세상을 비춘다. 작열하는 태양의 조명을 받으면 모든 사물이 명료하고 분명하고 확실하게 보이는 것처럼 아폴론의 지혜의 빛에 비친 세계는 모든 것이 명명백백하게 보인다. 나는 나, 너는 너. 아버지는 아버지, 어머니는 어머니임이 분명한 것이다. 이 세계 속에서 내가 너가 되고 아버지가 아들이 되고 어머니가 아내가 되는 일은 일어날 수 없다. 모든 것이 너무나 질서 정연하므로 혼란이란 있을 수 없다.

그런데 오이디푸스가 직면한 삶의 모습은 어떤가? 자신이 죽인 자는 적이 아니라 아버지였고 어머니는 아내가 된다. 그렇다면 그 사이에서 낳은 자식은 누구란 말인가? 자기가 낳았으니 자기 자식이겠지만 동시에 어머니의 자식이므로 동생이 되는 셈이다. 명명백백했던 정체성이 일거에 무너지고 만다. 스핑크스가 낸 수수께끼 역시 삶과 우주의 이러한 아이러니한 혼란상의 한 자락을 보여준다. 그것은 두 발로도, 네 발로도, 세 발로도 걷는다. 또한 그녀는 사자이자 독수리, 뱀이자 인간이다. 아폴론의 지혜는 이러한 우주를 괴물로 치부해 버린다. 아폴론의 밝은 이성이 조명할 수 없는 차원이기 때문이다. 아폴론의 논리는 동일률의 논리다. 동일률의 논리에서 사자는 사자, 독수리는 독수리이지 사자이면서 독수리일 수는 없다. 사자를 독수리라 말하는 것은 논리적으로 잘못이다. 하지만 스핑크스는 아폴론을 비웃는다.

우리가 어떤 상황에 직면해서 '이것만이 옳다'는 생각에 빠져 있을 때 그 생각에 맞지 않는 모습은 참을 수 없는 것이 된다. 있을 수 없는 일이 되는 것이다. 그러나 상황은 내 생각을 배려하지 않고 움직일 때가 많다. 반드시 이래야 한다는 것은 생각일 뿐이다. 상황이 내 생각에 걸맞지 않는 모습으로 움직일 때 나는 어리둥절하다 화가 난다. 그리고 고통받는다. 자신이 알고 있는 법칙과 질서는 무너지고 혼란 속에 빠진다. 그때 우리는 생각의 한계를 절감하기보다는 상황과 세상에 대해 화를 내곤 한다. '어떻게 이럴 수가 있지?'

물론 우리가 사는 세계의 환경과 제도는 거의 모두 우리가 만들어 놓은 질서 정연함 속에서 움직인다. 마치 인공적 질서의 범위를 넘어서는 것은 아무것도 없는 듯이 보이기도 한다. 과학과 기술 덕택에 우리는 세계를 움직이는 모든 원리를 알아 버린 듯도 하다. 이론은 일어날 법한 모든 것을 논리 정연하게 설명해 줄 것 같고, 논리 정연한 이론에 통달하기만 하면 우리는 장차 일어날 모든 위험을 예상하고 세계를 맘대로 다룰 수 있을 것도 같다. 하지만 우리의 구체적인 삶은 꼭 그렇지만도 않다. 세상은 생각으로 통제 가능한 방향으로만 움직이지 않는다. 이렇게 되리라고 예상한 순간, 세상은 예상을 뒤엎고 전혀 다른 모습을 보여 주기도 한다. 우리의 앎이 일면적인 까닭이다. 삶의 전체성은 늘 우리의 지식과 예상의 한계를 넘어 다른 모습으로 우리에게 나타난다. 그게 자연이다.

소포클레스의 《오이디푸스 왕》에는 스핑크스가 나타나면 세상에 역병이 돈다고 되어 있다. 소포클레스 시대에 자연의 불가해함과 마주치는 일은 일종의 재난으로 여겨진 모양이다. 스핑크스뿐만 아니라 그리스 신화에 등장하는 많은 여성 괴물이 재난을 가져온다. 괴물은 모두 설명 불가능하고 이해할 수 없는 자연을 대변하는 존재로 여겨졌기 때문이다.

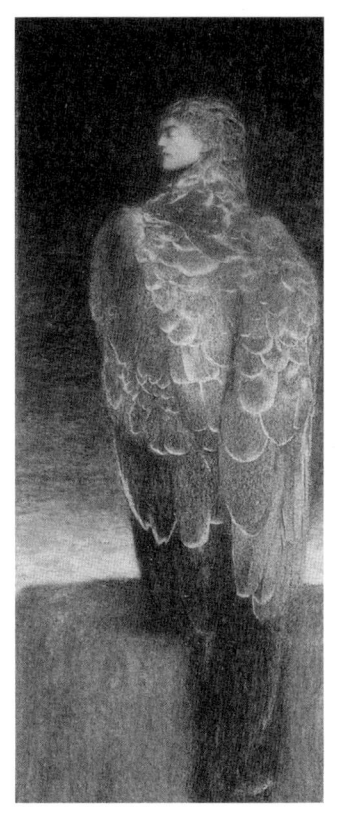

페르낭 크노프, 〈잠자는 메두사〉, 1896

또 괴물은 모두 남성 영웅을 유혹한다. 아름다운 목소리를 가진 세이렌Seiren이나 아름다운 얼굴을 가진 메두사Medusa처럼 영웅의 앞길을 막는 장애물로 여겨진다. 세이렌은 새의 몸을 지닌 여자였고 메두사는 뱀 모양의 머리카락을 지닌 여자였다. 수많은 여성 괴물 중에서 그 모습의 불가사의

함으로 따지면 단연 으뜸은 스핑크스다. 그녀 자신이 바로 수수께끼다. 그리스 신화에 등장하는 남성 영웅들이 그러하듯이 오이디푸스 역시 스핑크스를 처단하는 데 성공하는 것으로 그려진다. 그러나 그는 실제로는 스핑크스의 밥이 된 것이나 다름없다. 그녀의 모습으로 대변되는 우주의 전체성 앞에서 그는 무력한 인간일 뿐이다. 그가 중요하게 여기던 모든 것이 그녀 앞에서는 산산조각난다. 스핑크스가 누구인지 진정 이해하지 못했기 때문이다. 그가 스핑크스의 질문에 '인간!'이라고 자신만만하게 대답했을지라도 그는 인간으로서 자신이 누구인지 진정으로 알지 못했기 때문이다. 그럼 오이디푸스가 아닌 우리는 스핑크스나 우리 자신을 진정으로 이해할 수 있을까? 그것이 정말 가능하기는 한 일일까? 만약 정말로 스핑크스는커녕 우리 자신이 누구인지 알 수 없다면 2000년을 이어온 델포이의 신탁은 무슨 의미가 있을까?

스핑크스의
목소리를 따라서

앞에서 스핑크스의 부모가 아폴론 신전이 세워진 델포이에 살던 왕뱀 족속이었다고 이야기했다. 스핑크스는 에키드나Echidna와 티폰Typhon 사이에서 태어났다고 한다. 둘 모두 괴물 족속이다. 정확히 말하면 괴물이라기보다는 그리스 창조신화에 등장하는 초기 거인족인 티탄Titan 일족이다. 괴물이라는 표현은 그들의 외모가 인간 중심적인 이미지에 걸맞지 않기 때문에 사용되는 말이고 모두 최초의 여신인 가이아Gaia의 자식이라고 할 수 있다. 에키드나는 뱀의 몸에 새의 날개를 지닌 어머니 여신이며 티폰은 델포이를 지키는 큰 용이었다고 한다. 이들은 모두 가이아라고 부르는, 우리가 살고 있는 지구의 활기 넘치는 생명력을 표현한다.

  뱀이나 새, 용과 같은 동물적인 이미지를 지닌 초기 신들이 부정적인 이미지를 부여받고 마치 인류의 적처럼 여겨진 것은 그리스 신화의 핵심적인 최고신의 자리를 제우스라는 이름의 신이 차지하고서부터다. 우리가 알고 있는 그리스 신화의 중요한 신들은 올림포스Olympos 권좌를 차지한 열두 신이다. 제우스를 위시한 열두 신은 자신들의 조부모뻘인 티탄족

루벤스, 〈자식을 삼키는 크로노스〉, 1636~1638

과 일대 전쟁을 벌인다.

헤시오도스Hesiodos가 전하는 〈신통기〉에 따르면 티탄들의 아버지인 하늘의 신 우라노스Ouranos가 열두 신의 존재를 못마땅하게 여겨 이들 모두를 가이아의 뱃속에 다시 집어넣는 만행을 저질렀다고 한다. 그러고도 밤마다 찾아오는 남편 우라노스를 참다못해 화가 난 가이아 여신이 막내아들인 크로노스Cronos에게 거대한 낫을 주어 아버지의 성기를 베라 명한다. 우라노스는 아들의 공격으로 자신의 성기를 잃고 가이아와 우라노스는 그 이후로 다시는 합하지 못하게 된다. 비록 어머니의 명령이기는 했지만 아버지에게 몹쓸 짓을 한 크로노스는 죄의식과 불안에 시달린다. 자신도 아들에게 똑같은 일을 당하게 될지도 모른다는 불안 때문에 아버지를 모방한다. 아버지처럼 자식들을 인정하지 않고 자식들을 먹어 버린다. 사람들은 이것이 바로 크로노스의 의미라고 말하기도 한다. 크로노스는 시간이라는 뜻이기 때문이다. 시간은 자신이 낳은 것을 먹어 치운다. 하지만 크로노스 역시 막내아들인 제우스에 의해 자신의 아버지가 맞이한 운명과 비슷한 운명을 맞이한다. 아내인 레아Rhea 여신이 막내를 빼돌려 힘과 꾀를 갖춘 신으로 몰래 키워 낸 것이다. 성장한 제우스는 아버지가 잠들어 있는 틈을 타 아버지를 그물로 포획해 땅속 깊은 곳에 가두어 버린다. 그리스 신화는 이처럼 아버지와 아들 간에 이어지는 혈투 드라마로 시작한다. 앞서 잠깐 살펴본 오이디푸스 이야기도 그 연장선상이다.

초기 신족이던 티탄족들이 오명을 쓰고 그리스 신화의 악역을 맡으면서 유명무실하게 사라지게 된 것은 제우스가 자신의 형제자매들과 연합해 그 이전의 아버지, 할아버지대의 신족들과 전쟁을 벌여 승리한 후 제우스 중심의 질서를 재편하면서부터다. 제우스 편에 선 티탄들은 여전히 이전 역할을 어느 정도 유지하게 되지만 그렇지 않은 티탄들은 모두 땅속 깊은 곳에 있는 쇠로 만든 감옥 타르타로스Tartaros에 갇혀 버리게 된다. 살아남은 티탄 일족은 제우스의 아들들에 제압당한다. 아폴론은 티폰을 죽였고 아폴론의 아들인 페르세우스Perseus는 메두사를 죽인다. 제우스와 인간 사이에 태어난 헤라클레스Heracles는 히드라Hydra를 죽이고 한참 세월이 흐른 후에 영웅으로 추앙받던 오이디푸스는 스핑크스를 물리친다. 그리스 신화를 가만히 들여다보면 오래된 땅의 신들과 남성 영웅이 벌이는 복수혈전의 드라마가 계속되는 듯하다.

뱀이나 새, 용 등의 모습으로 나타나는 오래된 땅의 자손들은 제우스라는 강력한 무기를 휘두르는 영리한 우두머리 신의 무리에 제압당하지만 사라지진 않는다. 이들은 복수와 응징이라는 이름으로 인간의 드라마 속에 개입되어 정체를 드러내곤 한다. 한 예로 미케네Mycenae의 왕이던 아가멤논Agamemnon 가문에서 일어난 피의 복수극에 빠지지 않고 고개를 내미는 것이 에리니에스Erinyes라는 여신들이다. 에리니에스는 크로노스가 아버지 우라노스의 성기를 잘라 버렸을 때 그 피가 땅에 떨어지면서 태어난 여신들이다. 이들은 풀어헤친 머리카락에 날카로운 송곳니를 갖고 죄의식에 빠진 사람들 주변을 맴돈다. 일명 복수의 여신들이다.

아가멤논 집안에 이어지는 복수혈전의 드라마는 미케네 왕위를 둘러싼 선대왕 아트레우스Atreus와 티에스테스Thyestes가 벌인 무시무시한 싸움에서부터 비롯되었다. 아트레우스가 동생 티에스테스를 연회에 초청해 조카들의 주검으로 만든 스튜를 대접했다고 한다. 이 무지막지한 행동은 아트레우스 집안을 일종의 독기로 가득 차게 만든다. 아트레우스는 미케네의 왕이 되고 그의 아들 아가멤논이 왕위를 계승하지만 아가멤논은 트로이와의 전쟁에서 승리하기 위해 딸 이피게네이아Iphigeneia를 제물로 바친다. 이에 분노한 아내 클리타임네스트라Clytaemnestra가 아가멤논을 살해한다. 어머니가 아버지를 죽였다는 사실을 알게 된 아들 오레스테스Orestes는 아버지의 원수를 갚기 위해 어머니를 죽여야만 하는 상황에 직면한다. 이 비극적인 상황이 오레스테스의 영혼을 갉아먹는다. 마치 햄릿처럼 말이다. 햄릿은 이러지도 못하고 저러지도 못한 채 애꿎게도 연인인 오필리아만 희생시키지만 오레스테스는 아버지의 법을 따르기로 결심한다. 어머니를 죽이는 편을 택한 거다. 물론 그 행동은 저승을 맴돌고 있던 에리니에스들을 불러내는 일이었다. 에리니에스들이 따라붙으면 그의 영혼은 그녀들의 먹잇감이 된 거나 다름없다. 그녀들은 마치 유령같이 사라지지 않고 끈질기게 사람을 괴롭힌다. 에리니에스가 등장하면 그는 죄의식과 불안에 시달리다 결국에는 미쳐버리게 된다.

《축의 시대》를 쓴 카렌 암스트롱은 그리스 신화에 등장하는 이러한 피의 드라마가 당시 그리스 사회상을 반영한다고 주장한다.[3] 그리스인들이 암흑시대라고 기억하고 있는 폭력적인 시대의 이미지를 보여 준다는 얘기다. 기원전 13세기부터 시작되어 9세기 즈음까지 이어진, 그리스 일대를 감싸고 있던 유혈시대에 대한 기억이라고 한다. 동북부에서 내려온 한 떼의 유목민집단이 전차를 몰고 지중해의 평야 지방을 침략한 이후의 일이다. 이때 광기에 사로잡힌 무시무시한 폭력의 그림자는 특정 개인의 잘못이라기보다는 한 집단 내부에 스며들어 알 수 없는 방식으로 퍼져 나가는 독기 때문이라고 여겨졌다고 한다. 폭력과 광기가 넘쳐흐르는 장소에서 거기 있는 누군가에게 그 힘이 옮겨 붙는다는 거다. 마치 옛날 우리 조상들이 재수 없는 일을 당하면 소금을 뿌리고 땅에 침을 세 번 뱉으라고 한 것처럼, 뭔가 좋지 못한 일을 보거나 들으면 그것이 병균처럼 옮겨 붙어 사람을 망가트린다는 생각이다. 어쨌든 그리스인들은 표면적으로 드러난 질서나 법칙보다는 저 너머에 가라앉은 지하의 힘이 세상에 더 강력한 영향력을 행사한다고 생각했다고 한다. 그런데 이 지하의 힘을 대변하는 존재가 바로 괴물화된 티탄들이다.

우리가 알고 있는 그리스 신화 역시 이 시대의 산물이다. 그리스의 암흑시대 이전에는 헤시오도스가 금의 시대, 은의 시대라 부르던 다른 시절이 있었다고 한다. 인류학자 마리아 김부타스Marija Gimbutas에 따르면 과거의 황금기로 기억되는 이 시대는 상상의 세계가 아니라 기원전 7000년 전쯤에 지중해 지역에 실존하던 모계 중심의 농경사회였다고 한다. 북동쪽 아리안족의 침입으로 여신 중심의 농경공동체 사회가 파괴되고 새로 이 지역에 이주한 부족들이 원래 자리 잡고 있던 신화를 재구성하기 시작한다.[4] 그러면서 지중해 곳곳에서 서로 다른 이름으로 숭배되던 어머니 여신들이 제우스가 지배하는 신들의 궁전에서 부차적인 지위를 지닌 신들로 강등된다. 헤라Hera나 아프로디테Aphrodite, 데메테르Demeter, 아르테미스Artemis 등의 여신들이 대표적이다. 그나마 올림포스 신전에 의자 하나라도 차지한 경우는 나은 편이고 키벨레Cybele나 헤카테Hecate처럼 외곽을 떠도는 오래된 여신들도 있다. 그리고 가장 처참한 경우는 메두사나 에키드나처럼 괴물의 이미지로 전락한 여신들이다.

남신의 우두머리면서 번개를 휘두르는 전사의 이미지를 가진 신이 제우스이고 그에 못지않게 폭력적인 이미지를 지닌 신이 전쟁의 신 아레스Ares다. 그리고 여신 중에는 투구와 방패로 무장한 아테나Athena가 있다. 이들이 바로 그리스 암흑시대의 주인공이다. 끝없이 이어지는 침략과 정복, 전쟁과 약탈의 시대에 가장 중요한 덕목은 승리하는 힘이다. 그리스 신화의 신들과 영웅들은 욕망 실현에 여념이 없는 존재다. 욕망을 성취하기 위해서는 계략과 속임수도 서슴지 않는다. 올림포스 권좌를 차지한 신들은 자신보다 훌륭해 보이는 인간들을 질투하며 자신의 심기를 거스르는 자들에게는 분노의 독기를 뿜어 댄다. 그러면서 자신들의 권위를 합리화하기도 한다. 일종의 파렴치한 지배자의 모습이다.

아버지인 제우스의 머리 위에서 솟아났다는 아테나는 지혜의 여신으로 알려져 있지만 실은 지략의 여신이다. 그녀는 자신을 섬기는 사람들에게 세상을 살아가는 기술을 알려 주며 전쟁터에서는 전쟁을 진두지휘한다. 하지만 자신의 권위를 넘보는 인간들을 남김없이 응징한다. 베를 잘 짜는 여인 아라크네Arachne가 그 이유로 거미로 변해 버렸고 메두사는 아름다운 머리카락이 눈에 거슬린다는 이유 때문에 머리카락이 뱀으로 변하는 굴욕을 당해야 했다. 그것으로도 성이 차지 않자 아테나는 페르세우스에게 방패와 칼을 주며 메두사의 목을 베어 오라 시킨다. 그리고 그 머리를 자신의 방패에 붙이고 다닌다. 오레스테스가 어머니를 죽였을 때 아테나는 오레스테스의 어머니 살해가 정당하다고 주장한다. 혈족의 중심은 어머니가 아니라 아버지라는 거다. 그녀는 여신이지만 철저하게 아버지 편에 서 있었다.

최초의 시간으로부터 이어지는 폭력과 복수의 드라마인 그리스 신화가 그리스 비극으로 이어지는 것은 어찌 보면 당연할지도 모르겠다. 그리스 비극은 바로 이 폭력으로 점철된 시대에 뒤따른 죄의식과 불안의 표현이다. 비극의 주인공은 욕망에 눈이 멀어 싸우고 죽이면서 자신의 욕망을 실현한다. 욕망을 실현하는 데 중요한 것은 '탁월함'이다. 탁월함에는 아테나의 선물이라고 여겨지던 교활한 지략도 포함된다. 헤르메스Hermes는 태어나자마자 형의 소떼를 훔쳐 구워 먹었고 제우스는 맘에 드는 인간 여자를 유혹하기 위해 그녀의 남편으로 변신하기까지 했다. 그리스인들은 각자가 지닌 탁월함을 덕이라 불렀다. 지배와 복종이 합리화되는 사회에서 '탁월함'은 중요한 가치로 자리 잡게 마련이다. 탁월함에 대한 예찬의 극단은 일등주의다. 경쟁에서 이긴 최고의 능력을 가진 자만이 무엇인가를 손에 넣을 수 있고 그것이 그가 지닌 탁월함에 대한 당연한 대가라는 생각 말이다. 이 생각은 사회의 발전이나 인류의 진보가 모두 바로 거기서 비롯된다는 논리로 이어지곤 한다. 정말 그럴까?

이들이 탁월한 능력을 그렇게 예찬했으면서도 그 탁월함이 지닌 그늘을 놓치지는 않았다는 점은 그나마 다행이다. 스핑크스의 수수께끼를 풀고 영웅이 된 오이디푸스가 결국은 비극의 주인공이 된 것처럼 말이다. 헤라클레스는 수많은 난제를 풀고 가장 힘이 센 자로 추앙받았지만 판Pan의 계략에 넘어가 결국은 스스로 장작불에 몸을 던져 최후를 맞이한다. 아르고Argo 원정대를 조직했던 이아손Iason은 말년에 아르고 목선에 머리를 맞고 숨을 거둔다. 그리스 비극은 당시 그리스를 장악하고 있던 지배자들의 죄의식과 불안의 표현이다. 그들은 자신들이 믿는 행동의 원칙에 따른다. 아가멤논은 트로이와의 전쟁에서 이기는 것이 목표였으므로 목표를 실현하기 위해서 딸이라도 죽여야 했던 거다. 이아손은 메데이아Medeia의 도움으로 왕위를 되찾았지만 더 젊고 아름다운 여자에게 마음을 빼앗기자 메데이아를 버린다. 오이디푸스는 자기 앞길을 가로막는 자는 누구든 상관없이 처단해야 한다고 믿는다. 이들의 행위는 각자가 마음에 품고 있는 욕망을 실현하는 것이 최선이라고 믿는 데서 비롯되며 그것이 낳은 뒷모습, 말하자면 행위의 그림자에 대해서는 무지한 데서 비극적 상황을 낳는다. 행위의 그림자는 항상 남으며 그 보이지 않는 그림자는 자연의 법칙대로 합당한 결과를 낳는다. 그리스 비극의 핵심적인 요소로 지적되던 주인공의 '오만'은 그런 의미에서 성격적 결함이라기보다는 인간의 무지에서 오는 것이라고 해석할 수 있다.[5]

    다시 스핑크스의 질문으로 돌아가 보자. 인간이 스스로 자각하지 못했던 자신의 모습을 수수께끼에 빗대서 알려 준 스핑크스는 어찌 보면 태양빛의 신인 아폴론보다 훨씬 오래되고 지혜로운 신인지도 모른다. 잘 알려져 있는 것처럼 스핑크스가 보여 주는 인간의 이미지는 생로병사를 겪으며 변화하는 인간이다. 네 발로 기어 다니며 부모에게 의존하던 아이에서 두 발로 우뚝 서서 당당하게 자신의 존엄과 능력을 주장하는 어른으로 변모하고 다시 자신을 낳은 땅에 의탁해 세 발로 살다 사라질 수밖에 없는 인간 말이다. 아폴론이 알려 주는 인간은 한낮의 태양과 상응하는 두 발로 서 있는 인간이다. 두 발로만 서 있는 인간은 네 발과 세 발의 인간과는 달리 스스로 땅에 의존하고 있다는 것, 자기 자신보다 더 큰 존재의 품 안에서 살고 있다는 사실을 망각한다. 세상과 유리되어 독자적이고 독립적인

랭부르 형제, 〈황도대 인간〉, 15세기 초

존재로 자신을 생각하기 쉬운 것이다. 그것이 바로 '오만'이다. 인간은 하나의 모습이라고 착각하는 것, 인간을 두 발로 꼿꼿이 서 있는 존재로만 생각하는 것, 더 나아가 인간은 어린아이도 늙은이도 아닌 소위 '정상적'이라고 여겨지는 성인이라고만 생각하는 것, 그것이 바로 우리를 비극으로 끌고 가는 '오만'이다. 또한 그 정상적인 인간만이 이 우주의 주인이라고 생각하는 것, 그것이야말로 오만의 극단이다.

사자와 독수리, 뱀과 인간 여자가 합쳐진 스핑크스는 땅 위에서 네 발로 걷는 것, 하늘을 나는 것, 땅 위를 기어 다니는 것 그리고 그 모든 것의 일부를 지닌 인간, 말하자면 살아 있는 전체를 나타낸다. 또한 이 살아 있는 모든 것이 시시각각 모습을 바꾸고 변화한다는 걸 나타낸다. 태양이 하늘의 네 별자리를 차례로 거치며 둥근 궤도를 따라 돌 때 계절이 바뀌고 해가 바뀌듯, 달이 가느다란 눈썹 모양으로 얼굴을 내밀며 태어나 점점 자라 보름달이 되었다가 다시 검은 달로 바뀌듯, 모든 것은 나타났다 사라지기를 반복하고 커졌다 작아졌다를 반복한다. 그렇게 변화하는 다채로움이 바로 살아 있는 모든 것이 공유하는 모습이다. 이런저런 모습을 한데 섞어 놓은 것 같은 스핑크스는 목소리 역시 그랬을 것 같다. 사자의 으르렁거림과 뱀의 쉭쉭거리는 소리를 한데 합쳐 놓은 것 같은, 그러면서도 교태로 가득 찬 이상한 목소리가 아니었을까? 서로 다른 목소리가 한데 섞여 울리는 기묘한 음성 말이다. 그러나 그 기묘한 음성이 우리가 가지는 편견처럼 그렇게 나쁘지만은 않다고 생각해 보면 어떨까. 인간을 닮지 않은, 인간 중심적인 욕망에 부응하지 않는 존재는 나쁜 존재가 아니라 우리의 무지함으로 인해 이해할 수 없는 존재일 뿐은 아닐까? 어쩌면 우리가 낯설다고 밀어 낸 그들이 바로 생명과 우주의 진면목을 드러내고 있지는 않을까?

한동안 우리는 하늘에서 빛나는 태양의 신 아폴론의 가르침을 따라 우주를 이해해 왔던 것 같다. 존재하는 모든 것이 하나의 이름을 가지고 있고 본질적인 정체성 하나만을 지니고 있다는 생각 말이다. '너 자신을 알라'는 아폴론의 가르침을 신봉한 소크라테스는 존재하는 모든 것에는 불변하는 본질이 있다고 생각했다. 그리고 그 본질은 영원히 바뀌지 않는다고 생각했다. 우리는 때로 변화하는 것보다는 변화하지 않는 것이 더 좋고 여러 개의 이름보다는 하나의 이름을 가지고 있는 것이 더 좋다고 생각할 때가 있다. 오랫동안 진리는 그렇게 여겨지기도 했다. 하지만 이 세상에 변화하지 않는 것은 별로 없다. 영영 그 모습 그대로일 것만 같은 바위 덩어리도 시간의 흐름 앞에서는 부서지고 마모되고 만다. 우리가 변화하지 않는다고 여기는 것은 변화의 속도가 너무 느려 우리가 지각할 수 없는 것들일 뿐이다. '움직인다/움직이지 않는다' 또는 '변한다/변하지 않는다'는 판단은 정말 상대적이어서 사물 자체의 실상을 드러낸다기보다는 바라보고 있는 사람의 입장을 나타낼 뿐이다.

하지만 우리는 눈앞에 나타나는 대상을 한마디로 판단하고 싶어 하며 그렇게 했을 때 안정감을 느낀다. 무한한 다면성을 지니고 시시각각 변화하는 세계의 실상을 그대로 느끼기보다는 우리가 지닌 관념의 틀 안에 가둬 버리는 거다. 마치 흐물거리며 꿈틀대는 세계를 순식간에 단단하게 얼려 버리는 것과도 같다. 단단해져 경계가 확실해지면 우리는 거기에 이름표를 붙인다. 그러나 하나의 이름표가 붙는 순간 사물은 이름에 갇히고 만다. 아니 사물이 갇힌다기보다는 우리의 생각이 이름에 갇힌다는 말이 더 정확할 것 같다. 어쨌든 이런 시각이 아폴론적 시각이다. 그래서 아폴론적 시각에는 불안이 존재하지 않는다. 모든 것이 너무나 명료하고 분명해서 판단에 한 치의 오차도 없을 것만 같아 보인다. 아폴론의 시각을 계승한 것이 오늘날의 과학기술과 수학의 언어다. 우리 시대는 세계를 이런 방식으로 이해하는 것이 더 상식적으로 여겨지는 시대다. 하지만 아폴론의 일면적 가르침을 따르던 영웅들이 비극적 운명에 처하는 것처럼 명료함과 분명함에 대한 과도한 신뢰는 우리를 그 그림자의 세계로 끌고 간다. 태초에 살았던 땅의 신들이 꿈틀거리는 곳으로 말이다.

꿈의 문지방 건너기

2

꿈

영혼의 밧줄
문지방의 시간
헤르메스와 트릭스터

영혼의 밧줄

숲에 사는 아마존 원주민 부족 중 하나인 케추아Quechua족은 어딘가 아프면 아야와스카Ayahuasca라 불리는 약을 먹는다고 한다. 아야와스카는 카피caapi 라고 불리는 덩굴식물에 여러 가지 약재를 넣어 12시간 이상 푹 고아 만든 물약이다. 이 약은 먹기도 삼키기도 어렵지만 여러 번의 구토를 동반한 뒤 곧 잠이 들게 한다. 잠든 환자는 꿈을 꾸게 되는데 이때부터가 본격적인 치료의 시작이다. 환자가 꿈을 꾸는 동안 약을 처방한 주술사는 옆에서 노래를 부른다. 그게 치료냐고 반문할 수도 있지만 그들만의 독특한 치료법이다. 환자는 약을 먹고 꿈을 꾸고 의사인 주술사는 옆에서 노래를 부른다. 그리고 잠에서 깨어난 환자는 이전과는 다른 상태가 된다.

우리는 몸 어딘가가 고장이 나서 병에 걸린다고 생각한다. 그래서 고장 난 기계를 고치듯 몸을 다루곤 한다. 나쁜 곳은 잘라 내고 약해진 곳은 새 것으로 바꾸는 식이다. 하지만 지구상에 모든 문화가 병을 그런 식으로 생각하지는 않은 것 같다. 우리 한의학이 그러한 것처럼 병은 기계적 고장이라기보다는 부조화 때문에 생긴다는 생각이 더 지배적이었다. 그리고 그 부조화는 단순히 몸의 문제가 아니라 삶의 길이 혼란에 빠져 생기는 일로 여겨진다. 우리 몸은 저 홀로 살아가는 존재가 아니라 바깥의 다른 몸들과 상호작용하면서 만들어지는 존재이기 때문이다. '길이 든다'라는 표현도 있지 않은가. 반복해서 하는 몸짓과 생각은 하나의 길을 만들어 낸다. 그리고 나도 모르게 몸에 새겨진 그 길이 나를 아프게 할 수도 있다. 내 몸 속에 수많은 조각 몸이 서로서로 조화를 이루지 못하고 있을 때 몸에서는 고통의 외침이 들린다.

    케추아족이 마시는 '아야와스카'는 '영혼의 밧줄'이란 뜻을 지니고 있다고 한다. 길 잃은 영혼에게 내려 주는 동아줄 같은 것을 말하는 모양이다. 가끔 그럴 때가 있다. 덫으로 놓은 구덩이에 빠져 옴짝달싹하지 못하고 바등거리고 있는 듯할 때, 사방이 가로막혀 있는 듯 암담하고 도무지 벗어날 길이 없을 것 같아 절망에 빠지는 때 말이다. 삶의 위기라고 부르는 순간이 바로 그렇다. 위기는 바깥으로부터 오기도 하지만 내 몸 안에서 시작되어 바깥으로 드러나기도 한다. 우리가 병이라고 부르는 것이 아마 이런 상황일 것이다. 아야와스카는 꿈으로 말을 걸고 꿈을 통해 길을 알려 준다고 한다. 이때 병을 치료하는 것은 사실 주술사가 아니라 꿈을 가져다주는 어떤 힘이다. 그리고 그 힘은 살아 있는 큰 생명의 힘이라고 할 수 있다. 개인을 넘어선 자연이나 우주의 선물 같은 것 말이다. 주술사는 환자가 꿈속에서 길을 잃지 않도록 도와줄 뿐이다.

    아야와스카를 마시고 꿈의 도움을 청하지 않더라도 우리 모두는 꿈의 방문을 받는다. 거의 모든 꿈은 아침에 잠이 깨면서 쉽게 잊히지만 낮 동안에도 우리의 뇌리를 떠나지 않고 우리 곁을 맴도는 꿈도 있다. 그럴 때면 우리는 현실이 아닌 지난밤의 가물거리는 기억 속으로 빨려 들어감을 느낀다. 그러다가 현실 세계 속에서 예기치 않은 일을 경험할 때 우리는 꿈과 현실을 중첩시켜 '아하! 이렇게 되려고 꾼 꿈이구나'라고 생각한다. 그럴 때면 꿈과 현실이 마냥 다른 차원이 아니라 서로 복잡하게 얽혀 있는 것만 같아 묘한 기분에 빠지기도 한다. 예전부터 꿈은 계시의 통로로 여겨지기도 했고 때로는 잡스런 환상으로 여겨지기도 했지만 꿈의 진짜 정체가 무엇인지 분명히 파악하기는 힘들다. 그나마 몇몇 이론가가 꿈의 정체를 규명하는 데 앞장서기는 했지만 말이다.

정신분석학의 창시자라고 할 만큼 영향력 있는 프로이트는 억압된 무의식의 반영으로 꿈을 해석한 적이 있다. 하지만 그의 이론은 절반만 옳다고 여겨진다. 꿈이 우리의 의식을 넘어선 깊은 마음으로부터 전달되는 것은 맞지만 무언가 억압되어 있어서 꿈으로 나타난다는 주장은 그가 살던 당대의 서구인들에게만 그럴 듯한 이야기였을 뿐이다. 그가 억압되어 있다고 생각한 것은 당대의 엄격한 도덕관에 짓눌린 성적 본능이었으니 말이다. 그의 해석대로라면 모든 꿈은 억눌린 성적 본능을 우회적으로 표현하는 드라마일 뿐이다. 그러나 삶을 끌고 가는 것이 어디 성적 본능뿐일까? 그의 이론은 다른 장소, 다른 시대에 다른 성도덕을 지니고 살던 사람들에게는 맞지 않는 이론이 되고 말았다. 더군다나 자신의 동료이던 카를 융과 불화를 일으키고 그와 결별하게 했던 집단무의식 개념을 프로이트는 무시했다. 사실 꿈과 신화에 대한 우리의 시각을 한 단계 높인 사람은 카를 융이다. 오늘날 여러 방식으로 전개되는 꿈 분석 세미나와 꿈 치유 프로그램이 모두 융의 제자들에 의해 이루어지고 있는 형편이니 말이다.

융에 따르면 꿈은 개인 무의식 너머 집단 무의식과 연결되어 있다. 집단 무의식이란 개인의 마음이 아니라 한 집단 전체의 마음이다. 우리가 쉽사리 자각하지 못한다는 점에서 무의식이라는 표현으로 통용되고는 있지만 쉽게 말하면 내 마음 안에 숨겨져 있는 우리의 마음이다. 개인의식이 발달한 서구 근대적 관점에서 우리가 개인을 넘어서 공유하는 마음을 지니고 있다는 것은 받아들이기 힘든 주장으로 여겨지기도 했다. 서구 근대를 계승하고 있는 우리 역시 일상적인 상식 차원에서는 '내 마음은 나의 것'이라고 생각하곤 한다. 그러니 꿈이 내 마음이면서 동시에 내 마음 너머에서 온다는 주장은 어쩐지 쉽게 받아들이기 힘들어 보일 수도 있다.

하지만 우리는 꿈자리가 뒤숭숭하니 조심하라는 어머니의 전화를 받기도 하고 태몽을 대신 꾸기도 하며 때로는 꿈을 팔라는 제안을 받기도 하는 문화 속에 살고 있다. 사회의 공적 생활은 근대적 개인의식이 점령했지만 삶의 구체적인 영역에서는 오랫동안 이어져 온 고태적 방식의 세계관과 태도가 우리 곁에 아직 남아 있기 때문이다. 꿈에 대한 이러한 태도는 아마존 부족이 꿈에 대해 가지고 있는 견해와 별로 다를 바가 없다. 융이 언급한 꿈의 주체로서 집단 무의식 개념은 어쩌면 서구 근대의 바깥에서는 오히려 당연한 상식으로 여겨지던 견해를 이론화했을 뿐인지도 모르겠다.

신화는 집단적인 마음이 만들어 낸 드라마다. 신화는 꿈을 요람으로 해서 태어난다. 차이가 있다면 신화보다는 꿈이 훨씬 더 뒤죽박죽이라는 거다. 또한 신화가 말로 전해진다면 꿈은 이미지들의 향연이라고 할 수 있다. 물론 신화도 일종의 꿈으로부터 솟아나는 것이므로 꿈과 마찬가지로 현실의 논리를 가뿐히 뛰어넘어 자유로운 상상의 나래를 펴고 움직인다. 하지만 신화는 꿈과 달리 말로 이야기되므로 이야기의 논리를 따른다. 이야기는 앞과 뒤가 있고 처음과 끝이 있으며 주어와 술어가 있다.

신화는 앞뒤, 처음과 끝, 주객이 서로 뒤엉켜 있는 이미지를 풀어 말하는 것이다. 말하자면 이 모든 것이 뒤엉켜 섞여 있는 꿈을 알아듣기 쉬운 말로 풀어 말한 것이 신화다. 일종의 꿈 이야기인 셈이다. 실제로 꿈과 꿈 이야기는 약간 다르다고 한다. 우리가 지난밤 꾼 꿈은 그것을 이야기하는 과정에서 변형된다. 삼차원 영상을 글로 풀 때 우리가 순서를 정해 부분 부분을 서로 연결시켜 한 줄로 바꾸고 그러는 중에 뭔가가 선택되고 뭔가는 소실되어 버리는 것과도 같다. 게다가 꿈은 삼차원 너머 사차원의 영상이므로 이야기로 풀려 나갈 때 당연히 비약과 단절이 따를 수밖에 없다.

꿈의 어지러움과 신화의 환상적인 면모가 여기서 비롯된다. 1장에서 만난 스핑크스를 기억하시는지? 그녀는 현실에서는 함께할 수 없는 파충류, 포유류, 영장류의 면모를 함께 가지고 있다. 현실 세계 속에서는 이 셋이 하나로 합쳐지지 못한다. 그도 그럴 것이 생물에 대한 분류는 존재하는 것들의 차이를 분명히 하기 위해 만든 기준이기 때문이다. 만약 이 분류체계를 마음대로 오가는 생물이 있다면 이 분류 기준은 아무 의미도 없을 것이다. 현실의 세계 인식은 사물의 개별성을 중심으로 진행되므로 각각의 사물이 보여 주는 차이에 대한 인식이 중요하다. 하지만 꿈과 신화가 만들어지는 무의식 차원에서는 현실인식의 기준점으로 작용하는 분류체계들이 흔들린다. 시간과 공간의 순서도 질서를 잃고 서로 뒤엉킨다. 20세기 초반에 유럽에서 유행하던 초현실주의나 입체주의 회화가 보여주는 화면과도 같다. 모래밭 위에서 난데없이 여인의 얼굴이 튀어 오르는가 하면 하늘의 구름이 물컹거리는 젤리처럼 흘러내리기도 한다. 실제로 당대의 작가들이 포착해 보여주려 한 것이 바로 꿈이었으니 당연하다. 이러한 영상은 그들만의 시각이 아니라 우리 모두가 꿈의 어귀에서 공유하는 시각이기도 하다.

꿈이 이렇게 오리무중으로 나타나는 것은 그것이 솟아나는 근원 마음이 우리의 현실인식을 지배하는 논리 너머에서 작동하고 있기 때문이다. 우리의 상식적인 현실인식은 아리스토텔레스 이후에 정립된 분류 체계로 사물의 종류를 정하고 이름을 붙인다. 예를 들면 의자란 사물은 가구라는 분류 체계에 포함되어 있고 가구 중에서도 책상과 이웃해 있는 물건이며 동시에 책상과는 차이를 가진 물건이다. 의자가 네 다리를 가졌다고 해서 의자와 개가 같은 종류로 분류되지는 않는다. 하지만 꿈속에서 의자는 종종 네 발 달린 동물로 변하기도 하며 등 받침이 얼굴로 변해 입을 열고 말을 할 수도 있다. 이뿐만 아니라 하나의 사물이 이 공간과 저 공간에 동시에 나타날 수도 있고 《이상한 나라의 앨리스》에 나오는 체셔 고양이처럼 몸은 사라지고 목소리만 남을 수도 있다.

존 데니얼, 《이상한 나라의 앨리스》 삽화 중 체셔 고양이, 1869

현대의 뇌과학자들은 정신분석학자들이 사용하는 무의식이라는 말 대신에 우뇌적 사고라는 표현을 쓰기도 한다. 언어논리를 주로 담당하는 좌뇌는 사물을 선형적으로 이해해서 전후좌우와 앞뒤 같은 순서에 따라 배열하지만 우뇌는 순서의 질서를 따르지 않고 마치 하나의 그림처럼 모든 것이 한꺼번에 합쳐져 있는 것으로 이해한다고 한다. 좌뇌 중심적 인식방식에서 이것은 저것과 다르고 과거와 현재는 다르지만 우뇌적 인식에선 이것과 저것, 오늘과 어제가 하나로 종합된다. 물론 우리의 사유와 말은 양쪽 뇌의 연결과 협업에 의해 만들어진다. 우리의 마음 한쪽에서는 사물들이 지닌 명료한 차이보다는 그들의 비슷함을 더 의식하는 일이 벌어지고 있는 것이다. 시를 쓰고 예술작품을 창조해 내는 우리의 상상력은 우뇌의 역량에 많은 부분을 기대고 있다. 반면 현실 세계를 무리 없이 살아간다면 좌뇌적 차원에서 정초된 질서를 잘 지키며 살아간다고 할 수 있다. 우리가 난데없이 '의자가 꼬리를 흔들면서 짖고 있어!'라고 말한다면 단번에 미치광이 취급을 받을 테니 말이다.

일본이 낳은 탁월한 신화학자 나카자와 신이치는 꿈과 신화를 분출해 내는 마음을 '유동적 지성' 또는 '대칭적 무의식'이라는 말로 표현한 적이 있다.[6] 그가 말하는 유동적 지성이란 호모 사피엔스가 탄생한 이후 생겨난 인류의 심층적 마음을 말한다. 이 마음은 우리가 정해 놓은 사물의 고정된 경계를 넘어 말 그대로 흘러 다니는 마음이다. 우리가 상징적 사고를 쉽게 할 수 있는 것도 우리의 마음이 뇌 조직에 자리 잡은 여러 기능의 신경조직들을 자유롭게 넘나들 수 있기 때문이라고 한다. 그런데 이 유동적 마음은 세계를 구성하고 있는 존재들의 분류 체계를 뛰어넘을 뿐만 아니라 나와 타자 사이의 경계도 뛰어넘는 마음이다. 말하자면 카를 융이 말한 집단 무의식과 비슷하다고 할 수 있다.

나카자와는 카를 융보다 한발 더 나아가, 마음을 인류의 마음에 국한시키지 않는다. 생명 전체가 공유하는 더 포괄적인 마음의 차원으로까지 끌고 간다. 우리의 마음 한편에서는 사람과 사람뿐 아니라 사람과 동물, 사람과 사물까지도 연결시켜 소통하는 차원이 작동하고 있다는 주장이다. 그가 신화를 인류 최고의 철학이라고 말하는 것도 신화가 바로 이 고차원적인 마음의 작용이 빚은 인류의 유산이라고 생각하기 때문이다. 말하자면 그는 무의식을 상식적 차원의 마음을 넘어선 고차원적인 마음으로 승격시키고 있다.

그의 이러한 생각은 신화나 꿈, 제의와 예술을 창조해 내는 우리 마음의 정체에 대해 서구 학자들이 지금까지 제공해 주지 못한 또 하나의 차원을 열어 준다. 그리고 그 핵심은 그가 개인의 마음을 넘어선 공통의 마음이 존재함을 긍정하고 있다는 점에 있다. 또한 그가 해석하고 있는 마음의 차원이 인간 중심주의의 편협함을 넘어서 모든 생명을 포괄한다는 점에 있다.

그의 이론을 받아들이면 앞에서 말한 아야와스카가 '영혼의 밧줄'로 여겨지고 꿈이 우리를 치료한다는 견해와도 친숙해진다. 케추아족은 꿈이 자연으로부터 온다고 생각했다. 우리는 자연의 일부이므로 어쩌면 자연이 우리에게 꿈을 통해 말을 건다는 것도 당연하다. 자연은 인간이 자연에 대해 생각하는 것 이상의 존재다. 말 그대로 자연은 '스스로 그러함', '있는 그대로'다. '있는 그대로'의 세계는 우리의 판단 기준 너머에 있다.

우리가 세계를 바라보고 이해하는 틀은 말 그대로 틀이지 세계가 아니다. 하지만 틀에 고착되어 있는 우리는 틀 너머의 것을 잘 보지 못하곤 한다. 꿈과 신화가 말을 걸어오는 때는 바로 이 틀에 균열이 가기 시작하는 때다. 평상시에 문제없이 받아들이던 삶이 어느 날 낯설게 느껴지거나 이해할 수 없다고 느껴질 때가 바로 그런 때다. 말하자면 삶의 위기 상황 같은 상태다. 삶의 위기는 우리에게 불안과 두려움을 가져다주지만 때로는 고착되어 있던 차원에서 벗어나게 해 주는 기회로 작용하기도 한다. 우리 안에 큰 자연이 스스로 깨어나는 계기 말이다.

문지방의
시간

꿈이나 신화의 세계는 분명 우리의 현실과는 다른 차원의 세계다. 무엇보다도 현실을 움직이고 있는 법칙들과는 다른 법칙들이 마음대로 통용된다. 마치 그 세계에는 일관된 법칙이 아예 존재하지 않는 듯이 보이기도 한다. 시간과 공간이 마구 뒤섞여 뒤죽박죽되고 난데없는 변형이 아무렇지도 않게 일어나곤 하니까 말이다. 물론 신화는 꿈보다는 나름대로의 합리성을 더 지니고 있는 듯하다. 적어도 신화는 언어논리의 틀을 따르고 있기 때문이다. 하지만 견고해 보이는 현실에 비하면 신화에 등장하는 인물과 인물들이 변신하는 모습은 마치 그들이 시간과 공간의 고정된 질서와는 아무 상관없이 움직이는 것처럼 보인다. 이런 세계를 마법의 세계라고 한다. 신화는 분명 마법적인 측면이 있다. 꿈이 현실과는 다른 차원의 세계처럼 보이지만 현실의 삶에 영향을 주는 것처럼 신화 역시 일상적인 삶 속에 슬그머니 스며들어 삶의 보이지 않는 배후에서 조용히 움직인다.

      신화를 말하거나 듣는 것이 예전에는 하나의 의식이었다고 한다. 오늘날 신화는 이야기되기보다는 책이나 영화로 전해지지만 과거에 신화가 나타날 당시는 지금과는 사정이 달랐다. 오늘날 책과 영화 속에 담긴 신화는 아무 때나 시간 날 때 심심풀이로 만날 수 있는 오락물처럼 변해 버렸지만 과거의 신화는 신성한 시간에 조심스럽게 전달되던 신성한 지혜의 말씀으로 여겨졌다고 한다. 신화는 때로는 부족의 구성원 중 나이가 많고 지혜로운 어른들에 의해 이야기되기도 하고 때로는 신성의 매개자로 여겨지는 주술사의 춤과 노래로 전달되기도 했다. 요즘에도 인도에서는 자신의 신들 이야기

비슈누(좌)와 시바(우)

를 춤과 노래로 전한다. 춤꾼이 비슈누Vishnu가 되고 시바Shiva가 되어 이야기를 전하는 거다. 그 모습을 지켜보는 시간은 단순히 춤 공연을 관람하는 시간이라기보다는 신들의 이야기에 참여하는 시간이라고 할 수 있다.

   이렇게 신화가 이야기되거나 공연되는 시간은 일상적인 시간과는 다르다. 우리는 시간이 시계판의 숫자처럼 균질화되어 있어서 그 시간이 그 시간이라고 생각하곤 하지만 곰곰이 살펴보면 시간은 객관적이지도 균질화되어 있지도 않다. 오지 않는 버스를 기다리는 시간과 친구와 재미있는 이야기를 하고 있는 시간은 누가 뭐래도 다르게 느껴지는 것처럼 말

이다. 어쨌든 신화가 살아나는 시간은 일상적인 시간에서 벗어난 신성한 시간이다.

  루마니아의 신화학자 미르체아 엘리아데Mircea Eliade는 신화가 태초에 일어난 사건을 다시 지금 여기에 일어나게 하는 기능을 갖고 있다고 말한 적이 있다. 신화가 말하고 들리는 바로 그 순간 아주 먼 과거에 일어난 신성한 사건이 지금 여기 그 이야기를 듣는 사람의 마음속에 되살아난다는 이야기다. 그래서 신화는 지금 여기를 신성하게 해 주는 역할을 했다. 신화가 전달되는 순간은 우리가 시공을 초월해 영원히 반복되는 원형으로 빨려 들어가는 시간이다. 그 순간에 지금 여기는 먼 과거에 일어난 그리고 먼 미래에 다시 일어날 어떤 일들이 함께 뒤얽혀 있는 곳이 된다. 우리는 그때 여러 차원이 교차되어 있는 지점에 존재한다. 그런 느낌 가져 보셨는지? 처음 와 본 장소가 과거에 왔던 곳처럼 느껴지고 지금 일어나는 일이 언젠가 한 번 경험한 일처럼 느껴지는 일 말이다. 소위 '데자뷰' 현상이라고 불리는 이 체험은 누구나 한번쯤 경험한다. 그럴 때 우리는 참 이상한 느낌에 빠진다. 우리가 명료하게 나누어 놓은 과거-현재-미래라는 구분이 엉켜 버리기 때문이다.

  이런 시간이 제의적 시간이다. 빅터 터너Victor Turner라는 인류학자는 '문지방의liminal' 시간이라고 불렀다. 전통사회에서 통과의례나 입문식이 치러지는 시간이 바로 이런 시간이라고 한다. 일상적 시공간에 다른 차원의 시공간이 중첩되는 상태라고 할 수 있다. 꿈과 현실의 중간 지대쯤 되는 상태. 이 단계에서는 사회가 분리시켜 놓은 것들이 한데 뒤얽혀 버린다. 성과 속, 남과 여, 인간과 동물, 안과 밖, 위와 아래, 좋은 것과 나쁜 것, 선과 악 등 일상적인 판단을 위해 세워 놓은 견고한 기준들이 흐물거리게 된다. 그는 신화뿐만 아니라 축제나 연극 등이 우리를 이런 영역으로 진입하게 한다고 한다. 분명 우리는 현실의 시공간에 있지만 동시에 또 다른 차원의 영역이 끼어드는 경우다.

제의의 거행은 일종의 마법적인 성격을 지닌다. 주술사가 자작나무 가지와 독수리의 깃털로 우리의 이마를 건드리는 순간 우리는 지금 여기 있지만 우리의 의식은 우리가 알 수 없는 다른 차원을 여행한다. 우리가 곰의 가면을 쓰는 순간 우리 안에 잠들어 있는 곰이 깨어나기도 한다. 〈마스크〉라는 영화를 아시는지? 주인공이 이상야릇하게 생긴 나무 가면을 쓰는 순간 평상시의 자기와는 영 딴판이 되어 버리는 것처럼 제의적 영역 안에서 우리는 가면을 얼굴 위에 올려놓는 것만으로도 우리 내부의 다른 차원으로 빨려 들어갈 수도 있다. 우리가 생각지도 못한 다른 나를 내 안에서 발견하고 느낀다. 내가 나의 한계 너머로 나아가 내가 아닌 다른 존재가 되는 거다. 그때 나는 높은 하늘을 배회하는 한 마리의 독수리가 될 수도 있고 들판을 뛰는 한 마리의 늑대가 될 수도 있다. 신화는 과거에 이런 마법적인 힘을 지닌 말이었다. 신화가 제의적 시간, 다시 말해 의식의 문지방 차원에서 말을 건네면 우리 마음의 깊은 층이 동요한다. 신들의 말과 행동이 우리 내부에 지층처럼 겹겹이 퇴적된 오랜 무의식의 층을 건드리는 거다.

신화가 전하는 말은 현실논리를 끌고 가는 언어와는 달리 고도의 상징으로 이루어져 있다. 일상적인 기호들이 하나의 의미만을 건드리는 것과 달리 신화의 상징언어는 다층적인 의미를 한꺼번에 건드리곤 한다.

데자뷰를 경험하는 사람이 느끼는 혼란스러운 감정처럼 그 언어가 우리를 건드리면 우리는 누구의 시간인지 알 수 없는 아득한 시간 속으로 빠져들게 된다. 그 시간 속에서는 나의 기억이 선조의 기억과 연결되어 있고 인간의 기억이 동물의 기억과 연결된다. 더 나아가 내가 나무의 마음, 강의 마음이 되기도 한다.

이런 시간을 공유하게 되면 우리의 마음은 변형을 일으키게 된다. 평상시에 구분되어 있던 나와 남, 사람과 동물, 이것과 저것 등의 서로 다른 존재가 내 안에서 다른 것이 아닌 나의 일부분으로 체험되고 나와 동질적인 것으로 느껴진다. 나와 남의 구별이 없는 큰마음에 접속하게 되는 거다. 이런 체험이 나를 다른 존재로 바꾼다. 다른 존재들의 목소리가 내 안에서 들릴 때 우주는 더없이 친숙하게 다가온다. 때론 그 목소리가 괴이하고 무서운 음성이라 할지라도 내가 그 이상하고 낯선 목소리의 일부라는 느낌을 갖게 된다. 스핑크스의 목소리가 내 안에서 들리는 것이다. 이때 스핑크스는 또 다른 내 모습의 반영이다.

헤르메스와 트릭스터

그리스 신화에는 우리를 이런 다른 차원으로 끌고 가는 신이 등장한다. 바로 헤르메스다. 헤르메스는 날개 달린 신발을 신고 카두세우스Caduceus라는 마법지팡이를 들고 다니는 신들의 메신저다. 그는 이승과 저승, 신과 인간의 세계를 가볍게 넘나든다. 카두세우스는 날개 달린 두 마리의 뱀이 교차되어 꼬아 올라가는 형상을 하고 있다. 카두세우스는 정반대되는 것들이 하나로 합쳐져 있음을 나타내는 상징이다. 땅바닥을 기어 다니는 뱀과 하늘을 나는 새가 하나로 연결되어 있다. 헤르메스가 카두세우스를 휘두르는 순간 이 세상에 불가능은 없는 것처럼 보인다. 멀리 떨어진 낯선 공간이 바로 여기에 펼쳐지며 낮과 밤이 한순간에 바뀐다. 그렇다고 헤르메스가 무소불위의 권능을 지닌 신은 아니다. 그는 스스로의 욕망을 위해 카두세우스를 휘두르는 법이 없다. 어디까지나 메신저일 뿐이다. 그것도 아주 희미하고 가벼운.

날개 달린 신발과 보이지 않는 모자 역시 헤르메스의 힘을 나타내는 상징이다. 저승의 신인 하데스Hades에게 선물로 받았다는 보이지 않게

슈프랑거,
〈헤르메스와 아테나〉, 1585

만드는 모자(원래는 투구였으나 르네상스시대 이후에는 모자로 그려진다)는 그가 보이는 존재이면서 동시에 보이지 않는 존재이기도 하다는 의미를 나타낸다. 또 날개 달린 신발은 그가 어디든 갈 수 있는 아주 가벼운 존재임을 나타낸다. 가볍게 비상하는 존재는 큰 날개가 필요 없다.

유럽의 연금술사들은 헤르메스의 이미지에서 수은을 보았다. 물방울처럼 흔들거리며 빛나는 액체로 된 금속 말이다. 분명 물처럼 흐르는데 금속이며 또한 공기 중에 퍼져 모습을 감추기도 한다. 나타났다 사라지며 액체, 고체, 기체의 성격을 한꺼번에 가지고 있다. 수은을 라틴어로 메르쿠리우스Mercurius라고 부른다. 메르쿠리우스는 헤르메스의 로마식 표현이다. 여기서 영어의 머큐리mercury가 나왔다고 한다. 머큐리는 수은이자 수성 그리고 헤르메스다. 태양계의 가장 작은 별인 수성 역시 지구에서 보면 나타났다 사라졌다 한다. 오늘은 동쪽 하늘에 떴다가 며칠 후면 서쪽 하늘에 갑자기 나타나는 식이다. 고정되어 있는 우리 사고 틀의 이쪽과 저쪽을 제멋대로 오가는 것들은 모두 헤르메스적인 것들이라고 할 수 있다.

사실 헤르메스는 도둑과 사기꾼 들의 신이기도 하다. 제우스를 아버지로 마이아Maia라는 요정을 어머니로 해서 태어난 헤르메스는 태어나 걷기 시작하자마자 도둑질부터 시작했다고 한다. 형이자 태양신인 아폴론의 소 떼를 훔쳐 불에 구워먹은 것이다. 아폴론은 자신의 소가 한꺼번에 사라진 사실을 알고 헤르메스를 의심했지만 그가 범인임을 증명할 수는 없었다고 한다. 헤르메스가 소의 발에 갈대를 묶어 뒤로 끌고 갔기 때문이다. 소의 발자국은 발에 묶인 갈대빗자루 때문에 모두 사라져 버렸고 헤르메스는 시치미를 뚝 떼고는 오히려 형이 죄도 없는 자기를 의심한다며 아버지 제우스에게 능청을 부린다. 그리고 한편으로는 소의 가죽과 뼈로 멋진 리라lyra를 만들어 화가 잔뜩 치밀어 오른 아폴론에게 선사한다. 아폴론의 기분이 어땠을까? 아폴론은 헤르메스가 선물한 일곱 줄 리라가 아주 맘에 들었다. 예뻐하자니 얄밉고 미워하자니 귀여운 동생, 헤르메스의 가벼운 이중성을 잘 보여 준다. 그의 행동은 선악을 판단하는 무거운 기준의 대상이 아니다. 때로 그 무거운 기준은 계명을 적은 돌덩이에만 갇혀 있는 경우도 있지 않은가.

헤르메스는 이탈리아 르네상스시대에 특히 인기가 높았다. 아시다시피 당시는 원거리 무역상들의 자본력으로 세워진 도시국가들이 과거와는 다른 정치경제적 이념으로 세계를 변화시켜 가던 때였다. 중세의 엄격하고 고정된 틀에 갇힌 세계가 무너지고 서로 다른 생각과 문화가 어느 때보다 자유롭게 흘러 다니던 시대였다. 오늘날 유럽의 박물관에서 전 세계 관람객들을 끌어모으고 있는 예술작품의 상당수가 당시의 산물이다. 레오나르도 다빈치나 미켈란젤로, 보티첼리 등의 거장이 모두 그때 활동했다. 이들의 작품 속에는 서로 다른 지류로부터 흘러 들어온 문화가 아무런

보티첼리, 〈프리마베라〉, 1478

위화감 없이 자연스럽게 뒤섞여 있다. 기독교가 이슬람과 섞이고 일신교의 상징과 다신교의 상징이 한데 어우러진다. 한 예로 보티첼리의 그림에 등장하는 마리아Maria는 동시에 비너스Venus다. 미켈란젤로가 만든 다윗David의 얼굴에는 당시 피렌체의 권세가인 줄리아노 데 메디치의 얼굴이 겹쳐진다. 레오나르도 다빈치가 남긴 그림은 인물들의 애매한 표정과 몸짓 때문에 수많은 해석 논란을 불러일으킨다. 헤르메스는 메디치 가문의 수호신이자 연금술의 신이며 언어와 화폐의 수호자. 물론 오늘날에는 통신과 커뮤니케이션 영역에서 모습을 드러낸다.[7] 그리고 '에르메스'라는 멋진 불어식 이름으로 백화점의 눈부신 조명을 받으면서 명품의 마법적 아우라를 풍기기도 한다.

하나의 신이 여러 곳에서 여러 다른 면모로 나타난다. 헤르메스의 지팡이가 그러하듯이 일견 서로 달라 보이고 때로는 모순되는 듯 보이는 것까지도 아무런 무리 없이 하나로 연결되는 것이다. 이것이 헤르메스가 안내하는 세계다. '세 배나 위대한 헤르메스'라는 뜻을 지닌 헤르메스 트리스메기투스Hermes Trismegistus라는 인물이 남겼다고 전해지는 에머랄드 석판 위에는 이런 말이 쓰여 있었다고 한다. "큰 것이 곧 작은 것이다. 위에 있는 것은 아래에도 있으니 오직 존재하는 것은 생명과 한 이치다. 이것을 움직이는 자 또한 그와 하나다. 신성한 경계에는 안도 없고 밖도 없다. 큰 것도 없고 작은 것도 없다. 위와 아래 또한 없는 것이다."

헤르메스처럼 정해진 경계를 무시하면서 마음대로 오가는 존재를 트릭스터trickster라 부른다. 트릭스터는 말 그대로 '트릭을 쓰는 자'다. 트릭스터는 전 세계 신화 속 어디서나 고개를 내민다. 그리스 신화의 헤르메스와 같은 트릭스터는 인간의 부러움을 살 만한 초월적이고 마법적인 능력을 갖춘 것처럼 보이기도 하지만 모든 트릭스터가 그렇지는 않다. 트릭스터는 때로 하찮고 바보스러우며 어설픈 면모를 보인다. 북아메리카 원주민들은 코요테의 모습에서 트릭스터를 본다. 코요테는 언뜻 개처럼 보이기도 하고 이리처럼 보이기도 하고 늑대처럼 보이기도 한다. 코요테의 생김새 자체가 그처럼 애매하다. 개가 되었다, 이리가 되었다, 늑대가 될 수 있기는 하지만 개도 이리도 늑대도 아닌 동물인 셈이다.

어느 날 코요테의 모습을 한 트릭스터가 지나가는 들소 한 마리를 물어 죽였다. 그는 오른팔로 들소 가죽을 벗겼다. 그러자 갑자기 왼팔이 가죽을 낚아챘다. 오른팔이 다시 왼팔에게서 가죽을 빼앗았다. 그러더니 오른팔과 왼팔이 들소 가죽을 두고 서로 싸우기 시작했다. '내놔! 이건 내 거야!' 화가 난 오른팔이 왼팔에게 칼을 휘두른다. 싸움은 점점 격렬해져 결국 싸움에 진 왼팔은 온통 칼에 벤 상처투성이로 피를 뚝뚝 흘리게 된다. 그때서야 정신이 돌아온 코요테는 울면서 외친다. '내가 왜 이런 짓을 했지? 어쩌다가 이 지경이 된 거야?'

며칠이 흘러 그날을 까맣게 잊은 코요테가 이번에는 고라니 한 마리를 잡았다. 그는 고라니의 간으로 여자의 질을 만들고 콩팥으로 가슴을 만들어 자기 몸에 붙이더니 아주 예쁜 여자로 변신한다. 그러고는 지나가는 여우를 유혹해 합한 뒤 아이를 낳고, 어치와 합해 아이를 낳고, 서캐와도 합해 아이를 낳는다. 그 뒤 인간의 마을로 들어가 추장의 아들과 결혼하더니 아들을 넷이나 낳았다.

어느 날 정처 없이 길을 걷는데 어디서 이런 소리가 들렸다. '나를 씹는 사람은 똥을 쌀 것이다.' 목소리가 나는 곳을 살펴보니 작은 알뿌리가 내는 소리였다. 트릭스터는 알뿌리를 입에 넣고 우물거리면서 말한다. '나는 이걸 씹어도 절대로 똥을 싸지 않을 거야.' 한참을 걸어가던 그는 '그 많던 알뿌리가 대체 어디로 간 거지? 대체 그 따위 것들이 나를 어떻게 할 수 있다는 거야? 난 똥이 마려울 때 똥을 쌀 뿐이라고.' 이렇게 말하고 있는데 갑자기 방귀가 나왔다. 그러자 그는 '아하, 이게 그 의미로군, 하지만 난 방귀만 좀 뀌었을 뿐이야, 난 여전히 위대한 트릭스터라고.' 그런데 또다시 방귀가 나온다. 이번엔 좀 전보다 냄새도 소리도 더 센 것 같다. '내가 어리석었나? 사람들이 나를 바보라 부르는 게 이래서인가?' 또다시 방귀가 나온다. 소리는 좀 전보다 훨씬 더 컸고 이번에는 살가죽이 따끔거릴 정도다. 그러더니 또다시 터져 나오는 방귀와 함께 몸이 앞으로 날아가 버렸다. '방귀가 나를 밀어 던졌지만 난 결코 똥을 싸지는 않을 거야.' 계속 다짐을 했지만 방귀는 계속 나왔고 그 힘은 점점 세져만 갔다. 하늘로 치솟았다가 떨어지는 바람에 무릎과 손이 엉망이 되더니 이번에는 아예 거꾸로 곤두박질쳐 배가 땅에 털퍼덕 소리를 내며 떨어지고 말았다. 트릭스터는 계속 다짐을 한다. '그래 계속해보라지. 그래도 나는 절대로 똥을 안 쌀 테니까.' 점점 세져만 가는 방귀의 힘에 문제의 심각성을 파악한 그는 주변의 커다란 통나무를 부둥켜안고 매달렸다. 그랬더니 통나무가 뿌리째 뽑혀 하늘로 치솟아 버렸다. 높이 솟은 미루나무도 커다란 참나무도 소용없었다. 트릭스터는 마을로 뛰어가서 마을에 있는 집과 사람, 개 등등 모든 것을 자기 배 위에 올려놓았다. '이번에는 괜찮겠지.' 웬걸. 방귀가 폭발하더니 배 위에 올려놓은 모든 것이 공중에서 사방으로 날아가 버렸다. 사람들은 공중에서 떨어지면서 분을 못 이겨 서로에게 화를 냈고 개들은 마구 울부짖었다. 트릭스터는 이 광경을 보더니 웃겨서 견딜 수가 없었다. 바로 그때, 뱃속이 말할 수 없이 쓰리더니 드디어 똥이 나오기 시작했다. 처음에는 조금씩 나오던 똥이 점점 많아져 모든 것을 뒤덮으면서 쌓이기 시작했다. 그는 자신의 똥더미로부터 달아났다. 나무 위로 올라갔지만 소용이 없었다. 똥더미는 점점 높이 쌓였고 그는 점점 높이 올라갔다. 더 이상 올라갈 곳이 없어진 트릭스터는 몸이 미끄러지면서 그만 '풍덩!' 하고 자신의 똥더미 속에 빠져 버리고 말았다. 그는 결국 자신의 똥으로 온몸이 뒤덮인 채로 간신히 빠져 나왔다고 한다.[8]

어릴 적 본 만화영화 속 주인공을 떠올리게 하는 이 이야기에 등장하는 트릭스터 코요테는 헤르메스보다 더 적극적으로 변신하는 존재다. 어리석고 우스운 코요테에게 북아메리카 원주민들은 창조주의 면모를 부여했다. 그는 스스로 여자로 변신해 여우와 어치와 서캐의 자식들을 낳았으며 재미삼아 산과 평원을 만들고 땅에 색칠을 하기도 한다. 이 모든 행동에 별로 심각함은 없어 보인다. 그에게는 정해진 가치도 규율도 별로 의미가 없다. 옳은 행동인지 그른 행동인지, 내 행동이 선한 것인지 악한 것인지, 나중에 내게 찾아올 이익과 불이익은 무엇인지 등등에 대해서도 아무런 고려가 없다. 어찌 보면 정말 대책 없는 캐릭터다. 그래서 그는 어리석어 보이고 무모해 보이며 때로는 우스워 보이기도 한다. 그의 행동에는 별로 악의가 없지만 그가 불러오는 결과는 엄청날 때도 있다. 그래도 그는 자기 행동의 결과에 대해서 아무런 책임이 없는 듯이 행동한다.

만약 일상생활 속에서 이런 사람을 만난다면 어떨까? 매사가 정해진 규율과 질서에 맞춰 진행되어야 한다고 믿는 사람들에게 트릭스터는 짜증 그 자체일 것이다. 실제로 트릭스터 유형의 사람들은 바로 그 종잡을 수 없는 행동으로 인해 화를 당하기도 한다. 그는 대다수의 사람이 믿고 따르는 규율과 질서를 무시하고 제멋대로 행동하지만 그의 행동은 영웅적 위반과는 다르다. 영웅적 위반은 기존의 규율을 위반하기는 하지만 그가 따르는 다른 규율에 충실하므로 그의 위반은 충분한 명분과 합리적 근거를 지닌다. 게다가 영웅의 위반이 성공적으로 수행되어 기존 규율의 제어력을 무력화시키게 되면 그는 새로운 규율을 정초하는 자로 떠받들어지기도 한다. 하지만 트릭스터는 다르다. 그의 행동은 모방 불가능하며 위반이 특별한 목

에드워드 커티스,
〈북아메리카 원주민 신화 속 의인화된 코요테 사기꾼〉, 1915

적을 지니지도 않기 때문에 그 결과에 목매지도 않는다. 실패하더라도 그뿐이다. 게다가 그는 위대해 보이지도 진지하지도 심각하지도 않으며 하찮아 보이기까지 한다. 그 때문에 그의 하찮음과 가벼움은 힘의 대결을 삶의 기준으로 삼는 사람들로 하여금 그를 희생양으로 삼게 만들기도 한다.

  융은 트릭스터를 그림자 인격의 일종으로 보았다. 우리는 나름

대로 자신의 정체성에 대해 하나의 그림을 가지고 있다. 자신의 국적, 성별, 학력, 직업, 가족관계 등 사회적으로 공인된 자신의 위상뿐만 아니라 가치관과 취향, 외모 등의 개인적인 자아정체성을 구성하는 요소로 구성된 자아상 말이다. 우리는 그 그림을 토대로 스스로 '나는 이런 사람이야'라고 여기며 다른 이에 대해서도 그런 모습을 보인다. 그러나 실제로 나는 내가 생각하는 모습만으로 이루어진 존재가 아니다. 나도 모르는 나의 모습이 있다. 내가 의식하지 못하는 무의식적 취향과 가치관, 태도 등이 삶의 구석구석에 자리 잡고 있지만 정작 나는 알지 못한다. 융은 한 개인의 자아상 너머에 진정한 '자기'가 자리 잡고 있다고 생각했다. '자기'는 개인성을 넘어서는 존재다. 그러나 한 개인의 내부에서 삶의 전 과정을 추동해 나가는 일종의 '진아眞我'이기도 하다. 이 전체적인 '자기'에서 내가 나라고 받아들이기를 거부한 나머지 영역이 나의 그림자로 남아 있게 되는 거다. 그림자는 항상 삶의 한 부분으로 기능하지만 그림자를 자각하지 못하는 이에게 그림자는 자아가 아닌 타자에게 투영된다. 나의 보이지 않는 뒷면을 다른 이에게 비추는 것이다. 말하자면 다른 이의 얼굴에서 나의 감춰진 얼굴을 보는 것이라 할 수 있다.

트릭스터는 그림자의 양면성이 작동하기 시작할 때 나타난다고 한다. 트릭스터는 그림자의 언저리에서 살고 있다. 내가 '나'의 정체를 식별하기 위해 구별과 선택과 배제의 경계를 그어 놓은 선을 트릭스터는 이리저리 제멋대로 왔다 갔다 한다. 나의 인격을 구성하는 요소이면서 내가 긍정적인 평가를 내린 부분의 바깥에는 부정적인 얼굴의 트릭스터가 얼굴을 내민다. 그래서 그를 악마라고 규정짓는 순간 그는 모습을 바꿔 천사의 얼굴로 찾아온다. 그는 로마 출입구의 신 야누스Janus처럼 이쪽과 저쪽 모두의 얼굴을 지니고 있다. 때론 선한 얼굴로 다가와 우리를 유혹하는가 하면 갑자기 가증스러운 악마로 변해 우리를 구렁텅이에 처넣어 버리기도 한다. 어지럽고 혼란스러우신가? 그러나 트릭스터의 가혹함 때문에 우리 삶이 현재의 미적지근한 평화에서 벗어나 삶의 생생함 속으로 한 걸음 더 나아가게 되는 것은 아닐까?

트릭스터는 나타났다 사라지며 그가 나타나는 순간 불가능해 보이는 일도 가능해지고 쉬워 보이는 일도 불가능한 일이 되고 만다. 때로는 기적을 일으키는 존재이면서 때로는 악운을 불러들이기도 하는 존재다. 우리가 트릭스터를 우리 편이라고 쉽게 속단했다가는 트릭스터에게 뒤통수를 맞고 말 것이다. 그렇다고 그를 적이라고 밀쳐 낼 수도 없다. 그는 무엇에도 별로 악의가 없지만 그렇다고 선의가 있는 것도 아니다. 바람에 갈대가 이리저리 흔들리듯 트릭스터는 일종의 보이지 않는 바람을 타고 움직인다. 그 바람의 방향과 의도에 우리가 상상하는 합리성이 개입되어 있지는 않다.

우리는 모든 일에는 이유가 있고 그 원인으로 인해 어떤 결과가 생긴다고 생각하곤 한다. 우리가 생각하는 세계는 거대한 원인-결과의 연쇄물처럼 보인다. 과학은 그 인과의 그물망이 가진 메커니즘을 이론화하고 싶어 한다. 이론으로 변모한 세계상은 우리를 안심시킨다. 마치 세계가 그 이론대로 움직이는 것 같은 환상이 만들어지고 우리는 환상을 진짜로 믿고 안심한다. 그러나 삶이 이론대로 움직이고 세계가 이론대로 움직이기만 하는가? 인위적으로 구성한 사회제도와 시스템은 바로 이론을 현실적 강제력을 지닌 세계로 전환시켜 놓은 결과다. 그리고 우리 삶은 꼼짝없이 그 그물망에 사로잡혀 있는 듯이 보이기도 한다. 그러나 이론은 어디까지나 이론이고 시스템은 어디까지나 시스템일 뿐이다. 삶은 살아 있는 것이며 인간의 손아귀로 다 포착하기에는 그 존재성이 너무나 복잡하고 신비롭다.

마르세이유 타로 중
'바보' 카드, 1748

모든 제도는 이편과 저편을 가르지만 그 선을 넘나드는 자는 항상 존재한다. 우리 마음을 구성한다고 여겨지는 보이지 않는 선 역시 마찬가지다. 우리가 고정시킬 수 없는 우리 내부의 자연은 우리가 만들어 놓은 선을 자꾸만 넘나들며 결국에는 그 선을 무너뜨려 버리고 만다. 우리는 우리가 정해 놓은 규율을 지키려고 애쓰지만 더 큰 힘은 그 규율을 비웃는 것이다. 나는 절대로 똥을 싸지 않겠다는 코요테의 다짐을 떠올려 보자. 그는 결국 제가 싼 어마어마한 똥더미에 빠져 허우적대지 않는가 말이다. 코요테의 중대결심을 형편없이 처박아 버리는 것은 작은 알뿌리의 목소리다. 그는 자연의 작은 속삭임을 우습게 알았고 자신의 다짐 따위로 그 작은 힘을 쉽게 무력화시킬 수 있을 줄 알았을 것이다. 그 결과 그는 우스운 존재가 되어 버린다. 세상을 모두 자기 똥으로 뒤범벅을 해 놓고 그 안에서 허우적대는 모습으로. 그렇다고 트릭스터가 한심한 존재이기만 한 걸까? 그는 스스로 몸을 여자로 변신시켜 아이를 만들기도 하고 산과 평원을 만들기도 하는 존재다. 세상을 아름다운 색으로 물들이기도 하고 때로는 늙은 현자賢者의 모습으로 우리에게 나타나 삶의 지혜를 전해 주기도 한다. 어린 악동이자 늙은 마법사, 재치 어린 광대이자 슬픈 바보, 왕이자 거지……. 우리가 상상할 수 있는 모든 반대 인격을 한 몸에 지닌 자가 바로 트릭스터다.

바로 이 혼란스럽고 믿을 수 없는 존재, 어떤 틀에도 고정되거나 가둘 수 없는 존재, 그것이 트릭스터다. 하지만 그는 우리를 삶의 다른 차원으로 인도하는 존재다. 그는 우리가 갈 수 없다고 생각하는 영토, 가서는 안 된다고 생각하는 영토로 우리를 이끈다. 바로 꿈의 문지방을 넘게 해 주는 것, 그것이 트릭스터의 역할이다. 트릭스터를 만나거든 삶의 동반자로 삼으시길. 뿔 달린 도깨비가 방망이를 휘둘러 황금을 가져다주고 철없는 요정이 우리를 덫에서 빼내 주기도 하니까 말이다.

스피릿

 신화는 신들의 이야기다. 신들은 누굴까? 사람들은 오래전부터 세상을 살아 움직이게 만드는 신비스런 힘의 존재를 느끼기 시작했다. 태양과 달을 움직이고 바람을 불게 만들며 꽃을 피게 하고 열매를 맺게 하는 힘 말이다. 이전에는 존재하지 않던 생명체가 새로 태어나는가 하면 눈앞에서 팔딱거리던 동물이 숨을 거두고 뻣뻣하게 굳어 가는 것도 목격했을 거다. 그리고 이러한 생명 속에서 일어나는 신비의 근원을 생각하기 시작했을 것이다. 신화가 말해 주는 신들의 이야기는 세상 속에 깃들어 있는 이 신비스러운 힘의 이야기이기도 하다. 나카자와 신이치는 이러한 신령스러운 힘들을 '스피릿spirit'이라는 개념으로 통칭했다.

 스피릿은 정신, 영혼, 정령, 정기 등으로 번역이 가능하지만 굳이 이를 쓰지 않고 그냥 스피릿이라고 부르는 이유는 이 말을 우리가 사용하는 일상용어로 번역했을 때 뒤따르는 수많은 오해 때문이다. 그는 이 스피릿의 차원이 꿈의 차원이며 동시에 신화적 차원이라고 말한다. 과거에는 세계가 온통 스피릿으로 꽉 차 있는 것으로 경험되었다고 한다. 옛날에는 집 안에 수많은 신이 함께 살고 있다고 여기던 때가 있었다. 집터에는 터줏대감이, 부엌에는 조왕신이, 뒷간에는 정랑각시가 살고 있고 마당 한 구석에 세워 놓은 빗자루에는 가끔 도깨비가 깃들기도 했다. 이 스피릿들은 커다란 구렁이로 변신하기도 하고 두꺼비로 변신하기도 했다. 그런데 언젠가부터 스피릿들은 인간 삶의 공간에서 모두 떠나 버렸다. 생명의 기운이 도시에서 점점 고갈되면서부터일 것이다. 스피릿들은 깊은 숲속으로, 산속으로 인적이 잘 닿지 않는 곳으로 밀려나 버렸다.

근대 이후에 스피릿 차원은 실존하지 않는 것으로 여겨져 망각된 것 같다. 오로지 일신교의 신만이 스피릿의 차원을 독점하게 되었고 다른 스피릿은 모두 환상이나 착각의 산물로 여겨져 왔기 때문이다. 다양한 모습으로 나타나는 스피릿의 차원이 상식의 세계에서 삭제되고 그 자리에는 합리적 이성만이 유일한 권력을 휘두르는 세계가 자리 잡았다. 그런 의미에서 보자면 현대인은 거의 모두 영혼의 병을 앓고 있는 상태다. 스피릿과 연결된 끈을 잃어버렸으니 말이다. 현대인이 경험하는 공허와 불안은 바로 거기서 비롯된다.

우리는 이 스피릿이 오로지 인간만이 지니고 있는 능력이라고 생각하는 데 더 익숙했던 것 같다. 인간만이 정신적 존재라고 자부한다거나 아리스토텔레스가 정의한 대로 인간을 다른 종과 구별시켜 주는 지점을 생각할 수 있는 능력이라고 거리낌 없이 말할 때 우리는 인간만이 영적 존재라는 생각에 빠져 있는 것이다. 사실 인간 중심적인 생각은 고상한 생각이라기보다는 인간의 유아적인 자기중심성에서 나온 환상이다.

〈혹성탈출〉이라는 영화를 기억하시는지. 어찌어찌해 지구에서 인류가 가꾼 문명이 몰락하고 나서 지구는 원숭이 종족이 지배하는 곳으로 변모한다. 원숭이 종족 역시 인류의 자기중심성을 그대로 계승했는지 그들 역시 신을 자기 모습으로 생각하고 자기를 닮은 신을 숭배한다. 그들 역시 성서에 담긴 이야기를 자신들의 세계 탄생 신화로 받아들이고 산다. 그들은 하나님이 자기 모습을 본 따 지구의 주인인 원숭이 종족을 만들었다고 생각한다. 그리고 그들은 자신의 모습을 닮은 신의 초상을 그려 그 모습을 신으로 생각하고 받들어 모신다. 신의 얼굴은 원숭이였다.

우리가 영혼을 지닌 유일한 종이며 그 영혼의 근원은 인간의 모습을 닮은 신이라 생각하고 그 인간적인 신에게 절대자의 칭호를 붙여 모시는 일을 가만히 따져 보면 인간의 자기중심성이라는 테두리 안에 신을 가둬 버린 꼴이나 마찬가지다. 이 사고방식은 인간을 세계와 단절된 존재로 여기고 인간을 제외한 나머지 존재를 인간의 지배대상으로 바라보는 사고방식으로 이어진다. 인간을 쉽사리 '만물의 영장'이라고 여기는 것도 마찬가지다. 인간은 모든 생명체 중에서 최고라고 생각하며 다른 생명체는 인간을 위한 도구로 보는 것이다. 그렇게 다른 생명을 도구화할 수 있는 것은 인간만이 유일하게 영적인 존재라는 환상이 뒷받침되어 있기 때문이다.

스피릿은 인간만이 독점하고 있는 힘이 아니라 존재하는 모든 것에 깃들어 있는 힘이다. 이 힘은 물론 문화권에 따라, 맥락에 따라 다양한 이름으로 불린다. 한자 문화권에서 많이 사용하는 '기氣'라는 개념이나 '혼魂', '영靈' 등의 개념이 모두 스피릿이라는 큰 개념의 변형이라고 볼 수 있다. 또는 폴리네시아 사람들이 '마나mana'라고 부르는 것, 북아메리카 원주민들이 '와칸Wakan'이라 부르는 것도 모두 그렇다. 이집트인들은 '카Ka'와

'바Ba'라고 불렸다. 스피릿은 사람과 동물, 나무와 땅, 구름과 바람 속에도 깃들어 있다. 스피릿은 전 생명체의 사슬을 넘나드는 힘이어서 우리 안에도 있고 바깥에도 있다. 이 세상은 다양한 색깔의 스피릿이 상호작용하는 장이기도 하다. 스피릿의 움직임은 사건으로, 현상으로 우리 앞에 나타난다. 하지만 우리의 감각기관은 스피릿의 움직임에는 둔감하도록 교정되어 온 것 같다.

어린 시절 어떤 장소나 존재에게 느꼈던 설명할 수 없는 감정을 떠올려 보면, 그때는 나뭇잎의 부스럭거림, 거리를 떠도는 개의 눈동자, 새들의 지저귐에도 뭔가를 느낀 것 같다. 만나는 사람이 어떤 직업을 지녔는지 무엇을 소유했는지 몰라도 그가 밝은지 어두운지, 맑은지 혼탁한지, 슬픈지 기쁜지를 금방 느낀 것도 같다. 하지만 제도권 교육은 우리가 가진 영적 교감능력을 깨워 준다기보다는 오히려 그 뿌리를 자르는 쪽으로 진행되어져 왔다. 학교는 느낌보다는 도구적 이성의 사용방식을 가르치는 곳으로 전락해 버린 것 같다. 학교가 느끼고 교감하는 능력보다는 세계를 사용하고 다루는 방법을 가르치는 곳이 되어 버렸으니 말이다. 우리가 지닌 영적 감수성은 이상한 능력, 쓸데없는 환상, 지나친 민감함으로 치부되곤 한다.

모든 문화가 꼭 그렇지는 않다. 근대적 사고방식은 전 지구의 보편적 사고방식이라기보다는 지구의 특정 집단이 가지고 있는 견해일 뿐이다. 물론 그 견해가 자본과 국가권력의 힘을 등에 업고 지구의 구석구석에 침투되어 마치 보편적 세계관인 양 가르쳐지고 위세를 떨치고 있는 것만은 사실이지만 말이다. 하지만 아시다시피 강한 것이 곧 옳은 것은 아니다. 근대적 사고나 제도가 아직 침투하지 못한 지역 사람들은 '마나'나 '와칸'이라 부르는 것을 느끼고 신뢰한다. 그것은 환상도 미신도 아니다. 그것은 사람들이 느끼고 체험하며 공유하며 상호작용하는 눈에 보이지 않는 실체의 이름이다.

　　　　스피릿들이 자연 속에 두루 퍼져 있을 때 살던 사람들은 스피릿의 기운이 강하게 느껴지는 자연물을 숭배의 대상으로 삼았다. 큰 바위나 큰 산 등이 전형적이다. 대체로 사람들은 자신보다 크기가 큰 대상에 두려움을 느낀다. 프로이트는 원시종교의 출발이 이러한 영기를 지닌 자연물에 대한 숭배에서 출발한다고 생각했다. 그리고 그것을 강한 힘에 대한 두려움에서 비롯된다고 해석했다. 말하자면 인류가 자신보다 더 센 존재에 대한 복종을 먼저 배웠고 종교는 힘에 대한 복종의 논리를 안고 있다는 것이다. 하지만 프로이트가 본 것이 전부는 아니다. 그는 원시종교의 토템을 가부장적 일신교 논리와 연관시켰기 때문에 힘에 대한 복종을 부각시키게 된 것이다. 어떤 나무나 바위나 산을 신성시하는 인간의 심성에는 꼭 강한 힘에 대한 두려움만 작용하지는 않는다.

　　　　'마나'나 '와칸'에 대한 경외심에는 누군가가 그것을 독점하기 이전에 모두가 공유하는 힘이라는 신뢰가 담겨 있다. 그것은 우리의 어머니이자 아버지이며 인간뿐 아니라 모든 동식물의 부모다. 말하자면 지배와 복종의 논리로 스피릿을 이해하는 것이 아니라 사랑과 보살핌의 상대로 느꼈다는 거다. 산과 바위, 강과 바다, 그 안에 깃들어 사는 모든 동식물의 생명에너지가 '와칸'이자 '마나'다. 마나는 모든 생명이 공유하는 힘이지만 힘의 정도도 모습도 각각 다르다. 우리는 인격적인 심성과 물리적인 에너지가 서로 다른 속성을 가진 두 가지의 실체라는 생각에 더 익숙하지만 신화적 관념 속에서 그것은 둘이 아니라 하나다.

널리 알려진 그리스 신화의 신들 역시 그러하다. 한 예로 제우스가 임재하면 거기에는 강한 생명에너지가 깃든다. 제우스는 새 생명을 잉태시키는 남성적 에너지의 힘이다. 제우스는 여성이 아이를 낳게 만들기도 하지만 동식물의 수가 불어나게도 한다. 제우스의 뿔인 코르누코피아 Cornucopia는 바로 제우스가 지닌 이 번식력과 그로 인한 풍요를 상징한다. 하지만 강한 생명력이 꼭 인간에게 유익한 방식으로 작용하는 것은 아니다. 분노한 생명력은 번갯불과 뇌우로 나타나 사람들이 소중하게 여기는 것들을 파괴하기도 한다. 생명력은 선악을 넘어선 에너지이기 때문이다. 고대인들은 이러한 스피릿을 불러내고 소통하기 위해 제의를 거행하기도 했다.

신화의 주인공인 스피릿들은 생명에너지의 다른 표현이라고 할 수 있다. 신화를 만들어 낸 우리 조상들은 세상에 존재하는 모든 것을 우리처럼 마음을 가진 존재로 느꼈고 바다도 강도 산도 모두 때로는 기뻐하고 때로는 분노한다고 생각했다. 요즘 우리는 세상의 자연을 감정도 없고 마음도 없는 것으로 바라보는 데 익숙하지만 말이다. 우리 바깥에 존재하는 것을 모두 무감한 존재로 바라보는 태도는 일종의 소외를 낳는다. 자기 자신을 제외한 나머지 것을 모두 사물화시켜 버리니 말이다. 자연을 사물화시키는 관념은 결국 우리 자신마저도 그렇게 바라보도록 만든다. 신화적 관점은 나와 세계를 모두 감정을 지닌 존재로 여긴다. 세상에 존재하는 모든 것은 우리처럼 서로 사랑하고 미워하고 즐거워하고 슬퍼하기도 한다. 산과 들, 바다와 사막, 내 집 앞 나무 한 그루 역시 그러하다. 모두 살아 있기 때문이다.

　　　　스피릿은 우리 안에도 있고 바깥에도 있다. 생명을 움직이는 힘이기 때문이다. 스피릿이란 개념을 통해 일신교의 탄생 논리를 추적한 나카자와 신이치는 스피릿의 영역을 크게 세 종류로 구분했다. 우선 우리가 초월적 절대자라고 부르는 지고신至高神이 있다. 대체로 우리 자신을 수직적으로 초월해 있는 이미지를 가지므로 하느님으로 불린다. 두 번째는 저세상으로부터 다니러 오는 내방신來訪神이다. 이때 저세상은 이편이 아닌 저편, 다시 말하면 다른 차원의 세계이거나 죽음 너머의 세계가 되기도 한다. 천사나 저승사자, 또는 죽은 조상신들이 여기 해당하겠다. 세 번째는 이 둘을 제외한 나머지 스피릿의 영역으로 우리 삶의 영역에 깃들어 있는 스피릿이다. 숲의 정령이라든가 가택신家宅神들이 해당할 것이다. 우리식으로 치면 산신령이나 삼신할머니, 터줏대감 등이다. 그런데 이 세 유형은 모두 우리 바깥에 존재하는 스피릿이다. 나카자와는 《신의 탄생》에서 오늘날의 많은 스피릿이 자연에서 떠나 우리 뇌에 들어와 있다고 말한다. 난개발로 인해 자연 속에 깃들 만한 장소가 거의 모두 사라져 쫓겨 난 스피릿들이 우리 안으로 들어와 둥지를 틀고 있는 셈이다. 아마도 인간의 내부로 쫓겨 들어온 스피릿들은 성격도 많이 바뀌었을 테다. 야생동물이 우리에 갇히면 난폭해지거나 우울해지는 것처럼 인간의 뇌 속으로 이주한 스피릿 역시 그렇게 되지 않았을까.

　　　　과거에 만들어진 오래된 신화가 자연에 뿌리를 두고 있는 생명에너지에 대한 이야기라면 오늘날에 새로 생겨난 스피릿 이야기는 기술복제에 의해 생겨난 가상공간을 떠도는 유령에 대한 이야기다. 한동안 아이들에게 인기가 높던 〈포켓몬스터〉라는 애니메이션을 기억하시는지. 이전에 자연 속에 자리 잡고 있던 갖가지 신화적 캐릭터들이 주인공 사내아이의 포획 대상으로 등장하는 이야기다. 작은 공 안에 잡아 가두는 몬스터의 수가 늘수록 주인공은 강한 힘을 인정받는다. 이 가상공간 안에 거주하는 스피릿들은 주변의 다른 존재와 유대를 맺고 상호작용한다기보다는 그저 상벌용 스탬프마냥 획득 대상으로 존재할 뿐이다. 말하자면 능력 인증용 카드가 되어 버린 셈이다. 오늘날 스피릿들이 뇌에 갇히고 인공적으로 만들어진 가상공간 안에 갇히면서 인간에 의해 가두어진 다른 것들이 그러하듯이 사물화되고 기호화되어 버린 셈이다. 과거에 생생한 생명력을 갖고 자연과 인간 사이를 넘나들던 스피릿들은 그야말로 이야기로만 남고 오늘날의 스피릿은 마치 인간만이 독점하고 있는 것으로 여겨진다. 정말 인간만이 스피릿의 유일한 주인일까?

염소사냥꾼

자연을 비롯해 전 우주에 스피릿이 넘쳐나고 인간은 스피릿들의 커다란 연쇄그물망 중에 일부를 차지하고 있다고 생각한 사람들이 있었다. 과거의 북아메리카 원주민들이 특히 이러한 생각을 오랫동안 유지해 오면서 살았다. 그들의 신화 중에는 사람과 염소가 예전에 서로 친족이었다는 이야기가 전해 온다. 북아메리카 북서해안의 고원지대에 살던 원주민인 톰슨 인디언의 신화다.

　　　어느 날 아버지와 일곱 명의 아들로 이루어진 사냥꾼 일행이 야생염소를 잡으러 산으로 들어갔다. 꽤 이름난 사냥꾼이던 아버지는 그날따라 염소를 한 마리도 잡지 못했다. 그러던 중 아직 사냥꾼 수업을 채 다 끝내지 못한 어린 막내아들이 염소 한 마리가 나타나자 쏜살같이 달려가 멋진 솜씨로 염소의 숨통을 끊어 놓았다. 그리고 그 동안 배운 대로 정해진 규율에 따라 기도를 드리고 정성스럽게 염소의 가죽을 벗기고 고기를 잘라냈다. 그러고 나서 염소고기를 가지고 집으로 돌아오던 중 갑자기 하얀 피부의 여자가 나타나 자기 집으로 가자며 유혹을 한다. 막내아들은 자신은 아직 사냥꾼 수업을 다 마치지 못했으므로 여자를 가까이할 수 없다면서 여자의 유혹을 물리치려 한다. 그러나 여자는 그가 염소를 잡았을 때 보여준 빈틈없는 행동을 칭찬하면서 자신을 따라오면 훌륭한 사냥꾼이 될 수 있는 방법을 알게 해 주겠다고 말한다. 호기심이 동한 막내아들은 마침내 하얀 피부의 여자를 따라가기로 했다.

한참을 걷자 바위로 이루어진 높은 절벽이 나타났다. 자세히 보니 바위 사이에 갈라진 틈이 보였고 여자는 따라오라고 하면서 그 틈 속으로 들어갔다. 막내아들이 바위 속으로 따라 들어가자 동굴 입구는 순식간에 막혀 버렸고 그는 갑자기 정신을 잃게 된다. 잠시 후 눈을 뜨자 커다란 동굴 속에는 인간의 얼굴을 한 야생 염소들이 인간과 같은 모습으로 살고 있는 모습이 보인다. 여자가 '이제부터 나는 당신의 아내예요. 여기는 야생 염소들의 동굴이고 나도 야생 염소랍니다. 지금은 염소들의 발정기죠'라고 말하면서 늙은 숫염소의 가죽을 가져와 남자에게 입으라고 한다. '자, 우리도 다른 친구들처럼 밖으로 나가 즐길까요?' 두 마리의 야생염소가 절벽의 문을 열고 밖으로 튀어 나간다. 남자는 신기하게도 자신이 진짜 염소처럼 바위 위로 뛰어오르고 풀밭으로 뛰어내릴 수 있다는 것에 놀란다. 하지만 그것도 잠시 젊은 숫염소들의 공격으로 금방 동굴 안으로 쫓겨 들어오고 만다. 늙은 숫염소의 가죽이 너무 무거웠던 탓이다. 여자는 다른 젊은 숫염소의 가죽으로 갈아입혔다. 조금 전보다는 나은 듯했지만 이번에도 다른 숫염소들에게 쫓겨 들어오고 만다. 그러자 여자는 한창 젊고 힘센 숫염소의 가죽을 가져와 남자에게 입혔고 남자는 그제야 다른 숫염소의 공격을 물리치고 여자와 사랑을 나눌 수 있게 되었다. 그리고 이번에는 염소 무리 속에 섞여 닥치는 대로 암염소들과 합했다. 밤새도록 여러 암염소와 합하기를 반복한 남자는 날이 밝으면 다른 염소들과 함께 동굴로 돌아와 잠을 잤고 밤이 되면 다시 밖으로 나가 같은 일을 반복했다. 마침내 나흘 밤이 되자 다른 숫염소 모두를 물리치고 무리 속 모든 암염소와 합하게 되었다.

낮과 밤이 네 번 바뀌자 남자의 아내가 그의 화살과 활을 들고 나타나 남자에게 따라오라고 말했다. 그가 아내를 따라가자 무리의 모든 염소가 따라왔다. 동굴 밖으로 나가 높은 절벽 꼭대기에 이른 그들은 한꺼번에 절벽 아래의 땅바닥까지 모두 뛰어내려왔다. 모두 땅 위에 무사히 도달하자 그의 아내는 남자에게 이렇게 말했다. '여기 당신의 활과 화살이 있어요. 당신은 이제 훌륭한 사냥꾼이 되었답니다. 당신은 야생염소가 사람이라는 것을 잘 알고 있어요. 그러니까 야생염소를 죽이거나 다룰 때에는 경의를 표해야 해요. 당신은 모든 암염소와 관계를 가졌으므로 암염소들은 당신의 아내이며 당신의 아이를 낳을 거예요. 그러니까 절대로 쏘면 안 돼요. 새끼 염소는 모두 당신의 자손이니까요. 처남에 해당하는 숫염소들만 쏘세요. 그들을 죽이더라도 미안해 할 필요는 없어요. 그들은 정말 죽는 것이 아니라 단지 집으로 돌아가는 것일 뿐이니까요. 고기와 털가죽은 당신이 가져가지만 진정한 그들 자신은 집으로 돌아가는 셈이지요.' 여자가 말을 마치자 야생염소 무리가 남자에게 작별인사를 했고 여자는 남자에게 고기 꾸러미를 전해 주고는 동굴 속으로 사라져 버렸다.

집으로 돌아온 막내아들은 아버지를 위해 가져온 고기를 전부 구워드리고 뼈를 남김없이 모아서 정성스럽게 싸서 연못에 가라앉히고 연못에 몸을 씻었다. 그런데 자세히 세어 보니 야생염소의 코뼈 하나가 없었다. 막내아들은 아버지에게 화를 냈다. '어째서 야생염소를 모독하는 거죠?' 아버지는 말했다. '네가 야생염소들에게서 뭘 배웠는지 시험해 보려 했던 것뿐이야.' 젊은이는 아직도 사냥에서 돌아오지 않은 형들을 찾아 나섰다. 형들은 염소를 잡지 못해 아무것도 먹지 못한 채 힘이 빠져 있었고 막내아들은 형들을 모두 집으로 돌려보내고 혼자서 사냥에 나선다. 산 중턱에서 암염소와 새끼염소가 보였다. 젊은이는 염소에게 다가가 활을 겨눴다. 그 순간 암염소가 소리쳤다. '나는 당신의 아내예요! 아내와 아이를 죽일 건가요?' 젊은이가 암염소에게 사과했다. '미안해! 당황해서 깜박 잊었어.' 암염소가 다가와 그를 껴안으며 말했다. '내 충고를 잊으면 안 돼요. 만일 내 말을 잊으면 더 나쁜 일이 일어날 거예요. 두 번 다시 아이를 쏴서는 안 돼요. 그들은 전부 당신의 아이예요. 암염소도 절대로 쏴서는 안 돼요. 그들은 모두 당신의 아내예요!' 암염소와 새끼염소 들이 모두 돌아가자 어디선가 숫염소 한 마리가 나타나 그 앞에 꼼짝 않고 버티어 섰다. 사냥꾼은 그 숫염소를 쏘아 고기를 형들에게 가져다주었다. 고기를 받아든 형들은 암염소가 아니라고 투덜댔다. 막내는 암염소가 모두 쏜살같이 도망쳐 버렸다고 둘러댔다. 그러자 형들이 말한다. '거짓말하지 않아도 돼. 네가 야생염소들이랑 지낸 것을 우리도 모두 알고 있어. 암염소들이 모두 네 아내이고 새끼염소들은 모두 네 아이라는 것도.'[9]

인간이 염소 가죽만 뒤집어쓰면 염소가 되고 염소 역시 가죽만 벗으면 인간과 똑같이 생활한다는 이 이야기는 왠지 아주 친숙하게 느껴진다. 우리 옛이야기 속에도 인간으로 변신하는 동물 이야기가 많아서일까. 여름만 되면 꼭 한 번씩 방영되는 구미호 이야기만 해도 그렇다. 인간이 되고 싶어 인간의 혼을 구하러 다니는 예쁜 여자 여우 말이다. 인적이 드문 산속에서 길 잃은 나그네의 눈앞에 나타나 따뜻한 음식과 잠자리를 대접한다. 여우지만 분명 사람의 모습으로 나타난다. 물론 톰슨 인디언 신화에 등장하는 염소처럼 사람에게 그리 우호적인 존재는 아니다. 사람을 홀려 간을 빼 먹는다든가 혼이 담긴 구슬을 훔쳐 가는 나쁜 존재로 그려지니 말이다. 멀리 갈 것도 없이 우리는 마늘과 쑥을 먹고 인간으로 변한 곰의 후손이다.

동물과 인간이 이렇게 서로 모습을 바꾸는 이야기가 신화 속에서는 심심찮게 등장한다. 동물의 얼굴을 가만히 들여다보고 있으면 눈빛과 표정에서 사람과 비슷하다는 느낌을 받곤 한다. 그런 느낌이 점점 깊어지면 이들이 우리와 똑같은 존재인데 겉모습만 다른 것으로 느껴지기도 한다. 그들의 눈빛에도 기쁨, 절망, 애원, 탄식, 그리움, 분노 따위가 실려 있다. 그럴 때면 마치 사람의 영혼이 동물의 가죽부대 속에 갇혀 있는 것 같기도 하다. 톰슨 인디언의 신화도 아마 우리가 동물을 바라볼 때 느끼는 이런 감정에서 태어난 것일 게다.

문제는 한편으로 이런 동족의 감정을 느끼면서도 우리가 동물을 먹는다는 사실이다. 일종의 고뇌가 시작되는 거다. 요즘은 육식 습관이 가져다주는 여러 폐해에 대한 자각도 깊어지고 있지만 그렇다고 해서 육식의 오래된 습관을 채식으로 바꾸는 일이 쉽진 않다. 육식을 끊고 채식으로 바꾼다 해서 문제가 아주 사라지는 것도 아니다. 극단적인 자이나Jaina교 신자들처럼 어떤 생명도 해치지 않기 위해서 굶어 죽는 것을 최선의 선행이라고 할 수도 없는 노릇 아닌가.

친족을 먹을 것인가? 아무것도 먹지 않고 죽을 것인가? 이런 생각을 하며 음식을 먹는 사람은 요즘 거의 없겠지만 과거 사람들이 우리보다는 훨씬 더 섬세한 마음을 지녔던 것 같다. 그들이 만들어 낸 이야기는 일종의 타협안을 제시한다. '우리가 먹는 것은 그들의 고기일 뿐이다. 몸이 사라져도 영혼은 남으며 동물의 몸을 먹더라도 그들의 영혼은 그들만의 세계로 다시 돌아갈 것이다. 하지만 저 밑바닥에서 그들과 우리는 친족이므로 함부로 무례하게 그들을 다뤄서는 안 된다. 사냥에도 예의를 갖춰야 한다.' 이렇게 말이다. 그들이 생각한 훌륭한 사냥꾼은 염소를 많이 잡는 사냥꾼이 아니라 염소에게 예의를 갖추는 사냥꾼이다.

이들 신화는 동물을 존엄하게 바라보았으나 우리 시대의 동물에 대한 태도는 무례를 넘어 잔혹과 야만의 지경에까지 이르렀다. 대량 사육과 대량 살육은 말할 것도 없고 아무런 죄책감 없이 행해지는 동물실험에 이르기까지 인간이 동물에 가하는 행동은 윤리불감증에 빠져 집단 정신병을 앓고 있는 모습처럼 보인다. 예전에 할머니들은 눕기 좋아하는 손자들에게 이렇게 겁을 주곤 했다. '밥 먹고 바로 드러누우면 다음 생에 소가 된단다.' 우리가 이 세계에 뿌린 행동의 씨앗은 다시 우리 자신에게 돌아온다는데 그동안 나도 모르게 동물들에게 저질러 온 악행이 다시 나를 향해 되돌아온다고 생각하면 자다가도 등골이 오싹할 지경이다.

무엇인가를 먹는다는 것, 살아가기 위해서 살아 있는 생명을 먹어야 한다는 사실은 우리 내부에 미세하게나마 죄책감의 파문을 일으킨다. 이때 위안을 가져다주는 신이 있다. 인도의 무시무시한 여신 칼리Kali다. 칼리는 목에는 해골 목걸이를, 허리에는 사람의 팔다리를 잘라 엮은 치마를 둘렀다. 한 손에는 칼, 한 손에는 죽은 자의 머리, 한 손에는 삼지창을 들고 있다. 그리고 마지막 남은 한 손에는 우유가 흘러넘치는 그릇을 들고 있다. 피부는 파랗고 혀는 앞으로 길게 뽑혀 있다. 그녀는 남편인 시바 신을 발밑에 깔고 춤을 춘다. 이렇게 끔찍한 여신이 어떻게 위안을 줄 수 있을까?

그녀는 자신이 죽인 것들로 자식들을 먹여 살리기 때문이다. 그녀의 우유 사발은 그녀가 죽인 것들의 피로 만들어진다. 여신은 이 세상 속에서 움직이고 있는 생명에너지를 표현한다. 생명의 그물망 속에서 우리가 무언가를 먹는다는 것은 반드시 그 무엇의 죽음을 대가로 한다. 대상이 동물이든 식물이든 마찬가지다. 먹는 쪽은 살지만 먹잇감이 되는 쪽은 죽음을 피할 수 없다. 그런데 전체 생명을 하나로 놓고 보면 생명이 생명으로 유지되기 위해서 생명을 먹는 셈이 된다. 누군가의 먹잇감이 된 생명 역시 다른 측면에서는 죽이는 존재인 셈이다. 삶과 죽음이 하나의 고리로 연결되어 있어 피할 수 없는 동시적인 현상이라는 사실은 삶을 끔찍하게 느껴지게도 하지만 한편으로는 그것이 삶의 진면목이라는 사실도 알려 준다. '네가 먹고 있는 모든 것은 누군가를 죽인 것이다. 그러나 너 역시 누군가의 삶을 위해 죽어야만 한다.' 위안치고는 너무 잔혹한 위안일까?

그런데도 문제는 여전히 남는다. 전체 생명 내부에서 죽음과 삶이 이렇게 하나로 여여 돌아가고 있다면 인간 역시 누군가의 먹잇감이 되어야 옳다. 하지만 인간은 지금 최상위 포식자 역할을 하며 다른 모든 생명을 먹어 치우는 괴물이 되어 버렸다. 현대의 유전공학과 의학은 서로 합심해 인간의 생명을 연장하는 데 여념이 없고 마치 인간의 삶에서 죽음을 완전히 몰아내려는 욕망에 사로잡힌 듯하다. 마치 미래에는 인간에게 더 이상 늙음도 소멸도 존재하지 않을 것처럼 보인다. 만약 이런 미래가 실현된다면 그것은 천국이 아니라 지옥이 될지도 모르겠다. 한정된 지구생태계 안에서 누군가가 소멸을 원치 않는다면 다른 많은 생명이 희생당하는 일이 벌어지고 말테니. 실제로 미래가 아닌 현재도 이런 일은 버젓이 일어나고 있다. 인간의 불로장생을 위한 의약품을 제조하기 위해 얼마나 많은 동식물이 희생당하고 있는가. 아마 사용될 동물이 더 이상 남아나지 않는다면 인간의 이기심은 최후에 남아 있는 동물인 우리 자신을 향해 잔혹한 손길을 뻗을 것이다. 우리는 윤리적인 딜레마에 빠져 있다.

늑대인간

인간과 동물이 털가죽 하나로 변신하는 이야기는 겉으로 달라 보이는 생명이 사실은 하나의 연속체를 이루고 있음을 나타낸다. 톰슨 인디언 이야기가 동물에 대한 존엄성에 바탕을 두고 있다면 우리에게 친숙한 근대 유럽의 옛날이야기 속에 등장하는 동물의 변신은 이와는 격이 좀 다르다. 여러 버전으로 반복되는 늑대인간 이야기에서부터 부엉이나 고양이로 변신하는 못된 마녀 이야기에 이르기까지 인간과 동물 간에 모습 바꾸기는 왠지 불길한 분위기를 띠는 경우가 많다. 동물이 인간으로 변신하는 것은 동물의 교활함이고 인간이 동물로 변신하는 것은 저주로 여겨진다. 물론 이러한 사고방식 속에는 인간을 생태계의 최고 존재로 보는 오만과 더불어 자기보다 못하다고 여겨지는 존재에 대한 멸시 그리고 인간 내면의 부정적인 그림자를 투사하는 무지가 뒤섞여 있다.

한 예로 멀쩡한 인간이 늑대로 변신하게 되는 것은 일종의 저주다. 최초의 늑대인간이 누구였는지는 모르지만 어쨌든 먼저 늑대인간이 된 자에게 물려야 늑대인간으로 변한다. 늑대로의 변신이 일종의 감염인 셈이다. 늑대인간에게 물리면 내면에 잠자고 있는 동물적 본성이 슬슬 깨어나기 시작한다. 그 본성이 절정에 이르게 되는 때는 보름달이 뜬 밤이다. 물론 늑대로의 변신은 당사자를 고뇌에 빠뜨린다. 내면에서 올라오는 폭력성과 성욕이 야생마처럼 날뛰기 때문이다. 주인공은 항상 자기 안에서 솟아나는 이러한 낯선 충동을 억제하기 위해 이를 악문다. 하지만 그는 어느새 길고 날카로운 송곳니와 무시무시한 발톱이 몸에서 솟아나고 있음을 느낀다. 온몸이 털로 덮이고 완전한 늑대로의 변신이 이루어지면 그는 더 이상 통제 불능 상태가 된다. 그는 인간의 적이다.

이안 우드워드, 〈사람을 잡아먹는 늑대인간〉, 18세기

　　늑대인간은 보통 총이나 칼로는 죽일 수 없다. 은으로 된 무기가 그를 늑대의 털가죽으로부터 구원한다. 물론 이는 불치의 병이어서 산 채로 그 병에서 벗어나지는 못한다. 구원은 죽음을 통해서만 가능하다. 이쯤에서 늑대인간이 드라큘라와 같은 흡혈귀의 일족임을 알 수 있다. 은은 알다시피 독이 닿으면 검게 변하는 금속이다. 늑대인간이 되는 것이 일종의 독에 감염되는 일처럼 여겨지는 셈이다. 드라큘라가 십자가와 은으로 된 정으로 죽임을 당하기 전까지 긴 송곳니로

착한 보통 사람을 감염시키는 것처럼 늑대인간 역시 은제 총알로 생명을 잃기 전에는 저주로부터 벗어나지 못한다.

긴 송곳니와 야행성, 피를 보고 흥분하는 모습, 누군가를 감염시키는 행동 등은 근대 유럽인들이 자기들 문명의 타자로 여기던 이미지였고 이를 대표하는 존재가 주로 밤에 활동하는 야생동물이었다. 늑대를 비롯해 박쥐, 올빼미, 고양이에 이르기까지 어두운 밤과 연관된 동물들에 자신들 내부의 어둠을 투사한 것 같다. 말하자면 불길한 이미지의 동물들은 사실 근대 유럽인들의 마음속에 잠들어 있던 어두운 그림자의 희생양이다. 16세기 중반부터 시작해서 17세기 중반까지 극심하게 이어진 유럽의 마녀사냥에 더불어 희생된 존재가 수많은 고양이다. 늑대에게 흡혈귀의 이미지를 투사한 것처럼 고양이에게 사악한 여성성의 이미지를 투사했기 때문이다. 아마도 고양이가 여성들과 가깝고 밤에 움직이는데다 인간과 함께 살면서도 개와는 달리 복종하지 않는 동물이서였을 테다.

근대 유럽인들이 문명의 타자로 여긴 존재에는 동물, 여성, 밤, 어둠 등이 있다. 반대로 그들 문명의 안쪽에 자리한 주인은 인간, 남성, 낮, 밝음 등이다. 이 이미지들의 연쇄는 무한정 이어질 수 있다. 문명의 안쪽에 자리한다고 여겨지는 것에는 진리, 선, 아름다움 등의 가치가 부여되고 그와 반대되는 것에게는 말할 것도 없이 그 반대의 가치가 부여된다. 그러나 어디까지나 자기중심성에서 벗어나지 못한 무지한 인간의 소아적 투사에 지나지 않는다.

문제는 이 바깥 영역에 거주한다고 여겨지는 존재를 지배의 대상으로 삼거나 터부의 대상으로 삼는다는 것이다. 어떤 동물에게는 착한 이미지를, 어떤 동물에게는 사악한 이미지를 부여하는 것도 같은 맥락이다. 긍정적인 이미지든 부정적인 이미지든 간에 그것은 그 동물이 지닌 특성에 대한 진정한 이해라기보다는 인간의 작은 편견과 무지에서 비롯되는 두려움 때문인 경우가 많다.

  어린이를 위한 우화집에 등장하는 늑대 이미지 덕택에 우리는 늑대를 사악함과 교활함의 대명사로 간주하기도 한다. 그 뿌리는 어린 여자아이를 숲 속에서 유혹해 잡아먹으려 하는 〈빨간 모자〉에 등장한 늑대 덕분이다. 아이들은 이 우화 덕택에 늑대에 대한 두려움을 먼저 배운다. 두려움은 증오를 낳고 야생 상태의 늑대는 아무런 죄의식도 가지지 않는 인간의 무차별 학살 대상이 된다. 늑대가 되었든 여우가 되었든 고양이가 되었든 인간 내부에 잠들어 있는 그림자의 투사를 받는 순간 그들은 더 이상 자신의 생명의지에 따라 살고 있는 우리의 동족이 아니다. 〈빨간 모자〉에 등장하는 늑대는 할머니를 사칭한 죄로 뱃속 가득히 돌덩어리들로 채워져 강에 수장당하는 운명을 맞이한다. 이뿐만 아니라 나중에는 아무런 잘못도 하지 않은 늑대까지 소시지 끓는 물에 빠트려 죽여 버리는 것으로 이야기는 종결된다. 이 이야기를 듣는 아이들은 그때 통쾌했을까? 혹시 늑대를 불쌍하다고 생각하는 아이들은 없었을까?

  문제를 더 심각하게 만든 것은 서구 유럽인들이 자신들의 도덕률 기준으로 삼고 있는 기독교 신화다. 하나님이 자신의 모습을 본 따 인간을 창조하고 "하나님이 그들에게 복을 주시며 이르시되 생육하고 번성하여 땅 위에 충만하라. 땅을 정복하고 바다의 고기와 공중의 새와 땅 위에 움직이는 모든 생물을 다스리라 하셨다"는 말씀이 아무런 여과 없이 의식에 스

월터 크레인, 〈빨간 모자〉 삽입 그림, 19세기

며들어 다른 모든 생명체를 지배하는 것이 신이 허락한 인간의 권능인 양 간주하는 사태가 벌어진 것이다.

현재 자연보호와 생태계 보존이라는 명목으로 동물들에게 행해지는 여러 처우에도 이 관념은 그대로 남아 있다. 멸종 위기 동물의 개체수를 늘린답시고 한 집단 안에 살고 있는 동물을 마음대로 다른 집단으로 이주시킨다. 마취총에 맞아 쓰러진 표범 암컷은 자기 가족과 떨어져 처음 보는 동네에서 깨어난다. 곰의 귀에 부착된 위치추적 장치는 인간을 위한 것이지 곰을 위한 것은 아니다. 만약 당신이 표범이나 곰이었다면 어땠을까? 이런 행태는 지구 생태계의 총관리자가 인간이라는 오만에서 비롯된 행동이다. 다른 종이 지니고 있는 자연의 생명 의지나 감정은 배려 대상이 되지 못하는 것이다.

곰이 되고 싶어요

덴마크의 감독 야니크 하스트럽Jannik Hastrup이 만든 애니메이션 〈곰이 되고 싶어요A boy who wanted to be a bear〉(2003)에는 인간의 아이로 태어났지만 곰에게 길러진 아이가 등장한다. 그린란드의 어느 곳에서 인간 부부와 곰 부부가 같은 날 비슷한 시간에 각각 아이를 낳는다. 그러나 곰의 아이는 늑대의 습격으로 죽게 되고 실의와 슬픔에 빠진 엄마 곰을 위해 아빠 곰은 인간의 아이를 납치해 곰의 아이로 키운다. 인간 아이의 아빠는 그 이후로 아이를 납치한 곰을 찾아 사방을 헤매 다니고 아이가 소년으로 성장했을 즈음 아이의 아빠는 곰과 함께 지내고 있는 아이를 발견한다. 아이의 총에 아빠 곰은 죽음을 맞이하고 아이는 인간 마을로 돌아온다. 그러나 곰의 아이로 자란 소년은 인간 마을에서 매일 슬픔과 그리움으로 보낸다. 그러던 어느 날 엄마 곰이 예전에 알려 준 신의 동굴을 찾아간다. 그 동굴 속에서 아이는 자신의 진정한 정체성이 곰에 있음을 깨닫고 곰의 세계로 돌아간다. 영화의 마지막 장면에서 인간 아이는 물속으로 뛰어들어 곰으로 변신해 인간 세계를 등지고 곰 가족의 품에 안긴다.

근대의 늑대인간 이야기가 동물로 변신하는 것을 저주로 생각했다면 이 영화는 그 생각을 뒤집는다. 과거에 늑대인간 이야기 중에 또 다른 버전인 '늑대 젖을 먹고 늑대로 키워진 아이'는 나중에 인간 세계로 돌아와 억지로 적응하면서 살아가지만 이 애니메이션 속 주인공은 자발적으로 곰의 세계로 돌아가 거기서 행복을 찾는다. 그러한 결단을 내리는 계기는 자기 마음의 신성한 목소리를 들려주는 동굴 안에서의 체험이다.

구석기시대부터 어둡고 깊은 동굴은 인간이 자기 내면의 신성을 경험하곤 하는 장소였다. 유럽의 중남부 지방에서 발견된 오래된 동굴벽화는 과거의 인간들이 동굴 속에서 동물과 연결된 우리 내부의 신성을 경험한 흔적을 담고 있다. 우리 선조들은 어머니 대지의 자궁과도 같은 동굴 속에서 야생동물과 우리 인간이 깊은 곳에서는 하나로 연결되어 있음을 느낀 것이다. 하스트럽의 애니메이션에 등장하는 동굴 장면 역시 비슷한 경험으로 우리를 안내한다. 무언가에 끌리듯 다가간 동굴 안에서 에스키모 아이는 동굴이 전해 주는 목소리와 영상 들을 만난다. 말하자면 마음의 목소리를 들려주는 꿈의 세계에 들어간 셈이다. 거기서 아이는 자신이 곰의 자손이라는 사실을 깨닫는다.

이 주인공 아이만 그러할까? 우리 역시 마음속 아득히 깊은 곳에서 어떤 동물들을 만난다. 분석심리학의 치유 방법 중에 무의식 속에 숨어 지내는 수호 동물을 불러내는 과정이 있다. 우리 몸 안의 에너지 센터에는 동물의 마음이 자리 잡고 있다고 한다. 꿈속에 등장하는 동물은 우리 안에 자리 잡고 있는 수호 동물이다. 이 동물들은 평상시에 조용히 숨어 있다가 우리 삶의 중대 국면에 나타나 우리에게 길잡이 역할을 한다고 한다. 물론 이들은 마음의 너무 깊은 곳에 숨어 있어서 그들을 불러내는 일이 쉽진 않다. 더구나 우리 내면의 동물 역시 오랫동안 보살핌을 받지 못하면 심한 상처를 받고 앓는 경우가 많다고 한다. 이들을 길잡이로 삼기 위해서 먼저 해야 하는 일은 그들의 상처를 보듬어 안는 것이다. 마음속에 동물을 잘 보살필 때 삶도 건강해진다.

우리 시대의 삶은 동물과의 연계를 존중하기보다는 오히려 무시하고 억압하며 그 연계를 억지로 끊어 내는 방식으로 이루어지고 있다. 우리가 우리 바깥에 거주하는 동물들을 학대하는 것은 결국 우리 자신에 대한 학대로 이어진다. 우리 스스로가 거대한 생명체의 일부라는 것, 동물이건 식물이건 사람이건 생명을 지닌 모든 존재가 하나로 연결되어 있어 친족과 같다는 것을 망각한 탓이다. 상처받은 생명은 분노하고 슬퍼한다. 우리의 안과 밖에서 동시에 학대받고 상처받고 있는 동물들의 분노와 슬픔을 어떻게 치유할 수 있을까?

일본의 애니메이션 감독 미야자키 하야오가 만든 일련의 작품은 이러한 질문에 대한 해답을 모색하고 있는 듯하다. 〈원령공주〉로 더 잘 알려진 〈모노노케 히메〉(1997)에서부터 〈바람계곡의 나우시카〉(1984)를 거쳐 〈센과 치히로의 행방불명〉(2001), 〈벼랑 위의 포뇨〉(2008)에 이르기까지 그의 작품엔 동물과 인간, 더 나아가 자연과 인간 간에 잃어버린 연대를 되찾고 싶어 하는 감독의 소망이 담겨 있다. 〈모노노케 히메〉가 인간의 탐욕과 공포, 무지에서 비롯된 자연의 신성파괴에 대한 슬픈 레퀴엠이라면 〈센과 치히로〉에서는 주인공 소녀가 상처 입은 강의 신 하쿠를 치유할 수 있는 가능성을 보여 준다.

보티첼리, 〈팔라스와 켄타우로스〉, 1482

〈모노노케 히메〉의 여주인공 산은 늑대개 편에 서서 인간에게 대적한다. 스스로 인간이면서도 늑대개의 딸로 사는 셈이다. 그녀에게 인간은 탐욕스럽고 이기적이며 악한 존재다. 그녀는 숲을 파괴하고 무기를 만드는 자들에게 동물과 마찬가지로 맨몸으로 대적한다. 이 영화 속에서 자연의 신성은 동물신의 이미지로 그려진다. 숲 속 깊은 곳 신성의 샘에 사슴 신이 내려오면 그 물에 몸을 담그는 자는 누구든 상처를 치유받는다. 하지만 동물 신이 항상 선하고 사랑만을 베풀어 주는 존재는 아니다. 한때 숲을 활보하던 오래되고 지혜로운 신이던 멧돼지 신은 인간의 폭력에 상처를 심하게 받아 재앙 신으로 변해 버린다. 재앙신의 몸은 핏빛으로 물들어 꿈틀대는 분노의 에너지로 가득 차게 된다. 재앙신의 분노는 그 옆에 가까이 가는 모든 존재를 감염시킨다. 한번 그 분노에 감염되면 몸은 영원히 헤어나올 수 없는 고통을 주는 상처를 입게 된다.

이 영화에서 대립각을 세우고 있는 오래된 동물 신과 그에 적대적인 인간 사이를 중재하고 화해시키는 존재가 재앙신에게 감염된 사내아이 아시타가다. 고통 속에서 허덕이는 생명을 구원하는 것은 한번도 상처받지 않은 자가 아니라 늘 상처받은 자, 그 상처 속에서 고통받는 것이 어떤 것인지 아는 자다. 그리스 신화 속에 등장하는 반은 말이면서 반은 인간인 켄타우로스Centauros 부족은 현자이자 치유하는 자로 알려져 있다. 켄타우로스가 그럴 수 있는 것도 스스로 활을 쏘는 자이면서 활에 맞아 상처를 안고 사는 자이기 때문이다. 그뿐 아니라 오랫동안 사람들이 인간을 고통으로부터 구원해 줄 것이라고 믿고 추종한 예수 역시 십자가에 매달려 영원한 고통 속에 빠져 있는 모습으로 숭배된다. 슬픔의 성모만이 우리를 슬픔으로부터 구원한다.

　　물론 영화의 말미에 숲의 정령들의 왕인 사슴 신은 탐욕스러운 인간의 칼에 머리가 잘리고 만다. 사슴 신의 죽음과 함께 숲은 과거의 싱싱하고 찬란하며 경외로운 생명력을 잃고 검은 기름처럼 번져 가는 어둠에 빠진다. 오늘날 위대한 동물 신이 자취를 감춘 자연이 '스스로 그러함自然'을 잃고 인간을 위한 테마파크로 전락해 버리는 것처럼 이제 숲은 예전의 신성함을 잃어버렸다. 늑대개의 편에 섰던 산도 재앙신의 상처를 공유하는 아시타가도 결국 숲을 구하지는 못한다. 〈모노노케 히메〉는 미야자키 하야오가 숲과 자연에게 바치는 슬픈 레퀴엠이다.

　　그는 단절된 자연과의 관계를 회복시킬 수 있는 대안을 끊임없이 모색한다. 그가 희망을 거는 존재는 어린 소녀들이다. 〈모노노케 히메〉에서 오로지 인간에 대한 분노로만 가득 찼던 소녀는 〈바람계곡의 나우시카〉에서는 분노한 곤충들의 습격을 맨몸으로 막아서는 구원자의 역할을 맡는다. 나우시카가 그렇게 할 수 있는 것도 그녀가 곤충들의 분노를 이해하기 때문이다. 그녀가 구하려는 존재는 자신의 부족뿐만 아니라 인간에게 달려드는 곤충들과 문제를 일으킨 어리석은 적들 그리고 숲과 자연 모두다. 이것이 과거의 한 부족을 구하는 남성 영웅과 다른 점이기도 하다. 우리를 공격하는 생명 역시 구해야 하는 생명이라는 것을 이해하며 실천하는 것 그리고 그러한 이해가 바로 생명 모두에 대한 친화력과 공감으로부터 비롯된다는 점이 미야자키 하야오의 어린 소녀들이 지니고 있는 공통된 심성이다.

　　칸 영화제에서 애니메이션 작품으로는 처음으로 대상을 수상해 화제가 된 작품 〈센과 치히로의 행방불명〉에서도 갈라진 두 세계를 연결하고 화해시키는 역할을 맡는 존재는 어린 소녀다. 소녀의 이름인 센과 치히로는 그녀가 두 세계를 넘나들 수 있다는 것을 의미한다(인간계에서는 치히로라 불리지만 정령들의 세계에서는 센이다). 또한 정령계에서 그녀가 하는 허드렛일은 인간계에서 타락해 돼지로 변한 부모를 인간 모습으로 되돌릴 수 있는 영혼의 힘을 그녀가 잃지 않았음을 보여 준다. 그녀는 신들의 목욕탕을 매일 걸레질하며, 갖은 오물을 묻히고 들어와 신음하는 오물신의 욕조를 깨끗이 청소하지 않으면 안 된다. 소녀는 자신을 아래로 낮춰 그 모든 일을 기꺼이 감당한다. 마녀의 공격에 피 흘리는 강의 신 하쿠를 구하기 위해 또 다른 이방의 세계로 모험을 떠나는 것도 서슴지 않는다. 여기서 소녀는 전작과 마찬가지로 구원의 전사다. 그러나 그녀는 누구와 싸워서 세계를 구원하는 것이 아니라 연민과 공감이 가득한, 다정한 노동으로 주변 사람을 구원한다.

구원의 주체인 어린 소녀들은 과도하게 분할된 합리성의 틀에 아직 적응되지 않은 말랑말랑한 상상력의 힘을 간직하고 있는 이들이며 태고로부터 전해 내려오는 영감과 직관의 소리에 귀 기울일 줄 아는 이들이다. 세계에 잃어버린 균형을 되찾아 올 수 있는 힘은 명령이나 지시에 굴복하는 힘도, 강한 전투력이나 전략적 꾀도 아니다. 사람, 동물을 포함해 자연계 전체에서 울리는 생명의 신성한 소리에 귀를 기울이고 교감하고 조응하는 능력일 것이다. 우리가 사라진 부족들의 신화에 귀 기울이는 것도 그 때문이다.

크레타의 미궁

지중해에 있는 작은 섬 크레타Creta에는 미노스Minos 왕이 다스리는 크노소스Knossos란 도시가 있었다고 한다. 크노소스의 궁전 안에는 무려 1200개나 되는 방이 줄지어 도열한 기둥과 함께 복잡한 모양으로 자리 잡고 있었다고 전한다. 미궁Labyrinthos의 기원으로 알려져 있는 이 궁전 안에는 소의 머리에 사람의 몸을 지닌 미노타우로스Minotauros라는 괴물이 살고 있었다. 이 괴물은 어떻게 해서 이 궁전 안에 살게 되었을까? 그는 미궁의 주인일까? 미궁에 갇힌 자일까?

그리스 신들의 제왕 제우스가 어느 날 페니키아의 공주 에우로페Europe를 탐냈다. 하지만 늘 자신의 연애행각을 못마땅하게 여기는 헤라가 신경 쓰였던 제우스는 하얀 황소로 변신해 에우로페를 유혹한다. 에우로페를 등에 태우고 바다 건너 미케네에 도달한 제우스는 에우로페를 임신시킨다. 에우로페는 나중에 크레타의 왕과 결혼하게 되었고 그때 임신한 그녀의 아들 미노스는 나중에 크레타의 왕이 된다. 왕이 된 미노스는 '빛의 여인'이라는 뜻의 파시파에Pasiphae 공주와 결혼해 네 명의 아들과 네 명의 딸을 낳고 평화로운 나날을 보내고 있었다.

크레타의 평화와 번영은 바다의 신 포세이돈에게 달려 있었다. 포세이돈은 매년 훌륭한 황소를 제물로 바칠 것을 요구했고 그러던 중 크레타 인근에서는 훌륭한 황소가 바닥나고 말았다. 미노스는 하는 수 없이 포세이돈에게 직접 희생물을 내려 달라고 요구한다. 포세이돈은 바다에 휜 파도를 일으켜 당당하고 멋진 황소 한 마리를 만들어 냈다. 그런데 아뿔싸! 미노스는 이 황소를 보자 신에게 바치기가 아까웠다. 미노스는 신이 내린 황소를 몰래 숨겨 두고 비슷한 생김새를 지닌 황소를 찾아 대신 제사를 지낸다. 포세이돈이 미노스의 이런 행동을 모를 리 없었다. 화가 머리끝까지 치민 포세이돈은 미노스가 가진 것 중에 가장 아끼는 것을 빼앗겠노라고 선포했다. 그러고 나서 포세이돈은 자신이 만들어 낸 아름다운 황소 속으로 들어가 파시파에를 유혹한다. 황소에게 마음을 빼앗기고 만 파시파에 왕비는 안절부절하던 끝에 크레타 최고의 장인인 다이달로스Daedalos를 시켜 나무와 가죽으로 가짜 암소를 만들게 했다. 파시파에는 이 가짜 암소가죽 안으로 들어가 황소로 변한 포세이돈과 합했다. 열 달이 지나자 아이가 태어났고 태어난 아이는 인간의 몸에 소의 머리를 한 괴물이었다. 치욕과 수치심을 느낀 미노스 왕은 가짜 암소 가죽을 만들어 낸 다이달로스를 불러 이 괴물을 가둘 수 있는 미궁을 설계하라고 명령한다. 황소인간으로 태어난 미노타우로스는 결국 미궁에 갇혀 괴물로 지내게 된다.

이런 일이 일어나는 동안 미노스 왕에게는 또 하나의 불행이 찾아들었다. 아들인 안드로게오스Androgeus가 아테네에서 황소에게 살해당한 일이 벌어진 것이다. 미노스 왕은 아테네 왕에게 그 대가로 8년마다 소년

조지 프레드릭 와츠, 〈미노타우로스〉, 1877~1886

소녀 각 일곱 명씩을 공물로 바칠 것을 요구했다. 이들은 모두 미궁 안으로 보내졌고 미궁 안에 갇혀 괴물이 되어 버린 미노타우로스가 이들을 모두 잡아먹어 버렸다.

황소로 인해 곤혹을 치르게 된 아테네의 왕 아이게우스Aigeus에게는 오랫동안 소식이 끊긴 테세우스Theseus라는 아들이 있었다. 테세우스가 아테네에 돌아왔을 때 아테네는 마침 크레타에 세 번째 제물을 바쳐야 하는 시점이었다. 여러 해의 방랑생활 동안 수많은 모험을 거치고 난관을 극복한 테세우스는 자신이 이 문제를 해결하겠노라 장담하고 크레타로 간다.

희생물로 낙점된 다른 소년, 소녀 들과 함께 크레타 섬에 도착한 테세우스는 먼저 미노스의 딸 아리아드네Ariadne를 유혹한다. 테세우스에게 마음이 끌린 아리아드네는 다이달로스에게 부탁해 마법의 실 한 뭉치와 밀랍 한 뭉치를 구해 테세우스에게 건네준다. '미궁에 들어갈 때에는 입구의 기둥에 이 실을 묶고 실을 풀면서 움직이세요. 이 실이 당신을 무사히 나올 수 있도록 도와줄 겁니다. 그리고 미노타우로스를 만나거든 그의 입 안에 밀랍 덩어리를 던져 넣으세요.' 테세우스는 아리아드네의 도움으로 미궁에서 길을 잃지 않고 무사히 나올 수 있게 된다. 그는 미노타우로스를 죽이고 희생물로 함께 간 소년, 소녀 모두를 구한다. 그런데 테세우스의 마음은 아리아드네가 아닌 미노스의 둘째 딸인 파이드라Phaedra에게 가 있었다. 그는 두 여자를 모두 배에 태우고 크레타를 도망친다. 뒤쫓는 크레타의 군대를 따돌린 테세우스는 아리아드네를 낙소스Naxos 섬에 버리고 파이드라만을 데리고 고향으로 귀환한다. 하지만 승리의 영광에 도취된 그는 애초 아버지와의 약속대로 배의 돛을 흰색으로 바꿔 다는 것을 잊고 말았다. 멀리서 검은 돛을 단 배가 도착하는 것을 본 아테네의 왕 아이게우스는 절벽에서 바다로 몸을 던져 죽어 버리고 만다.

한편 잔뜩 화가 치민 미노스는 이 모든 책임을 다이달로스에게 전가했다. 가짜 암소를 만든 것도, 미궁을 만든 것도 아리아드네에게 마법의 실을 건넨 것도 모두 다이달로스였기 때문이다. 미노스는 다이달로스와 그의 아들 이카로스Icaros를 크노소스의 미궁에 가둬 버린다. 그러나 뛰어난 장인이던 다이달로스는 밀랍으로 새의 깃털을 이어 붙여 멋진 인공날개를 만든다. 아버지와 아들은 이 인공날개를 달고 미궁 창밖으로 뛰어내렸다. 다이달로스는 이카로스에게 주의를 주었다. '너무 높이, 너무 낮게 날지도 말거라. 높이 날면 뜨거운 태양이 날개를 녹여 버릴 것이고, 너무 낮게 날면 바닷물이 날개를 적셔 버릴 것이다.' 그러나 미궁 밖으로 탈출해 날아오르게 된 이카로스는 기쁨에 들떠 하늘 위를 향했다. 한낮의 뜨거운 태양은 이카로스의 날개 사이사이의 밀랍을 녹여 버렸고 이카로스는 산산 조각나 흩어진 깃털들과 함께 바다로 추락해 생을 마감하고 만다. 한편 무사히 이웃나라 섬에 도착한 다이달로스는 아들의 죽음을 슬퍼하며 이 섬 저 섬을 떠돌아다니며 신분을 속인 채 살아간다.

모든 책임을 다이달로스에게 돌리게 된 미노스는 함대를 동원해 다이달로스를 찾기 위해 지중해의 수많은 섬을 훑고 다녔다. 그러나 교묘한 꾀를 지닌 다이달로스는 그럴수록 꼭꼭 숨어 버렸고 어디서도 찾을 수가 없었다. 미노스는 다이달로스를 찾아내기 위해 교묘한 꾀를 하나 냈다. 바다고동의 나선을 따라 돌며 실로 꿸 수 있는 사람에게 상금을 내리겠다고 지중해 전역에 선포한 것이다. 시칠리아에 숨어 있던 다이달로스는 이

소문을 듣자 몸이 근질근질해 죽을 지경이 되었다. 그는 개미를 실로 묶어 바다고동의 입구에 올려놓고 개미를 꿀로 유인해 문제를 풀었다. 물론 가명으로 말이다. 미노스는 그가 다이달로스임을 직감했고 당장 시칠리아로 달려갔다. 그러나 시칠리아 사람들은 다이달로스 편이었다. 그들은 오히려 미노스를 끓는 물에 빠트려 죽여 버린다.

한편 아리아드네를 버리고 파이드라와 결혼한 테세우스는 처음에는 행복한 나날을 보냈지만 행복은 오래가지 못했다. 파이드라가 테세우스의 양아들 히폴리투스Hippolytus에게 사랑을 느낀 것이다. 둘은 서로 사랑했지만 이뤄지지 못한다. 포세이돈이 해일로 변해 히폴리투스를 삼켜 버렸기 때문이다. 과거에 테세우스가 포세이돈의 아들인 프로크루테스Procrustes를 죽인 것에 대한 복수였다. 파이드라는 이 사실을 알고 스스로 목숨을 끊었고 테세우스는 스키로스Skiros에서 은둔하다 그곳 왕에게 살해당한다.

앙투안 루이 바리,
〈미노타우로스를 베는 테세우스〉,
1843

미궁에 얽힌 이 이야기는 이야기 자체가 하나의 미로와도 같다. 이 사건이 저 사건과 복잡하게 얽혀 있고 한 사람의 욕망이 다른 이의 욕망과 얽혀 거미줄처럼 연결된다. 미로를 엮는 실은 여기저기 따로 움직이는 것 같지만 거미가 내뿜는 씨줄 날줄처럼 하나의 중심으로 얽혀 든다. 거미줄의 한 가닥은 제우스가 뿜어낸 에우로페를 향한 욕망이다. 그의 욕망은 미노스를 낳고 미노스의 황소에 대한 욕망은 파시파에의 욕망을 건드린다. 그러나 파시파에의 욕망은 미노스에게는 저주가 되고 결국 미노스는 자신의 과도한 욕망에 대한 징벌을 받는다.

이 이야기의 또 한 가닥은 테세우스가 걷는 길이다. 테세우스는 조국의 젊은이를 구하고 자신의 왕권을 정당화하려는 욕망을 실현하지만 그의 승리는 아버지의 죽음과 아리아드네의 희생, 파이드라의 배신을 낳는다. 그는 승리하고 쟁취하지만 동시에 패배하고 절망한다. 그리고 그의 승리에는 아리아드네의 테세우스를 향한 연정이 얽혀 있다. 사랑에 배신당한 패배자처럼 보이는 아리아드네는 낙소스 섬에서 디오니소스의 축복을 받아 하늘의 빛나는 별자리로 거듭나는 영광을 안는다. 또한 테세우스는 파이드라를 쟁취했지만 파이드라의 사랑은 그를 위한 것이 아니었다. 사랑의 패배는 오래전 그가 프로크루테스를 죽인 것에 대한 업이 작용한 결과다. 한때 그가 거둔 승리가 이번에는 그를 옭아매는 덫이 되어 버린 셈이다.

세 번째 가닥은 다이달로스의 길이다. 다이달로스는 자신보다 더 훌륭한 재능을 가진 제자 탈로스Talos에게서 직각자를 빼앗고 그를 죽인 인물이다. 그의 욕망은 탁월한 재능을 향한다. 그는 자신의 재능을 필요로 하는 모든 자의 욕망에 부응한다. 그것이 그의 욕망을 실현하는 길이기 때문이다. 그는 가짜 암소를 만들어 미노타우로스가 태어나는 데 일조했고 미궁을 만들어 미노타우로스를 가두는 데 일조했지만 자신이 만든 미궁에 스스로 갇히기도 한다. 그는 역시 자신의 탁월한 재능으로 미궁에서 탈출하는 데 성공하지만 아들을 잃게 되고 자신은 영원한 떠돌이로 살아가게 된다.

제각기 다른 길처럼 보이는 세 가닥의 길이 서로 만났다 헤어지면서 교차되고 우연처럼 보이는 이 각각의 행로는 필연으로 서로 엮여 사건의 매듭을 만들어 낸다. 각각의 인물은 자신의 욕망을 해결하기 위해 고군분투하지만 하나의 욕망을 해결하는 순간 다른 이의 욕망은 물거품이 되어 사라지고 누군가의 득의양양한 승리가 있는 곳에서 누군가는 절망의 한숨을 내쉰다. 승리가 있는 곳에 패배가 함께 있고 기쁨 뒤에 슬픔이 똬리를 틀고 있다. 승리는 항상 쓸쓸한 뒷맛을 남기고 패배로 인한 절망은 또 하나의 다른 차원을 여는 출구가 된다.

길을 선택해야 하는 미로maze와는 달리 미궁labyrinth은 하나의 길로 이뤄진 폐쇄회로 구조로 되어 있다. 한 번 들어가면 다시 나올 때까지 쉬지 않고 앞으로 걸어야 한다. 걷고 또 걷다 보면 길이 사람을 이끌어 언젠가는 미궁의 출구로 되돌아 나오게 된다. 하지만 미궁 속 길을 걷다 보면 그 길이 앞을 향할지 뒤를 향할지 혼란스럽다. 길은 우리를 앞으로 이끌지만 모퉁이를 돌아가면 그 길은 마치 오던 길을 되돌아 나오는 것만 같다. 미궁의 안쪽으로 들어가는가 싶으면 모퉁이를 다시 도는 순간 길은 미궁의 가장 바깥쪽으로 우리를 끌고 간다. 미궁 속에서 전진과 후퇴는 가능할 수 없다. 미궁 속에서 우리는 마치 술 취한 사람처럼 판단의 잣대를 잃어버린다. 올라가는 길이 내려가는 길로 보이고 앞으로 가는 길이 뒤로 가는 길로 보인다.

미노타우로스를 가두는 감옥이자 한번 들어간 사람은 다시 나올 수 없었다고 알려진 크레타의 미궁은 사실 그 구조로만 보자면 감옥도 아니고 길을 잃어버릴 수도 없다. 둘로 나뉜 길과 막다른 골목을 지닌 미로 속에서 우리는 길을 잃고 헤매다 그 속에 갇혀 버리기도 하지만 미궁이라 불리는 장소는 그렇지 않다. 미궁과 미로는 겉보기에 비슷해 보여도 전혀 다르다. 위에서 내려다본 모양이 아무리 복잡해 보여도 미궁 속에 들어가면 우리가 할 수 있는 일은 그저 멈추지 않고 걷는 것뿐이다. 가다가 막다른 골목을 만나도 그 골목 끝에는 보이지 않는 다른 길이 펼쳐진다. 우리가 멈출 수밖에 없는 때는 미궁의 중심에 다다랐을 때뿐이다. 그리고 그 중심에 다다른 후에는 왔던 길을 다시 되돌아 다시 걸어 나오면 된다. 미궁의 길은 미궁의 중심을 향해 뻗어 있다. 물론 그 길은 끊임없이 우회하는 길이다. 미궁의 안쪽으로 들어가는가 싶으면 다시 바깥쪽으로 나가고 중심에 가까이 가는가 싶으면 다시 중심으로부터 멀어지는 길이다. 그렇게 빙글빙글 돌면서 우리는 중심을 향해 나아가며 다시 밖으로 나오게 된다.

    미궁 속에서 길을 잃는 것은 목적지가 보이지 않기 때문이다. 또한 길은 끊임없이 구부러져 있고 구부러진 길 끝에 아무것도 보이지 않기 때문이다. 미궁 안에 들어선 사람은 길을 신뢰할 수 없고 방향감각도 잃는다. 말하자면 길이 머리로 계산되지 않는 셈이다. 빙글빙글 돌아가면서 안쪽으로 접어들었다 바깥쪽으로 되돌아가는 여정은 걷는 사람을 혼란에 빠트린다. 앞으로 걷는지 뒤를 향해 걷는지 알 수도 없다. 아리아드네가 테세우스에게 전해 주었다는 황금실은 아마도 이러한 미궁의 혼란상에서 정신을 차릴 수 있도록 도와주는 역할을 했으리라. 막상 미궁 속에서 정신을 잃게 만드는 것은 미궁 자체의 구조라기보다는 그 구조에 저항하는 우리의 사고 습성일지도 모른다. 우리는 익숙하지 않은 방식이나 예상할 수 없는 미래에 불안해 하고 그 불안을 예전의 익숙한 방식으로 해결하려 한다. 그러나 익숙한 방식이 새로운 상황에 항상 통하는 것은 아니다. 오히려 문제를 더 복잡하게 꼬아 버리고 더 혼란스럽게 만들어 버리는 경우도 있지 않은가.

샤르트르 대성당의 미궁, 12세기, 프랑스

미궁은 우리가 길을 믿으면서 길을 따라 차분하게 걸을 때 우리를 자신의 중심으로 이끈다. 그리고 마침내 우리가 그 중심과 접촉했을 때 미궁은 다시 우리를 토해 내 미궁 바깥으로 밀어낸다. 그러나 우리가 미궁 속에서 길을 신뢰하지 않는다면 미궁은 순식간에 무질서와 혼란과 막다른 골목과 환영으로 가득 찬 무시무시한 미로로 돌변한다. 수많은 사람을 재물로 삼은 크레타 섬의 미궁 역시 본래는 미궁이었으나 그 안에서 길을 잃어버린 수많은 사람에 의해 미로로 알려지게 되었으리라. 물론 크레타 미궁의 중심에는 괴물 미노타우로스가 들어온 사람을 잡아먹을 준비를 하고 자리 잡고 있다. 크레타의 미궁은 공포의 장소이며 죽음의 장소다. 테세우스가 영웅으로 추앙받는 것도 돌아올 수 없는 죽음의 미궁에서 살아 돌아왔기 때문이다. 그러나 모든 미궁이 이처럼 괴물의 집으로 여겨지진 않았다.

크레타의 미궁 이야기는 그 뒤에 드러나지 않은 다른 의미들을 숨기고 있다. 사실 모든 신화는 다층적인 의미를 지닌 상징이어서 그 이야기를 곧이곧대로 받아들였다가는 신화가 말하는 진실에 눈을 감은 채 속고 만다. 파시파에는 정말 황소와 사랑에 빠져서 미노타우로스를 낳은 것일까? 미노스 왕은 아테네 왕에게 미노타우로스의 밥으로 왜 하필이면 8년마다 한 번씩 젊은이들을 보내라고 했을까? 아리아드네는 테세우스에게 미노타우로스의 입에 왜 밀랍을 던져 넣으라고 했을까? 미노스는 다이달로스를 잡기 위해 왜 소라고둥을 실로 꿰는 수수께끼를 냈을까?

미궁 속의 황소

미노타우로스는 미노스의 황소라는 뜻이다. 그런데 미노스는 황소의 아들이다. 정확히 말하면 황소로 변한 제우스의 아들이다. 신이 황소로 변해 아이를 낳았고 그 아이는 신에게 바쳐야 하는 황소를 탐냈다. 그리고 그의 아내는 황소인간을 낳았다. 황소인간은 인간을 잡아먹고 결국은 인간에 의해 죽임을 당한다. 테세우스가 죽인 것은 과연 누구였을까?

신화학자 조지프 캠벨은 미노타우로스를 왕을 대신하는 희생양으로 본다. 고대 크레타를 비롯해 지중해 지방에서 황소는 원래 자연의 생명력을 나타내는 상징 역할을 했다. 고대 수메르 지방에서 발견된 토판에는 독수리가 황소를 뜯어먹는 모습이 새겨져 있다. 그런데 뜯어먹히는 황소는 고통스러워하는 것이 아니라 오히려 웃는 듯하다. 독수리는 태양의 상징이며 황소는 달의 상징이다. 고대 이집트에는 암소의 얼굴을 한 여신이 있다. 그녀의 이름을 하토르Hathor이며 사랑의 여신인 이시스Isis의 딸이며 아바타avatar다. 캠벨은 이렇게 말한다. "땅 위에 서 있는 우주의 암소 여신 하토르의 네 다리는 네 방위의 기둥이었으며, 배는 창공이었다. 황금 매,

태양으로 상징되는 호루스Horus 신은 동에서 서로 날아가서 저녁이면 하토르의 입으로 들어가고 다음 새벽이면 다시 태어난다. 따라서 그는 밤이면 실제로 '그의 어머니의 황소'가 되었다. 반면 낮에는 빛의 세계의 통치자로서 날카로운 눈을 가진 맹금이 되었다."[10]

　　소는 오랫동안 인류의 먹거리로 바쳐진 동물이다. 지금은 먹거리를 기능적인 입장에서만 바라보지만 과거에 우리가 먹는 것은 신이었다. 소를 먹는다는 것은 소로 변한 신을 먹는 것이다. 그렇다면 황소를 먹고 있는 독수리는 우리 자신의 다른 모습이다. 그런데 하토르 제의에서 이 관계

❖
고대 수메르 지방에서 발견된
독수리가 황소를 뜯어먹는 모습을 묘사한 토판

는 역전된다. 우주의 암소 여신이 매로 변한 자신의 아들을 먹고 있는 것이다. 매로 변한 태양신은 밤마다 어머니의 품속인 암소의 뱃속으로 날아든다. 그리고 아침이면 다시 매가 되어 동쪽 하늘에서 비상한다. 매와 태양이 하늘 위로 날아오를 수 있는 힘은 어머니 암소 여신의 몸인 대지의 생명력에서 나온다. 이때 먹히는 자가 곧 먹는 자라는 오래된 역설적인 법칙이 작용한다.

테세우스와 미노타우로스의 이야기로 돌아가 보자. 테세우스가 죽인 미노타우로스는 대지의 힘을 상징화했다고 볼 수 있다. 테세우스가 미노타우로스를 죽였다는 사실은 대지의 힘을 정복해 자신의 것으로 만들었다고 해석할 수 있다. 과거의 모권 사회에서 대지의 신성한 힘으로 추앙받던 황소가 남성 영웅의 등장과 함께 반인반수적인 괴물로 모습을 바꾸게 된 것이다. 모권 사회에서 동물신은 여신의 신성한 힘을 나타내는 표현이었으나 부권 사회로 넘어오면서 동물신은 인간의 얼굴을 한 신들보다 하위 존재로 지위가 추락하고 급기야는 희생되어야 할 괴물로 변한다. 신화 속 남성 영웅은 대지의 힘을 제어했을 때 비로소 자신의 정체성을 입증받는다. 미노타우로스의 아버지는 미노스가 아니라 포세이돈이다. 어머니는 '빛의 여인'이란 의미를 지닌 파시파에다. 파시파에는 태양신인 헬리오스 Helios의 딸이다. 그렇다면 미노타우로스는 태양빛과 바닷물이 만들어 낸 작품이다. 찬란한 신의 작품이 괴물이 되고 동물성은 인간의 추악한 면모를 상징하는 역할을 맡게 된다.

테세우스와 미노타우로스 이야기는 표면에서 보자면 인간의 도를 넘는 탐욕이 불행을 낳는다는 교훈을 담고 있는 것 같기도 하다. 또 이러한 해석이 오랫동안 이 이야기를 물들여 온 표피적이며 단선적인 해석이다. 신화는 사회적 교훈을 널리 설파하기 위해 만들어지기도 하지만 그것이 신화의 본래 진면목은 아니다. 신화가 근친상간을 비롯해 사회적 금기를 어기고 우리에게 익숙한 자연법칙을 마음껏 무시하면서 이야기를 펼쳐 나가는 건 인간 중심적인 자연법과 사회법 너머의 진실을 이야기하기 위해서다. 부디 그 두 편협한 그물망에 걸려들어 신화의 광대한 우주를 놓치는 우를 범하지 마시기를.

테세우스가 죽음을 감내하면서 마주한 미궁은 사실 어머니 대지 여신의 몸이다. 구불구불 이어진 어두운 동굴 속 길은 대지 여신의 뱃속을 걸어가는 길이다. 그렇다면 그 길 자체가 바로 죽음의 길이다. 그는 죽음의 세계를 걸어 들어갔다 걸어 나온 자인 셈이다. 그렇다면 아리아드네의 황금실은 테세우스의 생명줄이다. 그것을 건네준 아리아드네는 테세우스의 아니마anima가 될 것이다. 아니마는 항상 저 너머의 세계에 한 발 들여놓기 시작할 때 남성 앞에 나타난다. 그리고 그녀는 항상 열쇠를 쥐어 준다. 물론 그가 받은 열쇠로 여는 문 안에 무엇이 기다리고 있을지는 아무도 모른다. 아리아드네의 역할은 테세우스에게 황금실을 건네주는 것으로 끝난다. 그 이후에 아리아드네를 기다리고 있는 것은 낙소스 섬에서 만날 디오니소스의 축복이다. 아리아드네는 나중에 하늘의 별자리가 된다.

죽음의 여행길에서 테세우스가 마주해야 했던 존재가 미노타우로스다. 그는 미궁의 중심에 있다. 미궁의 중심에서 마주치게 되는 존재는 바로 자기 자신이다. 그렇다면 미노타우로스는 테세우스의 다른 모습이다. 하늘의 빛의 딸과 바다의 신이 빚은 작품인 미노타우로스가 바로 테세우스다. 그런데 테세우스는 미노타우로스를 죽인다. 자신의 일부를 스스로 희생해버리는 셈이다. 무엇을? 바로 오랫동안 계승되어 온 신적인 자연성을 희생하는 것이다.

이미 1장에서 언급한 것처럼 제우스 이후의 신화는 지중해 지방에 널리 자리 잡고 있던 여신 문명의 신들 이야기를 재편한 결과다. 철기시대 북방계 아리안Aryan이 침입하기 이전에 여신 문명은 동물과 인간, 먹는 것과 먹히는 것, 삶과 죽음 등 우리가 분할된 것으로 바라보곤 하는 것을 하나로 연결된 것으로 바라보는 관점을 지니고 있었다. 황소를 먹는 독수리나 제 꼬리를 먹는 뱀 등의 이미지는 모두 이러한 우주적 고리를 나타내는 고태적 상징이다. 그런데 이 연결과 합일에 대한 관점이 거꾸로 분할과 독립의 관점으로 변하게 된 것이 바로 북방 유목민에 의한 가부장제의 도래라는 사건이다. 물론 신화는 여전히 서로 다른 존재 간의 연결과 하나 됨이라는 관점을 남기고 있기는 하지만 그 이후 신화의 표면적 목소리는 고대의 다층성과 신비를 깊숙이 감춰 버리고 말았다.

테세우스는 장차 아테네의 왕이 될 자다. 왕은 다른 부족, 다른 생명체를 정복함으로써 태어난다. 그는 살리는 자이기 전에 죽이는 자다. 그리고 그의 무한대에 가까운 권력은 무엇인가를 희생하지 않고서는 얻어질 수 없다. 그 희생의 대상이 자기 자신이 되든 다른 생명이 되든 말이다.

거의 모든 남성 영웅은 원시적 면모의 괴물과 맞부딪쳐 싸우고 이들을 죽이거나 무력화시킴으로써 영웅으로서의 자기 입지를 정립한다. 테세우스도 일종의 괴물인 미노타우로스를 무찌름으로써 영웅으로 아테네에 귀환하는 것이다. 그는 괴물의 공포로부터 사람들을 구한 자다. 그런데 신화에 등장하는 괴물에는 어떤 의미가 내포되어 있을까? 그들은 누구일까? 그리스 신화 속 괴물들은 주로 반인반수다. 말하자면 인간적인 면모와 동물적인 면모를 함께 가지고 있는 존재다. 그들이 해가 되는 것은 그들의 법이 인간의 법과는 상충하기 때문이다. 괴물이 지나가는 길목을 지키고 있거나 바닷속에서 똬리를 틀고 있는 것은 그들 나름대로 지킬 것이 있기 때문이기도 하고 그들의 삶을 영위하기 위함이기도 하다. 영웅과 괴물과의 싸움은 자연의 의지에 따르고 있는 동물과 자연의 보이지 않는 생명력이 인간에 의해 정리되고 통제되고 제어되어 가는 장면을 보여 준다.

    분석심리학에서는 신화적 괴물을 우리 내면에 자리 잡고 있는 의식의 그림자로 간주한다. 우리 자신의 일부이지만 우리가 자신이라고 간주하고 싶어 하지 않는 면모들이 그림자 인격이 된다. 그림자 인격은 여러 모습으로 나타나지만 이성 중심, 사유 중심, 또는 전두엽 중심적인 문명에서 그림자 인격은 주로 동물 형상으로 나타난다. 그것도 파충류적인 형태로. 개구리나 두꺼비, 뱀 등의 모습으로 등장하는 이미지는 생명의 원초적인 활동, 말하자면 생명의 본능에 충실한 우리 자신의 모습을 대변한다. 연못 속에 숨어 있다가 공주가 빠트린 공을 꺼내 주는 개구리 왕자도 마찬가지다. 그런데 공주와 마찬가지로 우리는 아무리 왕자라 하더라도 개구리와 한평생을 지내고 싶지는 않다. 동화 속 개구리 왕자는 징그럽고 못생겼으며 펄쩍펄쩍 뛰어다니고 끈적끈적하기까지 하다. 그들은 우리에게 너무 혐오스러운 존재, 열등한 존재로 비춰지는 것이다.

    파충류 모습을 한 괴물은 외계인을 소재로 한 영화 속에서도 자주 등장한다. 1979년부터 제작된 리들리 스콧의 영화 〈에일리언〉 시리즈에 등장하는 외계인의 모습이 아마 그 전형이자 전범이 될 것 같다. 못생긴 도마뱀 같은 외모에 진액을 흘리는 커다란 입을 지닌 이 괴이한 존재는 인간과 같은 또는 그 이상의 지능을 갖고 인간과 싸운다. 그런데 에일리언은 인간 여자를 숙주로 삼아 번식한다. 이상한 얘기 같지만 모든 인간은 자신의 어미를 숙주로 해서 태어난다. 주인공 여자는 갈등한다. 흉악한 외모를 지닌 괴물이 바로 자신의 아이인 셈이니까. 그녀는 모성애를 따라야 하는 것인가, 아니면 모성을 위반하고 인간을 구하기 위해 자식을 죽여야 하는 것일까. 에일리언의 이미지 역시 그림자 인격이 투영된 것이다. 현대 문명의 냉혹함은 파충류적인 본능과 전두엽의 기계적 지성이 혼종된 결과다. 지성이 연민과 공감, 감성을 소실한 채 파충류적 생존본능과 결탁한 것이 문명의 괴물인 셈이다. 인류가 자신 내면에서 울리고 있는 자연의 힘과 메시지를 왜곡하면서 나타나는 이미지다. 자연성과 야생성을 배제하고 억압하면서 문명의 그림자가 만들어졌고 그렇게 해서 만들어진 그림자가 다시 인간 자신을 공격하는 것이다.

《황금가지》의 저자 프레이저 Sir James Georg Frazer는 미노스 왕이 아주 오랫동안 크레타를 통치했다고 전한다. 당시 지중해 지방에서는 왕의 공식 통치 기간이 8년이었다고 한다. 8년이 지나면 왕의 신적인 힘이 약해진다고 생각했기 때문이다. 그런데 왕의 임기를 8년 이상으로 연장할 수 있는 방법이 있었다. 왕을 대신하는 대리 왕을 선정해 잠시 동안 그에게 왕의 역할을 맡기고 죽여 버리는 것이다. 말하자면 왕 대신 임시 왕이 죽는 것이다. (이 문제는 다음 장에서 좀 더 자세히 살펴보겠다.) 그런데 이 희생제의는 청동으로 만든 황소 안에 인간을 집어넣어 태워 죽이는 무시무시한 방식으로 행해졌다고 한다.[11] 그렇다면 8년에 한 번꼴로 희생 제물로 바쳐진 아테네의 젊은이들은 크레타의 미노스 왕의 임기를 늘리기 위한 술책이었다는 얘기가 된다. 미노스 왕은 자신의 임기가 끝나는 8년마다 희생제의를 치렀고 그렇게 해서 그는 테세우스가 등장하기 전까지 적어도 24년 이상 자신의 임기를 연장할 수 있었다. 어찌 미노스 왕뿐이었을까. 수많은 젊은이를 8년에 한 번 꼴로 먹어 치우는 소머리의 괴물은 미노스 왕의 다른 모습이자 당대 모든 왕의 다른 모습이기도 하다. 미노스가 바로 미노타우로스인 셈이다.

그런데 왜 8년에 한 번꼴인지 궁금하지 않은가. 8년 주기는 당시의 역법에 따르면 태양과 달이 겹쳐지는, 말하자면 양력과 음력이 겹쳐지는 가장 짧은 주기라고 한다. 독수리가 황소를 먹고 황소가 독수리를 먹는 시간이 8년에 한 번꼴로 되풀이되었다는 이야기다. 태양신 호루스가 매일 밤 하토르 여신의 품 안에서 죽고 다시 태어나듯이 8년 주기를 맞이한 하늘신의 아들은 우주적 황소에게 먹혀야 했다. 스스로 대지 여신의 품 안으로 걸어 들어가지 못한 미노스 왕은 희생양을 요구했고 왕은 아마도 재생의 신비를 경험하지 못한 채 끓는 물에 빠져 죽는 수모를 당해야 했으리라.

재생의 신비를 안고 있는 우주적 황소가 미노스에 의해 미노타우로스라는 괴물로 변해 버린 것이다. 왕이 신권을 갖게 되고 세상 모든 힘의 주인으로 군림할 때 그는 미노타우로스, 말하자면 '미친 소'가 된다. 오늘날의 왕은 금권의 주인이다. 뉴욕의 금융가인 월스트리트에는 황소상이 하나 세워져 있다. 이 황소는 금권의 상징이다. 오래전 지상의 풍요를 가져다주는 달의 여신을 상징하던 황소가 변형된 셈이다. 월 스트리트의 소는 8

년 주기로 꽃다운 젊은이들을 먹어 치우는 미노타우로스의 다른 모습처럼 보인다. 그렇다면 그 황소상 앞에서 신자유주의 반대 시위를 하고 있는 시민들은 테세우스의 다른 모습일까, 아니면 테세우스에게 황금실을 건넨 아리아드네일까? 미노스는 대체 누구일까? 미노타우로스를 죽이고 아테네를 구한 테세우스는 또 다른 미노스가 되어 버린 것은 아닐까? 살기 위해 죽고 죽이는 게임 속에서 벗어날 길은 없을까?

거미여신의 축복

미궁은 오래전 크레타 섬뿐만 아니라 전 세계 곳곳에 만들어지고 그려진 인류의 원형적인 상징이다. 북쪽으로는 스칸디나비아 반도에서부터 프랑스의 중세 대성당을 거쳐 북아메리카 원주민의 성소인 애리조나를 거쳐 나스카Nazca 유적지의 거대한 수수께끼 그림과 중국 향로에 이르기까지 곳곳에 미궁의 흔적이 남아 있다. 북아메리카 대륙의 오래된 부족인 호피Hopi족은 일곱 겹의 줄로 이루어진 미로가 그려진 돌을 신이 남긴 신성한 표지로 여긴다.[12]

호피족의 신화에 따르면 우리 지구는 창조주인 소투크낭Sotuknang이 보낸 거미여신 카치나Kachina에 의해 만들어졌다고 한다. 소투크낭은 자신의 형제인 타이오와Tiowa의 무한한 공간과 시간으로부터 물질을 끌어내 아홉 개의 우주를 만들었다. 소투크낭이 자신이 창조한 우주를 내려다보니 멀리 갈색과 파랑, 흰색으로 이루어진 별이 보였다. 소투크낭은 거미의 형상을 지닌 여신 카치나를 보내 그 별에 생명을 불어넣기로 했다. 카치나는 하늘의 저편에서 긴 줄을 타고 이 땅에 내려왔다. 땅에 내려온 여신은 지구의 갈색 흙을 두 줌 주워 침을 뱉었다. 그러자 두 명의 남자가 생겼다. 포캉고야Poqangoya와 팔롱가호야Palongawhoya였다. 그녀는 포캉고야에게 북쪽으로 땅을 가로질러 가 땅을 단단하게 만들라고 말하고, 팔롱가호야에게는 남쪽으로 가로질러 가 땅이 창조주의 에너지로 진동할 수 있도록 소리를 울리라고 말했다. 팔롱가호야가 울려 대는 땅의 울림에서 호피족의 북소리가 나왔다. 두 남자는 북극과 남극에 자리 잡고 지구를 빙글빙글 돌리는 역할을 맡았다.

그리고 나서 카치나는 나무와 풀, 꽃 들을 만들고 새를 비롯한 여러 동물을 만들어 창조주의 울림을 노래하게 했다. 모든 것이 완비되었을 때 카치나는 노란색, 빨간색, 흰색, 검은색 흙에 자신의 침을 섞어 인간을 만들었다. 여자 인간을 만들 때에는 자신의 형상을 불어넣기도 했다. 최초로 만들어진 네 쌍의 인간은 지구 네 부족의 기원이 되었다. 그들은 소투크낭에게 말을 가르쳐 달라고 요청했고 각자 네 가지의 서로 다른 말을 사용하게 되었다. 그들이 사용한 최초의 말은 창조주 소투크낭과 통하는 말이었고 소투크낭의 뜻과 조화를 이루었다. 그들은 신의 말을 알아들을 줄 알았고 비록 조금씩 말은 달라도 다른 부족과도 뜻이 통했으며 심지어는 동물과도 뜻이 통해 모든 것이 조화를 이루었다. 하지만 시간이 흘러 네 부족은 점점 분열되어 다른 부족은 물론이고 자기 부족끼리도 서로 말이 통하지 않게 되었다. 동물과 신과의 연결도 점점 흐려져 아주 소수의 인간만이 창조주와의 연결을 잃지 않았다. 소투크낭은 인간들에게 실망해 세상에서 인간을 없애기로 마음먹는다. 소투크낭은 자신의 말을 알아들을 줄 아는 소수의 인간을 개미집에 숨겨 놓고 세계를 모두 불태워 버렸다. 오랜 시간이 흘러 땅이 식자 소투크낭은 다시 세계를 창조했다. 두 번째로 만들어진 세계는 첫 번째보다 훨씬 빨리 자리를 잡았으나 역시 시간이 흐르면서 사람들이 소투크낭을 잊게 되는 시간도 빨랐다. 소투크낭은 이번에는 북극과 남극에 있던 포캉고야와 팔롱가호야에게 잡고 있던 세계의 축을 놓아 버리라고 했다. 그러자 산맥은 금이 가고 호수와 바다는 넘쳐 버렸고 세상은 얼어 버리기 시작했다. 그렇게 해서 세상은 다시 한 번 파괴된다. 시간이 흘러 얼음이 녹고 땅이 따뜻해지자 소투크낭은 세 번째로 세상을 다시 만든다. 그러나 이번에도 사람들은 전보다 더 빨리 소투크낭을 잊어버렸다. 소투크낭은 이번에는 세상을 물로 쓸어 버렸고 카치나는 소투크낭을 기억하고 있는 몇몇 사람을 갈대 안에 봉인해 뗏목을 만든 다음 물 위에 띄웠다. 사람들

카치나를 묘사한 인형들

을 실은 갈대뗏목은 서쪽을 향해 오랜 시간을 떠다니다 마침내 커다란 땅에 도달한다. 이들이 도달한 땅은 예전 땅보다 훨씬 못했다. 땅은 추위와 더위, 너무 높은 산과 너무 깊은 계곡으로 이루어져 사람이 살기에 힘든 곳이었다. 네 번째로 만들어진 세계에서 그들이 당도한 곳은 호피족의 땅인 애리조나라고 한다. 카치나는 이들이 두 번 다시 과거의 실수를 반복하지 않도록 일곱 겹 미궁 그림을 남겼다.[13]

호피족은 지금 우리가 살고 있는 이 세상이 여섯 번째로 창조된 세계라고 믿는다. 소투크낭이 여섯 번이나 창조를 거듭했으니 우리가 살고 있는 이곳이 처음과 비교해 얼마나 형편없을지는 짐작이 가고도 남는다. 아름다운 지구에 살고 있는 인간들은 어찌된 일인지 매번 창조 주기마다 처음에 우리 안에 새겨져 있던 중요한 뭔가를 자꾸 잊어버리고 어리석은 행동을 반복한다. 그들은 우리가 누구인지 어디서 왔는지를 잊어버린 것이다. 진정 자신이 누구인지를 기억하지 못한다면 그를 둘러싼 세상은 순식간에 혼란의 소용돌이에 빠져 버릴 수도 있다.

거미여신 카치나가 남긴 일곱 겹의 미궁은 어머니 대지의 상징이라고 한다. 이 미궁은 하늘에서 거미줄을 타고 내려온 카치나의 흔적이다. 카치나는 소투크낭과 연결되어 있고 카치나의 거미줄은 지구 전체를 감고 있다. 지구는 거대한 에너지장이며 그 에너지장은 카치나를 통해 저 너머의 우주 중심인 타이오와Taiowa와 연결되어 있다. 이 신화에 등장하는 두 명의 창조주 소투크낭과 타이오와는 신성의 두 측면을 상징한다. 타이오와는 신성의 무한성을 나타낸다. 타이오와는 움직이지도 변하지도 않는다. 그러나 끝을 헤아릴 수 없는 무한대의 존재, 말하자면 영원의 다른 이름이다. 반면 소투크낭은 무엇인가를 시간 속으로 흘려 넣는 존재다. 소투크낭의 힘에 의해 우주는 생겨나고 유지되다 다시 사라진다. 그러나 소투크낭도 혼자 힘으로는 생명을 만들어 내지 못한다. 정작 생명을 만들고 숨결을 불어넣는 것은 거미여신 카치나다.

카치나의 거미줄은 지상에 생명을 가진 모든 것이 저 너머의 무한한 신성으로부터 온 것이며 그것과 연결되어 있음을 나타내는 상징이다. 무한과 영원의 우주로부터 내려온 어떤 힘이 태초의 시간부터 지구를 감싸고 있었으며 인간을 비롯해 생명을 가진 모든 것은 우주적 신성과 연결되어 있다. 우리가 태초의 신성함과 연결되어 있음을 기억할 때 삶은 제자리를 찾는다. 인간 삶이 피폐해지고 혼란스러워지는 것은 우리가 바로 그 태초의 기억을 망각했기 때문이다. 말하자면 우주적 신성과의 연결이 끊어졌기 때문이다. 더 정확히 말하면 이미 우리는 연결되어 있지만 그 연결을 망각하고 무시하기 때문에 길을 잃는 것이다.

무려 다섯 번이나 반복된 파괴와 재창조 후에 만들어진 지금의 세계 역시 이전의 세계가 그러하듯이 다른 생명이나 우주와의 연대와 조화를 향하기보다는 반대의 길을 밟고 있다. 지구의 모든 생명과 에너지는 도시와 인간의 탐욕을 채우기 위한 도구로 전환되어 가고 나머지 세계는 갈수록 황폐해지고 피폐해져 간다. 우리는 호피족이 예언하는 여섯 번째 파괴를 눈앞에 두고 있는지도 모른다.

카치나가 남겼다는 미로는 지상에 살고 있는 인간으로 하여금 태초의 기억을 잊지 않게 하려는 신의 배려다. 또는 오래전에 이 땅에 살던 신의 자식인 인디오들(인디오는 인 디오스In Dios라는 스페인어에서 비롯되었다고 한다. '신의 품 안에'라는 뜻이다)이 자손들에게 남긴 지혜의 표식이기도 하다. 이 일곱 줄의 미로는 누구나 간단히 그릴 수 있다. 손가락으로만 길을 따라 들어가 봐도 이 미궁이 우리에게 전해 주는 축복을 어렴풋이 감지할 수 있다. 모래밭이나 운동장, 방바닥에라도 이 미로를 그리고 그 속을 걸어 보자. 미로 속으로 들어갈 때는 모퉁이를 돌 때마다 자신이 알고 있는 것, 믿고 있는 것을 하나씩 내려놓는다. 그리고 중심에 가까이 왔을 때는 거의 모든 신념을 접어 두도록 하자. 중심에 다다랐을 때는 잠시 멈춰서 심호흡을 하고 마음속으로 타이오와의 무한과 영원을 상상해 보자. 그리고 다시 거기서부터 걸어 나오면서 이번에는 모퉁이를 돌 때마다 새 옷을 입듯이 우주가 내게 보내 주는 에너지와 메시지로 나를 다시 채운다.

   크레타의 미궁을 비롯해 모든 미로는 일종의 입문initiation의 상징이라고 한다. 모든 입문은 이전의 자아를 버리고 새로운 자아로 다시 태어나는 사건이다. 어떤 계기로 우리가 이전과는 다른 존재가 되는 것이다. 그런데 이러한 자아의 변형은 가만히 쉽게 일어나지는 않는다. 흔히 변형의 상징으로 많이 사용되는 것 중에 하나가 '나비' 상징이다. 알다시피 나비는 오랜 애벌레와 번데기 시절을 거치고 나서야 나비로 변형된다. 나비는 자기의 고치 속에서 일곱 번쯤 잠을 자야 한다고 한다. 어둠 속을 견디는 것이다. 고치를 나비로 변형시키는 것은 나비 속에 내장된 자연의 힘이다. 자연 속에 낮과 밤이 있듯이 낮을 경험하기 위해서는 반드시 밤을 지내야 한다. 새로운 자아로 변형되기 위해서 우리 의식은 밤의 시간을 거치지 않으면 안 된다.

   미궁은 의식의 밤으로 떠나는 여행을 나타내는 상징이기도 하

호피족의 일곱 줄 미로

다. 의식의 밤은 지하세계로, 저승으로, 땅속으로의 여행으로 나타난다. 자기 변형의 드라마를 만들어 낸 수많은 신화적 인물은 모두 이 어둠의 세계로 여행을 경험한다. 그 세계는 한 치 앞을 알 수 없는 곳이다. 환한 대낮의 세계에서 우리가 배운 것과 성취한 것은 아무 소용이 없다. 무엇이 튀어나올지, 죽게 될지 살게 될지도 알 수 없다. 그렇기 때문에 미궁 속으로의 여행은 편안한 유람이 아닌 용기를 필요로 하는 모험과도 같다.

테세우스는 아리아드네의 황금실을 놓치지 않았기 때문에 미궁을 무사히 통과할 수 있었다. 황금실은 호피족의 카치나가 마련한 미로와도 같다. 길을 잃지 않게 만드는 신의 거미줄인 셈이다. 테세우스는 크레타의 미궁을 무사히 통과했기 때문에 이전과는 다른 존재로 변형된다. 그는 미궁의 입문식을 무사히 치름으로써 왕의 자격을 얻는다. 그는 자기 자신이 누구인지를 입증하는 시험을 통과한 셈이다.

크레타의 미궁 속에는 괴물이 자리 잡고 있었지만 많은 미궁은 삶의 보물을 숨기고 있다. 어쩌면 테세우스를 기다리고 있는 미노타우로스 역시 테세우스에게는 보물 지킴이 같은 존재였는지도 모른다. 그는 미노타우로스를 만나고 그와 대적함으로써 많은 것을 알고 많은 것을 얻게 되었으니까. 미궁 속에 들어갔다 나오는 것은 파랑새를 찾아 떠나는 여행과도 같다. 치르치르와 미치르가 파랑새를 찾아서 온갖 낯선 세상을 모두 방문하고 난 뒤 자기 집으로 돌아오듯이 미궁 속으로의 여정은 궁극적으로는 자기 자신에게 되돌아오기 위한 여정이라고 할 수 있다.

파울로 코엘료의 《연금술사》 속 주인공 양치기 산티아고는 피라미드 밑에 보물이 숨겨져 있다는 꿈을 꾸고 가진 재산을 모두 팔아 이집트로 여행을 떠난다. 천신만고 끝에 다다른 피라미드 앞에는 아무것도 없었다. 달빛에 빛나는 피라미드와 바다처럼 무한히 넘실대는 모래언덕이 있을 뿐이었다. 그가 보물을 발견한 곳은 자기가 살던 스페인의 낡은 교회당 마루 바닥 아래였다. 그러나 산티아고가 이집트 피라미드를 향한 여행을 감행하지 않았다면 자기 집 근처에 보물이 숨겨져 있다는 사실을 알지 못했을 것이다. 왜냐하면 그 사실을 알려 준 존재는 다름아닌 피라미드 앞에서 땅속을 맨 손으로 미친 듯이 파고 있는 산티아고 자신을 죽기 직전까지 두들겨 팬 병사였으므로. 이집트의 그 병사 역시 스페인의 어느 마을 교회당 밑에 보물이 숨겨져 있다는 꿈을 여러 번 꾸었다고 했으므로. 그러나 그는 꿈을 무시했고 산티아고처럼 가진 것을 모두 걸고 보물을 찾아 먼 길을 떠나지도 않았다. 주인공 산티아고는 자신의 모든 것을 걸고 꿈을 좇아 떠난 여행길에서 보물을 찾게 된다. 그러나 정작 찾아낸 것은 궤짝에 든 금화가 아니라 사막의 여정 속에서 그가 알고 깨닫게 된 것, 자신이 누구라는 것, 이 세계와 자신이 하나의 끈으로 연결되어 있다는 것, 자신이 누구인지를 알게 된 자는 자연 속의 모든 존재들과 들리지 않는 말을 주고받을 수 있다는 것, 그것이 하찮고 비천한 일상을 황금과 같은 것으로 바꿔 놓는다는 깨달음일 것이다.

미로의 진정한 의미는 진정한 모든 것이 그러하듯이 말로 제대로 표현할 수 없다. 미로의 축복은 미로 속을 걸을 때 경험하는 것이다. 미로의 진정한 의미는 걷는 데 있다. 길을 선택하고 막다른 골목까지 들어갔다 다시 되돌아 나오는 미로가 되었든 무작정 앞을 향해 걷기만 하면 길이 우리를 인도하는 미궁이 되었든 모든 미로는 걸을 것을 요구한다. 쉬지 않고 앞을 향해 걸을 것! 가다가 길이 막히고 길이 우리를 속이는 것 같더라도 참을성을 가지고 앞을 향해 나아갈 것! 큰 섭리는 우리를 우리 자신에게로 그리고 우주적 신성함으로 이끈다는 믿음을 가지고 걸을 것! 이것이 거미 여신 카치나가 우리에게 전해 주는 메시지다.

잃어버린 신발 찾기

5

사랑

재투성이 아가씨
황금과 재 그리고 아궁이
등잔과 칼

재투성이 아가씨

 짚신도 짝이 있다는 말이 있듯이 우리는 일생에 한번쯤은 언젠가 만나게 될 짝 찾기에 골몰한다. 정말 우리는 제대로 된 짝을 찾기만 하면 이 세상에서 별 탈 없이 행복하게 살 수 있을까? 신데렐라 이야기가 그 전형이라 할 만하다. 다 알다시피 일찍 어머니를 여의고 못된 계모와 의붓 언니들 아래서 갖은 고생을 한 신데렐라가 요정의 도움으로 참가하게 된 무도회에서 왕자님을 만나고, 급하게 집으로 돌아가다 떨어트린 구두 한 짝이 인연이 되어 왕비가 된다는 내용이다. 물론 끝은 해피엔딩이다. 콩쥐팥쥐 이야기를 듣고 자란 우리에게 이 이야기는 마치 서양판 콩쥐 이야기처럼 들린다. 콩쥐 역시 팥쥐 모녀의 구박을 받으며 지내다 냇가에 떨어트린 꽃신 한 짝이 인연이 되어 사또의 처가 되니 말이다. 두 이야기 모두 젊고 아름답지만 불우한 환경에 처한 여성이 우연한 계기에 신분상승을 이루는 이야기로 해석되곤 한다. 또는 불우한 환경을 탓하지 않고 착하게 맡은 임무를 충실히 행하면 언젠가 복을 받게 된다는 교훈담으로 읽히고 전해지기도 한다. 그런데 이런 신데렐라류 이야기가 꼭 그런 식의 순응적인 도덕관만을 전파하는 이야기는 아닌 듯하다.

　　　　우리 사회에 널리 퍼져 있는 신데렐라 이야기는 주로 월트디즈니사에서 만든 애니메이션 〈신데렐라〉다. 애초에 극장판 애니메이션으로 제작된 이 작품은 종이 그림책으로 편집되어 아이들에게 널리 읽혔다. 분홍색 드레스를 입고 위로 올린 금발 머리의 아가씨가 호박 모양의 황금 마차를 타고 무도회에 간다. 왕자님은 18세기 유럽의 군주들이 입던 금장 단추가 달리고 몸에 딱 달라붙는 의장용 군복 차림이다. 요정 할머니가 전해 준 신데렐라의 신발은 하얀색 유리구두다. 이 그림책 덕분에 아이들은 분홍색 드레스 차림을 꿈꾸고 신데렐라는 공주라는 신분으로 탈바꿈한다. 여자 아이들은 언젠가 만나게 될 부유하고 멋진 외모의 왕자님을 마음속 깊이 새겨 두고 자라며 아마도 남자 아이들은 그런 여자 아이를 만나게 될 날을 꿈꾸는지도 모른다. 동화가 현실로 이루어지기도 하는 살아 있는 디즈니랜드인 할리우드와 연예계에서는 실제로 이런 드라마가 자주 일어나기도 한다. 물론 현실 속 신데렐라는 못된 계모에게 구박을 받으면서 살지도 않고 그렇게 유별나게 착하지도 않다. 다만 어찌어찌해 꿈같은 신분상승의 드라마가 펼쳐지곤 하는 것이다. 현실 속의 신데렐라는 오히려 왕자의 간택을 받기 위해 뒷바라지하는 엄마를 필요로 하는 두 언니 캐릭터를 더 닮았다.

　　　　우리가 익숙하게 받아들이고 있는 신데렐라 이야기는 원래의 '신데렐라'와는 많이 동떨어진 현대판 변형이다. 입에서 입으로 구전되며 살아남은 이야기인 신화가 때와 장소에 따라 변형되는 것은 아주 당연한 일이긴 하지만 현대판 신데렐라 이야기는 다른 때, 다른 장소에서 이야기되던 다른 신데렐라 이야기와 비교해 볼 때 신화적 깊이는 사라지고 자본주의적 현실논리만을 반영한 얄팍한 드라마로 바뀐 듯 보인다.

여러 신데렐라 이야기 중 디즈니판 신데렐라가 놓치고 있거나 애써 감추고 있는 부분이 잘 드러난 것은 그림형제가 정리한 신데렐라다.[14] 그림형제판 신데렐라에서 멋진 옷과 구두를 가져다 줘 그녀를 변형시키는 존재는 요정할머니가 아니라 어머니 무덤 위에서 자란 개암나무다. 그녀가 신고 있던 신발도 유리구두가 아니라 황금신이다. 더구나 맞지도 않는 황금신에 발을 집어넣기 위해 두 언니는 엄지발가락과 뒤꿈치를 잘라 내야만 했다. 왕자는 황금신의 가짜 주인들을 진짜로 오인해 왕궁으로 동행하지만 (참 어리석은 왕자다. 춤을 같이 추고 반한 여자도 못 알아보다니) 정작 그들의 정체를 알려 준 것은 비둘기들이다. 나중에 이 비둘기들은 신데렐라의 결혼식에 참석한 두 언니의 눈을 파먹어 버린다. 무엇보다도 신데렐라의 진짜 이름은 '재투성이'다.

겉보기에 순응적 삶을 택한 젊은 여성의 사회적 신분상승 이야기처럼 보이는 신데렐라 이야기는 그 배면에 전혀 다른 차원의 이야기를 숨기고 있다. 그뿐만 아니라 우리가 어린이용 동화에 대해 가지고 있는 생각을 비웃기나 하듯이 잔혹한 부분 투성이다. 잔혹성으로 따지면 우리네 콩쥐팥쥐 이야기도 별로 떨어지지 않는다. 콩쥐 이야기의 후반부에서 콩쥐는 팥쥐 모녀에게 살해당한 뒤 다시 살아나 팥쥐를 죽여 젓갈을 담가 먹는 복수를 서슴지 않는다. 이런 잔혹함을 담고 있는 이야기가 왜 설탕과자처럼 말랑말랑하고 부드럽기만 한 이야기로 바뀌었을까? 신데렐라나 콩쥐팥쥐는 모두 신화적 속성을 지니고 있는 이야기지만 그것이 권선징악류의 얄팍한 교훈담으로 전락하면서 이야기가 지닌 원래의 생생함을 거세당하고 만 것이다.

　신화는 때론 지배도덕을 전파하기 위한 수단으로 변형되기도 하지만 신화가 전하는 원형적 차원의 의미는 오히려 그와는 반대라고 할 수 있다. 인간이 설정해 놓은 사회적 규준이나 도덕률 차원을 넘어 살아 숨 쉬는 자연적 욕망과 우주적 운명을 이야기하고 있는 것이다. 있는 그대로의 자연적 세계는 생각만큼 부드럽지도 아름답지도 않다.

알렉산더 자크, 〈신데렐라〉, 19세기

　신데렐라 이야기로 돌아가 보자. 신데렐라 이야기가 전하려고 하는 내용이 순응적 도덕관이나 현실 속 제짝 찾기가 아니라면 대체 뭘 전하려 했을까? 우선 주목할 것은 그녀의 이름이 '재투성이'라는 점이다. 그녀가 '재투성이'라는 이름을 얻게 된 것은 자신을 낳아 준 엄마가 죽고 못된 새엄마와 의붓 언니가 집을 차지하고 나서부터다. 그때부터 그녀는 원래 자신의 것이던 모든 것을 잃어버린다. 어머니의 따스한 사랑, 제대로 된 옷과 음식, 잠자리 등 일상생활에서 중요시되는 모든 것을 박탈당한 채 아궁이 옆에서 재를 뒤집어 쓴 채로 지내게 된다. 새엄마는 '일하지 않는 자 먹지도 말아야 한다'는 청교도식 도덕관을 들이대며 그녀를 곤궁한 노동의 세계로 내몰고 그녀는 현실적인 모든 부와 풍요가 박탈된 공간에서 재투성이로 살아간다.

그녀는 현실 논리로 볼 때 실패한 자, 바깥으로 밀려난 자다. 바깥 세계를 구성하고 있는 것은 죽은 이의 무덤, 개암나무, 산비둘기, 시궁쥐와 도마뱀 등이다. 여기가 바로 재의 세계다. 마치 죽어 있는 듯 보이는, 아무런 빛을 발하고 있지 않는 것처럼 보이는 저편의 세계인 셈이다. 이 세계는 현실 논리 속에 빠져 있는 사람들에게는 신데렐라가 입은 누더기 옷의 색깔처럼 눈에 띄지 않는 세계, 흐릿한 세계다.

한편 '재투성이'의 저편 세계와 대비되는 이편 세계는 새엄마와 의붓 언니들의 세계다. 그녀들은 현실을 움직이고 있는 노동윤리를 들먹이지만 정작 자신들은 불평등한 노동의 수혜자로 군림한다. 그녀들은 매일 몸매 가꾸기와 옷치장, 화장에 골몰해 있고 아버지에게 멋진 옷과 보석을 선물로 요구한다. 선물로 무엇을 받고 싶냐고 묻는 아버지에게 재투성이는 '아버지의 모자에 부딪치는 어린 나뭇가지'를 부탁한다. 표면적으로 볼 때 그녀는 할 수 없이 밀려나 저편의 세계에 거주하는 것처럼 보이지만 그녀의 내면에는 재의 세계가 숨기고 있는 축복과 보물을 알아보고 감지할 수 있는 능력이 자리 잡고 있다. 이 서로 다른 이미지의 두 선물은 이편의 문명과 저편의 자연을 은유했다고 풀이할 수 있다. 어린 나뭇가지를 선물로 요구했을 때 신데렐라는 저편 세계인 자연과의 연결을 유지하고 있는 자다.

아버지에게서 받은 개암나뭇가지를 그녀는 어머니 무덤 위에 심는다. 개암나뭇가지는 여기서 두 세계를 연결하는 신목과 같은 역할을 한다. 신데렐라는 개암나무 앞에서 매일 엄마를 그리워하며 눈물을 흘리고 나무는 신데렐라의 눈물을 먹고 자란다. 그렇게 자라난 개암나무가 나중에 신데렐라의 소원을 들어주게 된다. 개암나무는 우리에게 헤이즐넛Hazelnut으로 더 잘 알려진 고대 켈트족의 신목이다. 이 나무가 현실에 풍요를 가져다주는 통로 역할을 떠맡는 것이다. 신목, 말하자면 우주목은 나뉜 두 세계를 연결하는 상징적 나무다. 무덤 위에서 자라난 개암나무는 돌아가신 어머니가 계신 저쪽 세계와 살아 있는 신데렐라가 거주하는 이쪽 세계 양쪽에 걸쳐져 있다. 이 공간은 이승과 저승, 죽음과 탄생, 문명과 자연, 보이는 것과 보이지 않는 것 등 우리의 이원적 지각과 판단의 한계 너머 하나로 얽힌 세계를 드러낸다. 여기서 바로 신화적 '변형'이 일어난다. 신데렐라는 이 개암나무 밑에서 소원을 말한다. "나무야, 너를 흔들고 뒤흔들어, 금과 은을 내 위에 내려다오." 그녀는 이 장소에서 재투성이에서 황금신을 신은 사람으로 변한다.

　　　　이렇게 볼 때 이 이야기는 황금과 재로 대표되는 두 세계의 공존과 합일에 대한 이야기를 숨기고 있다. '재투성이' 이야기는 분리된 두 차원을 움직이면서 펼쳐진다. 평상시에는 부엌의 아궁이 구석을 지키고 있는 소녀가 개암나무 아래에서 황금신을 신은 빛나는 여인으로 변모한다. 신데렐라는 한편에서는 재투성이지만 다른 한편에서는 빛나는 존재다. 우리의 발이 둘이고 신발이 두 짝인 것처럼 우리 존재는 이원적 차원을 걷는 존재다. 그녀는 재의 공간과 황금의 공간을 오간다. 그녀는 두 세계를 마음껏 오가면서 양쪽 신발을 제대로 신은 자다. 그래서 황금신은 그녀에게는 꼭 맞지만 언니들에게는 맞지 않는다. 언니들은 재의 세계를 거치지 않고 곧장 황금의 세계로 향하려 했기 때문이다. 맞지도 않는 신발을 억지로 신으려

발을 잘라 낸 언니 일행에게 비둘기들이 속삭인다. "돌아서서 쳐다보렴. 돌아서서 쳐다보렴. 신발 안에 피가 흥건하구나. 신발이 너무 작다네. 진짜 신부는 아직 제 집에 있다네."[15]

나뉜 두 세계가 하나로 겹쳐지는 사건은 결혼식으로 표현된다. 신화적 결혼은 이원적 세계의 합일을 의미한다. 두 세계를 넘나드는 '재투성이'는 결혼잔치에서 짝을 만나 춤을 추고 결국 결혼에 이르지만 한쪽 세계에 고착되어 있던 두 언니는 산비둘기들에 의해 두 눈을 파먹혀 장님이 된다. 그들은 보지 못한 자, 볼 수 없던 자들이기 때문이다. 신데렐라 이야기를 세계의 이원적 차원에 대한 은유로 볼 때 그녀가 벗어 놓은 신발 한 짝은 다른 의미를 드러낸다. 신발 한 짝은 세속적 차원의 제짝 찾기라는 의미를 넘어서 우리 존재의 이중적 차원을 나타내는 상징으로 해석된다. 한 쪽 신발을 잃어버린 채 걸으면 우리는 절뚝거릴 수밖에 없다.

신발을 잃어버리는 이야기는 신데렐라뿐 아니라 그리스 신화 속 이아손 이야기에도 등장한다. 이아손은 왕자로 태어났지만 아버지가 사악한 숙부에 의해 왕위에서 물러나는 바람에 왕자인지도 모르고 숨어서 어린 시절을 보내게 된다. 장성한 이아손은 자신의 아버지에 대해 묻게 되고 결국은 자신의 잃어버린 자리를 찾으러 숙부 펠리아스Pelias를 찾아 길을 떠난다. 그런데 가는 도중에 강물 앞에서 한 노파가 강을 건네게 해달라고 한다. 이아손은 노파를 등에 업고 물살을 헤쳐 나가다 그만 신고 있던 샌들 한 짝을 잃어버리고 만다. 이아손은 하는 수 없이 한쪽 샌들만 신은 채로 펠리아스 왕 앞에 서게 된다. 한편 펠리아스는 '샌들 한 짝만 신은 자monosandalos'가 나타나 왕위를 빼앗을 것이라는 신탁을 받는다. 이 신탁은 헤라의 신탁이었고 이아손의 등에 업혀 강을 건넌 노파 역시 헤라 여신의 현신이었다. 이때 '모노산달로스'로서 이아손은 아직 자신의 정체가 완성되지 않은 자다. 그가 왕위를 되찾는 것은 펠리아스가 요구하는 과제를 해결하고 무사히 귀환하고 나서다. 잃어버린 신발 한 짝은 그의 절반짜리 정체성을 나타내며 그의 앞에 펼쳐질 삶의 여정은 나머지 신발 한 짝을 되찾는 길이기도 하다. 이아손은 메데이아의 도움으로 왕위를 되찾기 위해 필요한 황금양털을 되찾아 오는 데 성공하지만 결국에는 메데이아를 배반하고 자식들을 모두 잃은 후 혼자 쓸쓸한 노년을 보내다 자신이 만든 배인 아르고 호의 썩은 나무토막에 깔려 숨을 거둔다.

    신발 한 짝으로 걷는 그는 영원한 절름발이인 셈이다. 신발로 표현되지는 않았지만 일종의 모노산달로스라 할 수 있는 인물 중에 하나가 오이디푸스다. 그는 태어나면서부터 한쪽 발이 상자에 못 박혀 버려진 까닭에 '발이 부은 자'란 뜻의 '오이디푸스'란 이름을 갖게 되었다. 널리 알려진 대로 그는 알지 못한 채로 아버지를 죽이고 어머니와 결혼하는 가혹한 운명의 주인공이다. 그는 그 모든 사실을 알게 되었을 때 스스로 두 눈을 찌르고 딸과 함께 황야로 방랑의 길을 떠난다. 이때 절름발이 인간, 오이디푸스는 반쪽짜리 진실에만 눈을 뜬 자, 그래서 결국은 눈을 찌르고 눈으로 보이는 세계 너머로 나아간 자의 표상이다.

    익숙한 콩쥐류의 이야기 말고 또 다른 신데렐라 이야기를 살펴보자. 이 이야기를 소개한 나카자와 신이치는 북아메리카 원주민 부족의 하나인 미끄마끄족이 유럽인들이 아메리카 대륙에 들어오기 시작한 초기에 프랑스인들과 교류하면서 샤를 페로Charles Perrault가 정리한 '신데렐라'

이야기를 듣고 자신들 나름대로 이야기를 변형시켜 구조적으로 비슷하지만 다른 지향점을 향하는 세련된 이야기를 만들어 냈다고 한다.

호숫가 저편 오두막에 '보이지 않는 사람'이 살고 있었다. 그는 훌륭한 사냥꾼이기도 했으므로 마을의 젊은 아가씨들은 그와 결혼하고 싶어 했다. 그런데 그가 내세운 조건은 자신을 볼 수 있는 사람이어야 한다는 것이었다. '보이지 않는 사람'의 여동생은 그와 결혼하고 싶어 하는 아가씨에게 그가 보이는지 묻는다. 그가 무슨 옷을 입었는지 무슨 띠를 둘렀는지 등등을 말이다. 하지만 거의 모든 젊은 여자는 그의 모습을 볼 수가 없었고 그냥 거짓말로 둘러대기 일쑤였다. 마을에는 언니들의 학대로 얼굴에 화상을 입은 소녀가 살고 있었다. 그녀도 이 시험에 참가하기로 마음먹는다. 그녀는 아버지가 물려준, 발에 맞지도 않는 커다란 모카신을 물에 불려 오그라뜨려 신고 나뭇가지를 여기저기 엮어 만든 옷을 입고 그를 찾아간다. 그가 무엇을 입고 있느냐는 누이동생의 물음에 그녀는 답한다. '그는 무지개 띠를 입고 있어요. 그의 말채찍에는 은하수가 달려 있어요.' 그녀는 '보이지 않는 사람'을 볼 수 있었고 그의 오두막에 초대된다. 여동생은 오두막에 들어온 그녀를 잘 씻겨 머리를 빗기고 장신구를 해주었다. 그러자 화상을 입어 생긴 얼굴의 흉터는 말끔히 사라졌고 헝클어진 머리는 흑단처럼 빛이 났다. 그녀는 오두막 안에서만 보이는 '보이지 않는 사람'의 옆자리에 앉았고 그는 기쁘게 제짝을 맞이했다.[16]

샤를 페로판 신데렐라의 패러디로 여겨지는 이 이야기는 유럽판 신데렐라가 담고 있는 얄팍함을 적당히 비꼬는 이야기다. 젊은 여성을 기다리고 있는 남자는 여성의 치장과 외모에 반해 그녀를 찾아다니는 어리석고 어린 남자가 아니다. 그는 '보이지 않는' 면모를 볼 줄 아는 여성, 말하자면 지혜로운 여성, 또는 영적인 시각을 갖춘 여성을 기다린다. 그녀의 눈에는 무지개 띠와 은하수가 달려 있는 말채찍이 보인다. 무지개와 은하수는 우주적 이미지다. 신발 역시 황금신도 유리 구두도 아닌 큼지막한 모카신이다. 화려하지도 비싸 보이지도 않는 허름한 모카신을 그녀는 자기 발에 꼭 맞는 것으로 바꿀 수 있는 사람으로 그려진다. 이 이야기 속에서 그녀는 굳이 신발 한 짝을 흘릴 필요가 없다. 그녀는 이미 완성되어 있는 사람이기 때문이다.

황금과 재 그리고 아궁이

신데렐라의 세계였던 재의 세계에 대해 이야기를 더해 보자. 그녀가 온몸에 재를 뒤집어쓰고 웅크리고 있던 곳은 부엌의 아궁이 옆이다. 신데렐라에서는 더할 나위 없이 비참한 공간, 밀려난 자의 공간으로 그려져 있지만 원래 부엌과 아궁이는 신성한 공간이었다. 아궁이가 있는 부엌은 불을 지피는 곳이다. 거기서 음식이 만들어지며 집안을 따뜻하게 만드는 열기가 생겨난다. 요즘은 버튼만 누르면 부엌의 레인지 위에 불이 지펴지지만 우리의 원초적 기억 속에 아궁이 불은 다르다. 불은 프로메테우스가 영원히 간을 쪼아 먹히는 형벌을 받는 대가를 치를 정도로 신성하면서 동시에 아주 위험하기도 하다. 불은 인간을 저 너머의 것들과 연결시켜 주는 힘을 지니고 있다. 모든 신성한 예식에 촛불을 켜는 것도 불이 우리를 성스러운 것과 연결시켜 주기 때문이다.

그리스 신화에는 횃불을 치켜 든 여신이 있다. 로마식 이름으로 베스타Vesta라고 불리는 여신으로 올림픽 경기에 성화를 치켜 든 젊은 여인들이 바로 이 베스타의 사제들이다. 이 베스타의 원형이 바로 헤스티아

잃어버린 신발 찾기·사랑 149

Hestia라는 아궁이의 여신이다. 헤스티아는 화로 앞에서 불을 뒤적거리고 있는 모습으로 그려지곤 한다. 그녀는 원래 올림포스 신전에서 의자를 차지하고 앉은 열두 신 중에 하나였으나 나중에 디오니소스를 위해 자기 자리를 내주고 열두 개의 의자가 만들어 내는 원 중앙에 자기 자리를 잡았다고 한다. 그녀는 집 안의 불을 다스리는 여신, 다정함과 따뜻함 그리고 불이 가져다주는 변형의 신비를 주재하는 여신이다.

화로나 아궁이 앞에 여신이라는 이미지를 떠올리면 연달아 떠오르는 이미지가 있다. 바로 가마솥을 젓고 있는 마녀의 이미지다. 커다란 가마솥에 이것저것 온갖 잡스런 것을 모두 집어넣고 한꺼번에 끓여 마법의 약물을 만들고 있는 쭈그렁 노파의 이미지도 여기서 생겨났다. 가마솥 안은 개구리, 도마뱀, 두꺼비 등 주로 사람들이 혐오스러워하는 파충류들이 들어가는 것처럼 그려져 왔다. 이 괴이하고 약간은 혐오스러워 보이는 마녀의 이미지도 알고 보면 사실은 여성적 지혜에 대한 근대적 편견이 작용한 결과다. 이 역시 우리는 디즈니 만화를 통해서 배웠다. 물론 그 전범은 셰익스피어의 《맥베스》에 나오는 마녀들 이미지일 것이다. 가마솥을 젓는 마녀의 이미지는 고대 켈트 지방에서 섬김을 받던 세리드웬Ceridwen이라는 여신의 모습에서 비롯되었다. 물론 여신이 마녀로 둔갑한 것은 서구세계를 오랫동안 지배한 기독교의 타종교 혐오와 여성 혐오 때문에 벌어진 일이다. 고대의 여신들은 삶과 죽음, 밝음과 어둠, 선과 악을 모두 통합한 존재였고 이것을 분할해 따로 존재하는 것처럼 이데올로기화한 것은 가부장적 일신교의 지배 이후의 일이다.

세리드웬의 가마솥은 생명을 가져다주기도 하고 앗아가기도 하

존 워터하우스, 〈마법의 원〉, 1886

는 약을 끓이는 마법의 가마솥이다. 마치 인도의 칼리 여신이 죽인 것들로 생명을 먹이듯이 세리드웬이 휘젓는 가마솥 역시 살리는 약과 죽이는 약을 동시에 만들어 낸다. 어느 날 여신은 자신의 아들인 모르프란Morfran에게 먹일 약을 끓이고 있었다. 그런데 여신의 심부름꾼이던 귀온Guion이 가마솥을 지키고 있다가 솥에서 약이 튀어 손가락에 닿게 되었고 엉겁결에 약을 세 방울 먹게 되었다. 그러자 귀온은 순식간에 마법의 지혜를 깨우치게 되었고 그와 동시에 여신과 심부름꾼은 쫓고 쫓기는 경주를 하게 된다. 여신은 사냥개로 변해 토끼로 변한 귀온을 쫓고 토끼는 다시 연어로, 사냥개는 수달로, 연어는 다시 제비로, 수달은 매로 변한다. 이렇게 이들의 변신놀이가 계속되는 동안 달이 가고 계절이 바뀌었다고 한다. 여신과 심부름꾼 간의 변신놀이는 귀온이 보리알로 변해 알곡들 사이로 숨어들고 여신은 암탉으로 변해 이 보리알을 쪼아 먹어버림으로써 끝난다. 그러나 여신이 삼킨 씨앗은 그녀의 뱃속에서 아홉 달이 지나자 새로운 생명으로 다시 태어나게 된다. 귀온은 '빛나는 이마'라는 뜻을 지닌 탈리에신Taliesin으로 거듭난다.

세리드웬의 가마솥에서 끓고 있던 약은 지혜와 생명을 주는 마법의 약이다. 그리고 생명과 지혜는 해가 가고 달이 가고 계절이 바뀌는 동안 생명들이 모양을 바꾸면서 서로를 쫓는 그물망을 만들어 낸다. 여신과 심부름꾼 간의 예기치 않은 변신놀이의 끝에 탄생하는 것이 빛나는 아이다. 세리드웬의 가마솥은 변형의 상징이며 그것은 컴퍼스와 자로 기하학 법칙을 적용하는 신[17]이 아니라 먹고 먹히는 생명의 고리를 움직이는 구체적이고 감각적인 여신의 힘을 나타낸다. 그녀는 먹을 것을 끓이고 먹이기 위해서 죽이고 복수하기 위해 삼킨다. 여신의 들끓는 가마솥은 좋은 것만 만들어 내는 것이 아니라 나쁜 것도 만들어 낸다. 하지만 약이 독약이 되고 독약이 다시 약이 되는, 죽이려고 삼킨 것이 다시 생명으로 잉태되는 패러독스가 벌어지는 곳이기도 하다.

헤스티아의 화로, 세리드웬의 가마솥은 마치 모순처럼 보이는 생명의 이중성과 신비를 감추고 있다. 불로 먹을 것을 굽거나 끓이는 장소인 부엌은 바로 이 여신들의 자리다. 거기서 죽음은 생명을 살리는 음식과 약으로 변모하고 재는 황금으로 변모한다. 세리드웬을 모시는 여성들이 과거에 약초전문가이자 산파, 대체요법전문가로 살았다면 탈리에신의 후예라 할 만한 연금술사들은 여신의 가마솥에서 재를 황금으로 변화시키는 일에 골몰했다.

연금술 역시 부엌에서 벌어지는 신성체험이다. 마녀들이 살아 있는 몸을 예찬하고 음식과 삶을 예찬했다면 연금술사들은 영적인 황금을 얻기 위해 자기 몸을 망치는 것도 불사했던 듯하다. 연금술사의 부엌에서는 납과 수은, 유황과 중금속 들이 황금이 될 그날을 고대하며 플라스크 안에서 오랜 시간 끓여지고 달여졌다. 플라스크 안에서 이들이 검고 매캐한 연기를 뿜어내며 심판의 그날을 연출하고 있을 때 그들은 영적인 죽음 뒤에 찾아올 부활의 신비를 꿈꾸었고, 마침내 검은 연기가 사라지고 하얀 수증기가 플라스크 안에 응결되기 시작할 때 그들은 천지창조의 이미지를 투영하며 안도의 한숨을 내쉬었을 것이다. 어쨌든 그들이 부엌에서 경험한 것은 불과 물, 끓고 구워져 마침내 변형되는 금속들의 드라마였다. 연금술사들은 플라스크 안에 검게 눌어붙은 금속 화합물이 하얀 재로 변하고 다시 붉은 빛을 발하는 투명한 보석으로 변하는 신비를 경험하면서 그 속에서 '신성한 아이'의 탄생을 보았다. 그들은 변형된 금속화합물의 마지막 단계를 '왕의 탄생', '그리스도의 탄생', '신성한 생명의 탄생'으로 불렀다. 때로 불사조인 '피닉스의 탄생'으로 일컫기도 했다. '철학자의 돌'이라고 부르는 이 붉은 돌은 작은 부스러기 한 조각만으로도 납을 금으로 바꿀 수 있다고 전해진다.

연금술은 재를 황금으로 변화시키는 불의 신비를 추구한다. 《연금술 이야기》의 저자 앨리슨 쿠더트Allison Coudert는 불을 다루는 일에 대해 이렇게 말한다. "불은 신성한, 초자연적인 것과 관련되어 있었다. 신, 주술, 요가, 마술이나 의술에 관계하는 사람들, 다른 말로 하면 신성시되는 사람만이 불타는 석탄 위를 걸어 다니거나 불을 만지고 불을 먹고 자신의 몸속에서 불을 만들어 내 불가사의하게도 강렬한 추위에 견딜 수 있는 능력을 지니고 있었다. 불은 초자연적인 힘을 가지고 있다."[18]

이들이 불을 가지고 했던 금속 변환 작업은 부엌에서 음식을 만드는 것과 유사하다. 금속 변환의 단계를 나타내기 위해 사용한 화학적 용어 역시 동식물이 불에 의해 음식으로 변환될 때 일어나는 현상을 나타내는 용어와 같다. 금속은 밀이 빵이 될 때 거쳐야 되는 과정처럼 분쇄되고 혼합되고 발효되어 구워지며, 설탕이나 소금처럼 물에 용해되며, 젤리처럼 응고되고, 포도주처럼 증류된다. 요리사가 소금과 후추와 허브를 적당한 때에 음식에 뿌리는 것처럼 연금술사는 소금과 수은과 유황을 적절한 때에 금속화합물에 뿌려야만 했다. 적당한 온도로 적당한 시간만큼 금속을 굽고 찌고 삭히고 증발시켰을 때 그들은 비로

한스 프레데만 드 프리스,
〈연금술사 하인리히 쿤라드의 실험실〉,
1595

소 납이 금으로 변하는 신비, 차갑고 둔탁하며 무감해 비천하다고 여겨지는 금속이 따뜻하고 말랑말랑하며 무엇이든 잘 전도시켜 고귀하다고 여겨지는 금으로 변환되는 신비를 눈앞에서 경험할 수 있었다. 이들의 작업은 결국 불 앞에서 오랫동안 불을 지키고 불을 관리하고 불을 다루면서 변환의 신비를 깨닫는 과정이라고 할 수 있다.

재투성이 이야기로 돌아가자. '재투성이' 신데렐라는 부엌데기다. 그녀는 아궁이를 지키는 자이며, 그런 의미에서 헤스티아와 세리드웬의 후예다. 그렇기 때문에 그녀가 개암나무 아래서 "나무야, 너를 흔들고 뒤흔들어, 금과 은을 내 위에 내려다오"라고 말했을 때 하늘에서 나타난 새

가 아름다운 옷과 황금신을 내려놓는다. 나무와 새로 나타나는 우주적 자연이 그녀의 말에 감응하는 것이다. 신데렐라가 자신을 뒤쫓는 왕자 일행을 따돌리면서 뛰어 들어간 곳은 비둘기 집과 배나무 위였다. 그녀는 이 공간을 통과해 자신의 자리인 부엌으로 되돌아간다. 그녀에게는 이 공간이 부엌과 왕궁을 이어 주는 통로이지만 다른 사람에게는 그저 비둘기 집과 배나무에 불과하다. 그러므로 그들은 그녀가 어디로 사라졌는지 찾지 못한다. 그녀는 두 세계를 마음대로 넘나들 수 있지만 한쪽 세계에만 눈이 고착되어 있는 자들은 다른 세계를 보지 못한다. 한쪽 세계만 바라보고 있는 사람들은 신데렐라의 두 언니처럼 발의 일부를 자르고서도 황금신의 주인이 되지 못하는 것이다. 왜냐하면 그들에게 황금은 그저 물질로서의 황금으로밖에 보이지 않기 때문이다. 아시는지. 연금술사들이 애타게 찾던 황금은 아주 말랑말랑하고 부드러워서 어떤 모습으로도 늘이거나 줄일 수 있는 금속이라는 사실을. 황금신의 주인은 작은 발을 지닌 자가 아니라 황금의 진정한 신비를 아는 자라는 사실을.

등잔과 칼

신발을 잃어버리고, 잃어버린 신발을 다시 찾는 이야기는 우리 존재의 이원적 차원과 관련된 이야기다. 눈이 둘이고 손발도 둘씩 있는 것처럼 우리 역시 두 쪽으로 이루어진 존재다. 하지만 좌우로 나뉘어 있는 눈과 귀, 손발과 팔다리 들이 하나의 몸을 이루는 것처럼 우리가 경험하는 존재의 이원적 차원 역시 근원에서는 하나다. 우리는 오른쪽과 왼쪽, 앞쪽과 뒤쪽, 안과 밖을 나누지만 우리가 인식하고 있는 세계는 우리 몸의 조건 때문에 구획된 세계에 불과하다. 우리가 우리 존재의 한계를 넘어서면 세계는 안도 없고 밖도 없으며 위도 아래도, 왼쪽 오른쪽도 존재하지 않는다. 말하자면 이러한 구분은 그저 인간인 우리가 만들어 놓은 지극히 자기중심적인 구획에 불과하다는 이야기다.

그러나 이 구획은 때로 아주 견고한 관념으로 작용해서 구획을 함부로 넘나든다든가 무시했다가는 비난과 처벌의 대상이 되어 버리기도 하는 곳이 인간세계다. 구획을 절대화하고 세계를 양분해 절대로 뒤섞일 수 없는 것으로 바라보던 시대도 있었다. 그런 시대에 구획을 넘나들거나 통합하려는 자는 이단으로 몰리고 추방당하거나 죽임을 당하기도 했다. 존재를 바라보는 이분법적 시각을 넘어 세계를 통합적으로 바라보는 이야기들이 복잡하고 애매한 상징으로 바뀌어 원래 전달하고자 하는 이야기의 핵심을 숨겨 온 것도 그 때문이리라.

처음부터 우리가 우리의 세계 인식이 가진 한계를 자각하고 그 너머를 통찰할 수 있는 시각을 지니고 태어났다면 좋았겠지만 자기중심적인 편견에 휩싸이기 쉬운 조건을 타고난 것도 어찌 보면 인간이 지니는 필연적인 한계일지 모른다. 하지만 우리는 살면서 한번쯤은 우리 앞에 펼쳐진 삶의 드라마 속에 뭔가 결핍되어 있고 우리의 앎이 불완전하고 미숙함을 알아채는 순간을 만난다. 그러나 결핍되어 있는 것이 무엇인지 찾지 못한 채 이리저리 헤매다 실망 끝에 다시 사회가 우리에게 구획 지어 준 한계 안으로 되돌아오기도 한다. 우리는 어리석게도 신데렐라가 찾은 비둘기 집도 개암나무도 찾지 못한 채 오이디푸스처럼 절뚝거리거나 이아손처럼 한쪽 신발만 신은 채 삶을 잿빛 시간으로만 경험할 수도 있다.

누구에게나 한번쯤은 애쓰지 않아도 세상이 황금빛으로 빛나는 우주적 축복을 받는 순간이 있다. 바로 예기치 않게 찾아드는 사랑의 순간이다. 물론 계속 지속되느냐는 미지수지만 말이다. 우리가 연금술사가 아니어도, 재투성이가 되어 부엌을 지키고 있지 않아도 사랑은 잠시 우리를 완전성의 차원, 분리가 아닌 합일의 차원으로 인도한다. 그 순간 잠자는 숲 속의 공주는 잠에서 깨어나고 개구리 왕자는 인간으로 변한다. 존재 변환의 신비와 관련된 이야기가 남녀 간 사랑 이야기의 외피를 입고 전해지는 것도 사랑이 이 신비의 핵심이기 때문이다. 그러나 예기치 않게 찾아오는,

빛나는 축복의 시간은 그저 우주가 전하는 하나의 힌트에 불과하다. 현실 속 사랑이 동화 속 사랑처럼 '그들은 오래오래 행복하게 살았습니다'로 끝나지 않는 이유도 사랑의 입맞춤이 존재 변환의 마지막 결론이 아니라 시작이기 때문이다.

우연히 찾아온 진정한 사랑을 잃어버리게 된 공주가 그 사랑을 되찾기 위해 경험해야 하는 난관에 대한 이야기가 있다. 이 이야기는 로마 시대 꽤나 유명했던 루키우스 아풀레이우스Lucius Apuleius라는 시인이 쓴 〈황금당나귀〉 속에 끼워져 있는 신화다. 〈황금당나귀〉는 루키우스 자신이 여행 도중 마법의 약을 잘못 마시는 바람에 당나귀로 변해 겪는 모험담이다. 잃어버린 사랑을 되찾기 위한 여정을 떠나는 공주 이야기는 루키우스가 당나귀가 되었을 때 우연히 엿들은 이야기다.

옛날 어느 도시에 세상에서 가장 아름다운 세 딸을 지닌 왕과 왕비가 살고 있었다. 그중에서도 특히 막내딸인 프시케Psyche가 가장 아름다웠다. 그녀의 아름다움은 도시 사람들 전체의 칭송을 받았고 마침내 다른 도시로 퍼져나가 아름다움과 사랑의 여신인 베누스Venus의 귀에까지 닿았다. 사람들은 프시케의 아름다움을 칭송하느라 더 이상 베누스 여신을 숭배하지 않았고 그 대신 인간인 프시케를 숭배하려 하고 있었다. 자존심이 상하고 화가 난 여신은 프시케에게 고통을 주기 위해 왕과 왕비에게 무서운 신탁을 내린다.

"왕이여, 들어라. 바위 많은 험준한 높은 산 위에 처녀는 죽은 자와 결혼식을 치르듯 옷을 입는다. 그대는 인간의 사위를 맞이할 수 없으며 단지 무섭고 독사 같고 맹수 같은 장난꾸러기를 맞이할 뿐. 그는 창공을 날아다니며 불과 칼로 모든 사람을 불행하게 만들고 모든 사람을 슬프게 만든다. 그는 끔찍할 정도로 위대한 힘을 지니고 있어서 가장 높은 하늘을 지배한다. 위대한 유피테르Jupiter도 날개 달린 이 괴물 앞에서는 벌벌 떨고, 신들도 겁을 먹고. 스틱스Styx 강도 떨며 어둠도 뒷걸음친다."[19] 왕은 이 신탁을 받고 프시케에게 신부 옷을 입혀 누군지 알지 못하는 무시무시한 자에게 제물로 바치기 위해 큰 바위 벼랑 위에 데려다 놓는다. 많은 사람의 흐느끼는 소리와 함께 이어진 프시케의 결혼 행렬은 마치 장례 행렬과 같았다고 한다.

한편 어머니 베누스 여신의 심부름으로 프시케를 인간 중에 가장 형편없는 인간과 사랑에 빠지게 만들려 프시케 앞에 당도한 사랑의 신 큐피드Cupid는 프시케의 아름다움을 보고 자기 화살로 스스로를 찔러 사랑에 빠진다. 그리고 그녀를 벼랑 위 산꼭대기에 있는 자신의 궁전으로 데려가 신부로 삼는다. 벼랑 끝에서 괴물 아니면 죽음을 기다리고 있던 프시케는 아름다운 궁전에서 밤마다 찾아오는 정체 모를 신랑과 매일 밤을 함께 지낸다. 그는 무척 다정하고 자상했지만 자신의 얼굴을 보려고 해서도 자신이 누군지 알려 해서도 안 된다고 경고한다. 프시케는 이 정체를 알 수 없는 다정한 남편과 어쨌든 행복한 시절을 보낸다.

그러던 어느 날 프시케의 안부가 궁금해진 두 언니가 궁전 아래 벼랑 끝으로 프시케를 찾아온다. 불행에 빠진 줄 알았던 동생의 행복한 모습을 보자 언니들의 걱정은 질투로 바뀐다. 그녀들은 동생의 남편에 대해 이것저것을 캐물었고 순진한 프시케는 남편이 당부한 비밀을 두 언니에게 털어놓고 만다. 두 언니는 정체를 드러내지 않는 프시케의 남편이 분명 괴

✣
폼페오 바토니, 〈큐피드와 프시케의 결혼〉, 1756

물임에 틀림없을 거라며 프시케에게 그를 몰래 죽이고 도망쳐야 한다고 꼬드긴다. "너와 함께 잠을 자는 그 사람은 커다랗고 수많은 마디를 지니고 있으며, 사람의 목숨을 앗아갈 수 있는, 독침을 흘리는 큰 입을 가진 뱀이야. 네가 아주 사나운 얼굴을 한 동물과 결혼할 거라고 예언한 신탁을 기억해 봐. ……네가 이렇게 목소리만 들리는 곳에서 고독을 즐기며 네 욕망대로 혐오스럽게 생긴 동물과 숨어서 살고 싶다면 그렇게 해. 만일 그렇다면 네가 어떻게 인생의 종말을 맞이할 것인지는 익히 짐작할 수 있겠지?" 그녀들은 급기야 이렇게 충고한다. 남편이 곤히 잠들었을 때 등잔을 비춰 그의 정체를 확인하고 숨겨 놓았던 칼로 목을 베어 버리라고.

순진한 프시케는 언니들의 꼬임에 넘어가 시키는 대로 한다. 그러나 프시케가 한 손에는 등잔을, 한 손에는 칼을 들고 잠든 남편의 얼굴에 빛을 들이댔을 때 나타난 것은 괴물이 아니라 너무나 아름다운 날개 달린 신의 모습이었다. 당황하고 놀란 프시케는 등잔을 밝히고 있던 초의 촛농을 큐피드의 오른쪽 어깨 위에 떨어트리고 만다. 뜨거움에 놀라서 잠이 깬 큐피드는 약속을 어긴 프시케에게 화가 나 열린 창문으로 날개를 펴고 날아가 버린다. 프시케는 자신의 어리석음을 후회했지만 이미 때는 늦었다. 그녀는 사라져 버린 남편을 다시 찾기 위해 온갖 신전을 순례하듯 헤매지만 찾을 수 없었다.

그녀는 결국 시어머니인 베누스의 신전에 당도하게 되고 화가 난 베누스는 자신의 하녀인 '고독'과 '슬픔'을 시켜 프시케에게 무자비한 채찍질과 고문을 하게 한다. 그것으로도 분이 풀리지 않은 베누스는 밀과 보리, 수수, 완두콩, 양귀비 씨앗을 마구 뒤섞어 커다란 더미를 만든 다음 프시케를 내팽개치며 알곡들을 종류별로 가려 내놓으라고 명령하고 신전을 나가 버린다. 프시케는 곡식 더미를 쳐다보며 망연자실해 울기만 했다. 그런데 어디선가 개미들이 나타나더니 알곡을 하나씩 머리에 이고 옮겨 놓더니 순식간에 곡식 더미를 종류별로 나눠 놓고 사라졌다. 일을 제대로 마친 것을 본 베누스는 이번에는 강가에 살고 있는 황금양털을 지닌 양의 털을 가져오라고 시킨다. 강가로 간 프시케는 사방으로 날뛰는 사나운 양떼들을 보더니 자신이 그 일을 할 수 없다는 생각에 절망해 강에 몸을 던져 죽으려 했다. 그러자 갈대들이 프시케에게 말한다. 밤이 되어 사나운 양들이 잠들면 조용히 다가가 근처 가시덤불에 묻어 있는 양털을 모아 가져가라고.

두 번째 과제마저 무사히 해치우자 베누스는 더 화가 났다. 베누스는 크리스털 병을 프시케에게 쥐어 주면서 스틱스 강물을 가득 채워오라고 명령한다. 스틱스 강은 아주 높은 절벽에서 수직으로 빠르게 떨어져 지옥을 향해 흐르는 강이다. 강의 물살은 주변의 모든 것을 휩쓸고 파괴할 만큼 강력하고 폭포에 있는 동굴에는 영원한 공포가 깃든 눈동자를 한 용들이 자리 잡고 있었다. 물이 솟아나는 곳에서는 "저리 비켜!", "지금 어때?", "지금 뭐 하니?", "조심해!", "어디로 가니?", "도망쳐!", "널 죽이고 말거야!"라는 말이 끊임없이 흘러나왔다. 프시케는 미끄러지면서 물이 솟아나는 산 정상에 올랐지만 자신이 이 과제를 도저히 해낼 수 없다는 사실을 알고 돌처럼 굳어서 한참을 서 있었다. 그때 이 모습을 하늘에서 본 유피테르가 자신의 심부름꾼인 독수리를 날려 보낸다. 독수리는 프시케의 손에서 크리스털 물병을 낚아채더니 병을 가득 채워 프시케에게 건네주었다.

도저히 해낼 수 없을 거라고 생각한 과제를 프시케가 무사히 해

내자 베누스는 화가 풀리기는커녕 더 잔인해졌다. 그녀는 이번에는 프시케가 결코 해낼 수 없을 거라고 생각하면서 저승의 여왕인 프로세르피나 Proserpina에게 가서 그녀의 아름다움을 상자에 조금만 담아 오라고 시킨다. 저승에 갔다 오라는 것은 죽으라는 뜻이다. 프시케는 죽을 수밖에 없는 운명이 다가왔다고 생각하고 몸을 던지기 위해 높은 탑 위로 오른다. 그러자 갑자기 탑이 인간의 언어로 말을 한다. "여기서 몸을 던지면 곧장 저승으로 가겠지만 다시는 이승으로 돌아올 수 없을 것이다. 디티스의 샛별을 따라가다 보면 반도의 남쪽 끝에 저승으로 통하는 동굴이 있다. 저승으로 갈 때 양손에는 꿀물을 적신 빵을 들고 입에는 동전 두 개를 물고 가도록 하라. 동전은 저승의 강을 건너는 카론Charon의 뱃사공에게 주고 빵은 저승의 문지기인 케르베로스Kerberos에게 던져라. 저승에 가거든 그 누구의 부탁도 들어주어서는 안 된다. 또한 아무 음식이나 먹어서도 안 된다. 그리고 마지막으로 아름다움이 든 상자를 절대로 열어 보아서는 안 된다!" 프시케는 탑이 시키는 대로 한다. 그리고 마침내 프로세르피나 앞에 당도해 그동안에 자신에게 벌어진 일을 모두 이야기하고 베누스의 과제를 해결할 수 있게 도와달라고 간청한다. 프로세르피나는 웃으며 프시케의 청을 들어준다. 프시케는 탑이 시킨 대로 하면서 저승을 무사히 빠져나온다. 그러나 그녀의 호기심이 마지막 충고를 어기게 만들었다. 그녀는 살짝 상자를 열었고 상자 속에서 나온 저승의 잠이 그녀를 덮치자 그녀는 그 자리에 그만 쓰러지고 만다.

　　이때 화상을 입어 힘을 잃었던 날개가 다시 회복된 큐피드가 나타나더니 잠을 다시 거두어 상자에 담고 프시케를 깨워 함께 날아갔다. 그

알렉산더 리토브첸코, 〈스틱스 강 건너로 영혼을 실어 나르는 카론의 뱃사공〉, 1861

들은 마침내 신들 앞에서 결혼식을 올렸고 둘 사이에서는 '기쁨'이라는 딸이 태어났다.

큐피드는 그리스 신화 속 사랑의 신 에로스의 로마식 이름이다(베누스는 아프로디테, 프로세르피나는 페르세포네, 유피테르는 제우스다). 한편 프시케는 영혼이란 뜻을 지니고 있다. 말하자면 이 이야기는 사랑과 영혼의 결합과 분리에 대한 이야기다. 영혼은 사랑과 짝지어질 운명을 타고 났으나 둘의 결합이 순조롭지만은 않다. 사랑은 영혼의 아름다움에 끌려 영혼과 하나가 되고자 하지만 영혼은 갑자기 찾아온 사랑의 정체를 알지 못한 채로 사랑을 향유할 뿐이다. 그러나 사랑의 정체에 대해 아직 무지한 미성숙한 영혼은 자신에게 찾아온 사랑과 진정한 합일에 이르지 못한다. 그녀는 자기 내면에서 울리는 언니들의 목소리에 따라 갈팡질팡한다. 이때 언니들의 역할은 마치 트릭스터처럼 양면적이다. 그녀들은 영혼의 불안을 건드려 사랑을 의심하게 만들지만 결국 그들의 부추김으로 영혼은 사랑의 정체를 알게 된다.

프시케가 큐피드를 향해 비추는 등잔은 영혼이 의식의 빛을 밝히기 시작했다는 뜻이다. 영혼이 등잔의 빛을 비추지 않으면 사랑은 그저 알 수 없는 몽환적인 행복감으로만 머물러 있을 테고 그 상태에서는 언니들이 충고한 것처럼 괴물로서의 면모를 숨기고 있을지도 모른다. 심리학자 시노다 볼린은 프시케가 양손에 든 등잔과 칼이 우리가 관계에 대해 곰곰이 생각하기 시작했을 때 내면에서 일어나는 마음의 두 면모를 나타낸다고 해석한다. 등잔은 당연히 내 앞에 나타난 '이 사람이 대체 누구인가?'라는 의문의 등불이고, 칼은 그가 내게 유익한 사람인지 아닌지를 판단한 후 관계를 지속할지 말지, 또는 어느 선에서 관계를 규정할지를 결정하려는 마음의 칼이라고 한다.[20] 우리는 마음의 칼로 경계를 정하는 것이다. 물론 프시케의 칼은 어떤 결정도 내리지 못한 채 무용지물이 된다. 칼이 내리지 못한 결정을 등잔이 대신하게 되는데 이 역시 프시케의 의지에 따른 것이라기보다는 우연히 등잔에서 떨어진 기름방울에 의해서다. 이것은 프시케가 비춘 큐피드가 인간이 아닌 신이기 때문이다. 우리가 신성과 우연히 접촉하게 되었을 때 준비되지 않은 채로 그것을 정면으로 마주하면 우리는 디오니소스의 어머니인 세멜레Semele가 그러했듯이 신의 광휘에 타 버리거나 눈이 멀거나 불구가 된다. 프시케는 신과 하나가 되어 장차 신으로 거듭날 수 있는 운명을 타고 났으나 아직 미성숙했기 때문에 신성을 놓치고 베누스의 징벌을 받게 되는 것이다. 그녀의 의식의 빛을 밝히는 기름방울은 그 의식을 신의 차원으로 옮겨 주는 것이 아니라 오히려 잠시 찾아온 신성이 사라져 버리는 사건으로 전환되는 계기를 만들어 낸다. 어느 날 영혼이 우연히 맛보게 된 신적인 황홀경이 갑자기 사라져 버리는 것이다.

영적 황홀경을 잠시라도 맛본 사람은 다시 그 상태로 돌아가려 한다. 성배의 환상을 우연히 바라보게 된 원탁의 기사들이 성배를 찾아 세상을 떠도는 것처럼 말이다. 영혼이 성숙해 사랑과 하나가 되어 신적인 의식, 말하자면 완전히 각성된 의식을 얻기까지는 프시케가 그랬듯이 수없이 많은 난관을 거쳐야만 한다. 신데렐라가 재의 시간을 거친 것처럼 말이다. 베누스가 내리는 네 가지의 징벌이자 과제는 영혼이 거쳐야 하는 성숙을 향한 길이다.

첫 번째 과제인 알곡 분류하기는 신데렐라도, 콩쥐도 수행해야 했던 과제다. 흥미롭게도 못된 어머니가 제공하는 이 난제들을 해결해 주는 것은 비둘기나 참새, 두꺼비나 개미 등의 동물이다. 이들이 바로 태초의 어머니 여신의 자식들이기 때문이다. 태초의 어머니 여신은 살아 있는 자연의 다른 이름이다. 숙제를 내는 것도 그것을 풀 수 있는 힌트를 제공하는 것도 자연이라는 어머니의 힘이다. 우리를 낳고 기른 어머니는 우리 마음속에서 두 가지 다른 면모로 나타난다. 때로 그녀는 더할 나위 없이 자애로우며 부드럽지만 때로는 무지막지하게 잔인하며 포악하다. 계모나 시어머니의 형태로 신화 속에 등장하는 경우 어머니 여신의 부정적인 면모가 상징적으로 나타난다. 태초의 어머니 여신에 대해서는 다음 장에서 자세히 다루도록 하자.

첫 번째 과제를 통해 개미가 프시케에게 가르쳐 준 것은 '한 번에 한 가지씩!'이라는 원칙이다. 산더미처럼 섞여 있는 곡식 낟알은 그녀가 해결해야 하는 일을 의미한다. 우리 앞에 주어진 일은 때로 도저히 풀 수 없는 매듭처럼 꼬여 있기도 하고, 이리저리 뒤섞여서 뭐가 뭔지 모르는 혼란스러운 감정을 선사하기도 한다. 이것도 해야 하고 저것도 해야 하고 갑자기 몰아닥친 당면 과제들 앞에서 우리는 프시케처럼 울거나 아예 일을 포기해 버리고 싶은 유혹에 시달리기도 한다. 하지만 아무리 먼 길이라도 한 걸음 한 걸음 걷다 보면 목적지에 다다르게 되고 아무리 어수선한 상황이라도 하나씩 하나씩 해결해 나가다 보면 어느새 복잡한 매듭이 풀리고 순서를 찾게 된다. 이것이 개미의 가르침이다.

두 번째 과제인 황금양털 가져오기는 '때를 기다리라!'는 원칙을 배우는 과정이다. 행동에 나서야 하는 제때를 찾지 못하면 우리는 아주 쉽워 보이는 일도 실패할 수 있고 잘 찾으면 아주 어려워 보이는 일도 쉽게 해결할 수 있다. 마치 고양이가 나비를 잡을 때처럼 인내심을 가지고 사태를 주시하면 언제 행동을 개시해야 할지가 보인다. 황금 양들이 이리저리 뛰어다니는 모습에 휘둘리면 우둔한 양 떼처럼 자기가 가고 있는 방향을 알지 못한 채 우왕좌왕하다 자칫하면 양 떼의 발에 밟혀 다칠 수도 있다. 조용히 상황을 지켜보라. 그리고 상황이 잠잠해지고 과도한 경쟁의 불꽃이 수그러질 때를 기다려라. 양과 싸우거나 양을 통째로 잡지 않아도 원하는 양털을 얻을 수 있는 방법이 있다. 양털을 긁어모으는 방법을 알려 준 것은 강변의 갈대들이다. 갈대는 바람에 휘청거리는 듯이 연약해 보이지만 흔들리면서 강하게 자리 잡고 있다. 갈대들은 강물이 흐르는 것처럼 시간의 흐름을 읽어 낸다. 시간은 때로 폭풍우 치는 강물처럼 광포하게 흐르지만 바람이 잦아들면 금방 고요해지기도 한다. 당신이 강을 건너야 한다면 언제 건너겠는가?

프시케 신화를 여성의 내면에서 일어나는 의식 성장의 드라마로 읽어 내는 심리학자 로버트 존슨은 이 과제에 등장하는 양들을 남성적 세계의 상징으로 본다. 그는 여성적 의식은 남성적 세계를 움직이는 지극히 사나운 경쟁적 분위기에 쉽게 겁을 먹고 뒷걸음치기 쉽다고 말한다.[21] 우리 내면의 여성성은 경쟁을 통해 무엇을 쟁취하는 상황에 별로 익숙하지 않으므로 삶이 여성을 이런 상황으로 내몰 경우 남성보다 훨씬 더 쉽게 상처를 입거나 상황을 공포스럽게 느낄 수도 있다는 이야기다. 그러나 때로 우리는 사납고 포악한 양 떼의 전쟁터로 내몰릴 때도 있다. 세상과 담을 쌓고 은둔하거나 탑 속에 갇힌 공주처럼 살 것이 아니라면 여성이든 남성이든 이

상황을 피할 수는 없는 노릇이다. 로버트 존슨은 여성이 필요로 하는 황금 양털은 많을 필요가 없다고 말한다. 덤불에 묻은 약간의 양털로도 충분하다는 것이다. 여성은 남성적 세계와의 대면을 피할 수 없고 거기서 남성성을 배워야 하지만 아주 적은 남성성으로도 충분하다는 것이다. 남성적 사회에서 살아가기 위해서 굳이 남성이 될 필요까지는 없다는 말이다. 실제로 사회적 성공의 대가로 여성성을 포기한 여성, 더 나아가 여성성을 억압하고 증오하기까지 하는 여성들이 우리 주변에 적지 않은 것을 보면 그의 충고는 일리 있어 보인다. 어쨌든 여성성의 억압은 여성 해방과는 거리가 멀다. 진정한 여성 해방은 여성성의 해방이어야 한다.

세 번째는 스틱스 강물 담아 오기 과제다. 스틱스 강물은 거대한 바퀴처럼 도는 물이다. 물이 폭포처럼 쏟아지면서 살아 있는 모든 것을 분쇄해 저승으로 흘려보낸다. 베누스가 손에 쥐어 준 크리스털 병은 깨지기 쉽다. 거친 물을 연약한 병에 담으라는 것이다. 거친 물이 삶의 광포함과 운명의 잔인함이라면 연약한 병은 우리 자아의 이미지다. 그 앞에서 우리가 듣게 되는 말은 "저리 비켜!", "지금 어때?", "지금 뭐 하니?", "조심해!", "어디로 가니?", "도망쳐!", "널 죽이고 말거야!" 같은 내면의 목소리다. 이 목소리는 우리를 더 심한 두려움으로 몰아넣어 마음은 초라하고 어수선해진다. 이때 독수리의 눈처럼 거리를 두고 멀리서 상황을 조망하면서 집중력을 유지하는 것이 필요하다. 높이 나는 독수리는 강의 전모를 볼 수 있다. 거칠게 쏟아지는 폭포는 스틱스 강의 일부분일 뿐이다. 그 무시무시한 물의 발원지는 한없이 고요하다. 삶과 운명의 전체성에 대한 인식을 놓치지 않으면서 작은 틈에 예리하게 집중해 독수리처럼 날렵하게 물에 병을 담아야 한다. 조심하고 주의하지 않으면 '자아'라는 크리스털 병은 산산조각 날 수도 있다. 그 순간엔 스틱스 강의 거친 물살에 휩쓸려 들어가 저승으로 직행해야 할지도 모른다.

마지막 과제는 정말 죽음을 각오해야 하는 일이다. 이 마지막 과제를 수행해야 하는 여성은 극히 드물다고 한다. 세 번째 과제까지는 자연의 힘이 도움을 주었지만 네 번째 과제를 푸는 힌트를 제공한 것은 탑이다. 탑은 오랫동안 인간에 의해 축적된 지식과 지혜의 상징이다. 말하자면 책이나 도서관 또는 종교에서 받은 가르침이 프시케의 자살을 저지하고 방법을 알려 주는 셈이다. 소수의 인간은 늘 이승과 저승을 넘나들며 깨달음을 얻곤 했다. 예수도 부처도 한동안 세상과 단절하고 먹지도 마시지도 않은 채 삶의 실상을 깨닫고자 했다. 위대한 성자뿐 아니라 원시 부족 공동체의 샤먼들 역시 비슷한 경험을 통해 다른 사람을 구할 지혜에 접속하곤 했다. 이런 길이 프시케가 마지막으로 가야 하는 길이다. 저승으로 아예 가 버리는 것이 아니라 반드시 돌아와야만 한다.

탑이 알려 준 정보에 따르면 저승의 뱃사공에게도 값을 치러야 하며 저승의 개에게도 먹을 것을 주어야 한다, 저승에서는 함부로 말을 섞거나 음식을 먹어서는 안 된다. 그리고 무엇보다도 중요한 것은 저승 거주자들의 부탁을 거절해야 한다는 것이다. 말하자면 저승에 무사히 다녀오기 위해서는 저승의 존재들과 무엇인가를 나누거나 그들과 섞여서는 안 된다는 뜻이다. 침묵을 지키고 탐욕을 버리는 것까지는 익숙한 대목이지만 부탁을 거절해야 한다는 것은 우리가 흔히 알고 있는 윤리적 규범과는 동떨어진 것처럼 보인다.

　　　　우리는 누군가 도움을 요청해 오면 거절하기보다는 도와야 한다고 배우며 자랐다. 실제 생활 속에서 우리가 항상 그렇게 선행을 베푸는 것은 아니지만 우리는 누군가의 요청을 거절했을 때 마음속에 가책이 뒤따라 개운치 않은 기분이 되기도 한다. 특히 여성의 경우는 더 심해서 무의식적으로 타인의 요구에 부응하는 행동을 하기가 쉽다. 오랫동안 교육되어 온 일종의 착한 여자 콤플렉스가 작용하는 것이다. '착하게 행동하지 않으면 비난을 받거나 벌을 받을 거야'라는 마음속 속삭임이 '아니요!'라는 발언과 행동을 저지하는 것이다. '아니요!'라고 다른 사람에게 말하는 것은 때로 관계를 불편한 방향으로 이끌 수도 있고 아예 단절을 부를 수도 있다. 그러나 프시케의 저승 방문은 일상적 사건이 아니다. 말하자면 그녀는 마지막 변형의 시기를 거치고 있으며 남아 있는 모든 에너지를 집중하지 않으면 지쳐 쓰러져 다시 돌아가지 못할 수도 있다.

　　　　우리 영혼의 내면에서 변형이 일어나고 있는 시간은 편안하지 않다. 프시케가 그러했듯이 혼란과 실망, 좌절과 절망이 교차하는 시간이다. 영혼은 슬픔과 고독이라는 고문을 견뎌 내야 한다. 하지만 우리 주변의 인간관계는 그러한 자아변형의 과정에 별 관심이 없다. 가정이나 일터에서 해야 하는 역할이 끊임없이 내게 무엇인가를 요구한다. 아이도 돌봐야 하고 나이든 어른들도 챙겨야 하며 나를 필요로 하는 일을 거절할 수가 없다. '당신이 꼭 필요해. 당신 없이는 아무것도 제대로 돌아가지 않을 거야'라고 애원하는 주변의 요구에 '아니요. 그렇게는 할 수 없어요!'라고 답해야 하는 것이다. 인생의 어떤 단계에서는 사람들이 '당신은 이기적인 사람이야!'라고 비난하겠지만 말이다. 이는 사실 이기적인 인성과는 관계가 없다.

사람들이 이기적이라고 비난할 때는 타인의 행동이 자신의 요구에 부응하지 않는 때가 대부분이다. 다른 사람의 요구를 항상 거절할 필요도 없고 그래서도 안 되겠지만 단호해져야 할 때가 있는 법이다. 자기변형의 어떤 단계에 이르러서는 타인과의 관계 단절도 불사해야 하기 때문이다. 예컨대 어여쁜 아내와 자식들을 왕궁에 남겨 놓고 밤중에 몰래 빠져나와 숲으로 향한 석가모니의 행동이 그렇다. 그에게는 자기변형의 과제가 더 시급했고 그렇기 때문에 떠나라는 마음속 외침을 따르는 것이 우선이었다. 그에게 부과된 온갖 의무에 대해 그는 가차 없이 '아니오!'라고 했다. '아니오'라고 말하는 것은 자기 내면의 목소리에 진정으로 '예'라고 답하기 위해 그와 갈등을 일으키는 외적 의무나 요구에 대해 '아니오'라고 말하는 것이다. 이것은 자신의 깊은 자아의 요구에 따르기 위해 비난이나 몰이해를 감수할 용기를 가지는 것이다.

이 모든 과정을 거친 후에야 프시케는 큐피드를 다시 만날 수 있었다. 영혼이 사랑과 진정으로 하나가 된 것이다. 그리고 그 열매는 기쁨이다. 절대로 열어 보지 말라던 상자를 열어 정신을 잃은 대목은 무슨 뜻일까? 시노다 볼린은 '절대로 열면 안 된다!'는 말은 '꼭 열어 보거라!'라는 뜻이라고 한 적이 있다. 강력한 부정이 강력한 긍정으로 전환되는 아이러니. 어쨌든 프시케는 호기심을 이기지 못하고 상자를 열었고 지하세계의 아름다움이라던 화장품의 정체는 잠이었다.

프시케가 기절하는 이 장면은 백설공주가 독사과를 삼키고 쓰러지는 장면과 유사하다. 백설공주도, 프시케도 강력한 의식의 변형이 일어날 때 동반되는 충격으로 쓰러진 셈이다. 그녀들은 어떤 종류의 죽음을 거치고 이전의 자기와는 다른 존재가 되는 것이다. 프시케는 인간에서 신의 차원으로 넘어가고 백설공주는 어린 소녀에서 처녀로 변화한다. 백설공주가 삼킨 독사과는 여성의 성장 단계에서 경험해야 하는 성적 경험을 상징한다. 독사과를 삼키기 전까지 그녀와 함께 지내던 남성은 모두 난쟁이에 불과했다. 그러나 그 이후에 나타난 남성은 왕자님이지 않은가 말이다. 물론 이 독사과를 건넨 것은 태모의 변신인 사악한 계모다. 하지만 독사과에 독이 발라진 부분은 절반에 불과하다는 점을 기억하시길. 백설공주와 프시케를 죽음과 같은 의식의 잠으로 이끈 이는 다름 아닌 위대한 어머니 여신이다. 이 모든 과제를 고안하고 악역을 맡은 존재가 베누스-아프로디테 아닌가. 위대한 어머니 여신은 영혼을 위험과 난관으로 몰아넣기도 하지만 그 위험과 난관은 또한 성장을 위한 디딤돌로 제공되기도 한다.

앞에서 잠깐 언급했듯이 프시케 이야기는 루키우스 아풀레이우스가 당나귀로 변신해 겪은 온갖 진기하고 이상한 이야기 모음인 〈황금당나귀〉에 있는 이야기다. 당나귀 루키우스는 장미꽃잎을 먹어야 인간으로 돌아올 수 있다. 그러나 그는 장미꽃에 가까이 가기가 너무 힘들었다. 당나귀로 변한 그의 삶은 온갖 멸시와 학대로 점철되었으며 죽을 고비를 넘기기가 일쑤였다. 장미꽃은 봄이 무르익어 여름의 초입이 되어야 피어날 테고 장미꽃이 피어 있다 하더라도 멍에에 묶인 당나귀의 몸으로는 꽃밭을 마음대로 드나들 수도 없었다. '이제는 끝이구나! 당나귀의 몸으로 죽어야 하나 보다!'라고 절망하고 탄식하기를 여러 번, 결국 이야기의 말미에서 당나귀는 인간 루키우스 아풀레이우스로 돌아온다. 그를 당나귀에서 인간으로 돌아오게 만든 것은 죽기 위해 달려간 바다에서 만난 이시스Isis 여신이

존 워터하우스, 〈큐피드의 정원으로 들어가는 프시케〉, 1904

다. 〈황금당나귀〉는 〈프시케 이야기〉와 같은 자기변형의 드라마다. 스스로 괜찮은 인간인 줄 알고 우쭐대던 루키우스는 당나귀로 변해 온갖 수모를 겪었고 여신보다 아름답다는 칭송을 받고 살던 철없는 공주 프시케는 가장 비천한 하녀 취급을 받는다. 이들의 아래를 향한 여정은 결국 여신들이 제공한 달콤한 축복의 전주곡으로 이야기는 종결된다. 삶이 감추고 있는 신비는 이것을 얻기 위해 저것을 겪어야 하고, 높아지기 위해 낮아져야 하며, 빛나기 위해 어두워져야 한다는 것이다. 우리는 한 쌍의 신발을 필요로 하는 두 발로 걷는 존재인 셈이다.

모노산달로스

이번에는 신발 한 짝을 잃어버리고 계속 외짝 신발만 신은 채로 살아가는 사나이에 대한 이야기다. 그는 왜 잃어버린 나머지 신발 한 짝을 되찾지 못했을까? 주인공은 이아손이라고 불리는 그리스의 영웅이다.

어느 날 이올코스Iolcos의 왕인 펠리아스 앞에 샌들 한 짝만 신은 청년이 찾아왔다. 그는 자신이 이 나라의 왕자로서 이 왕국은 본래 자신의 것이니 왕좌를 내놓으라고 주장했다. 펠리아스 왕은 이미 신발 한 짝만 신은 자가 나타나 자신을 왕위에서 몰아낼 것이라는 신탁을 받은 적이 있으므로 그가 이 나라의 왕이 될 자라는 사실을 이미 직감하고 있었다. 그러나 쉽게 왕좌를 내놓을 그가 아니었다. 그는 겉으로는 온화하고 예의바른 척 당연히 그에게 왕좌를 내놓겠다고 말하면서 한편으로는 교활한 계략을 꾸몄다. "네가 이 나라의 왕자임에 틀림없음을 나는 알고 있다. 그러나 다른 사람들도 그것을 인정하려면 너는 그 증거를 보여야 할 것이다. 콜키스Colchis에 가서 거기 걸려 있는 황금양털을 되찾아 오너라. 그 황금양털은 원래 이올코스에 있어야 하는 보물이므로 되찾아 오는 것이 당연하다. 네가 그것을 되찾아 오면 그때 너에게 왕좌를 내어 주겠다." 물론 펠리아스의 이 제안은 그에게 왕위의 정당성을 안겨 주려 한 것이 아니다. 황금양털을 되찾아 오는 일은 목숨을 걸어야 하기 때문에 청년이 이 제안을 받아들이기가 쉽지 않을 거라고 생각해서다. 설령 제안을 받아들여 콜키스로 떠난다 하더라도 목숨을 부지한 채로 돌아오기는 어려운 일이다. 어느 쪽을 선택하든 펠리아스에게는 손해될 것이 없을 거라는 계산에서다. 자신은 아주 합당해 보이는 제안을 했고 청년의 선택은 불명예나 죽음 둘 중에 하나를 향하기 때문이다.

한 쪽 샌들만 신은 채로 왕 앞에 나타난 이 청년의 이름은 이아손이다. 그는 이 나라의 왕자로 태어났으나 삼촌인 펠리아스가 선임 왕인 아이손Aeson을 부당한 방법으로 내쫓고 자신이 왕위를 차지했기 때문에 켄타우로스족인 케이론Cheiron의 동굴에서 자신이 누구인지도 모른 채 몸을 숨기고 살아 왔다. 이아손이 장성하자 지혜로운 스승이던 케이론은 그가 왕자임을 알려 주고 가서 왕위를 되찾으라고 일러 준다. 이아손은 왕궁으로 향해 가던 중 갑자기 불어난 강물 앞에서 한 노파에게 강을 건너게 해 달라는 부탁을 받는다. 노파를 등에 업고 강을 건너던 중 물살에 샌들 한 짝이 쓸려내려가 버렸고, 강을 건너자 노파는 온데간데없이 사라졌다. 그녀는 헤라 여신의 현신이었다.

이아손은 펠리아스의 위험한 제안을 받아들이기로 한다. 그는 아폴론 신전에 가서 기도했다. 신탁을 받은 그는 제우스의 신성한 숲에서 자라는 떡갈나무로 50개의 노를 지닌 커다란 배를 만든다. 그리고 저 멀리 콜키스를 향해 함께 떠날 동지들을 모으기 시작한다. 헤라클레스, 테세우스, 오르페우스Orpheus, 디오스쿠로이Dioscouroe 형제 등 그리스 신화에 등장하는 내로라하는 영웅이 원정대에 합류했다. 배의 이름은 아르고 호였고 헤라와 제우스, 아폴론과 아테네가 이들의 원정을 도왔다. 이들은 헤파이스토스Hephaestos의 섬인 램노스를 거쳐 소아시아의 트라케Thrace로, 다시 흑해를 지나 지금의 조지아Georgia 공화국인 콜키스에 도착한다. 램노스에서는 아프로디테의 저주를 받아 악취가 나는 여자들과 살림을 차리고 그들의 후원을 받는가 하면 보스포러스Bosphorus 해협을 지날 때는 하늘에서 달려들어 음식물을 빼앗아 가는 괴물새 하르피아Harpia의 공격을 받기도 한다. 그뿐만 아니라 저승으로 통하는 하데스의 동굴을 거쳐 서로 맞부딪치는 바위를 지나 온갖 위험을 헤치고 콜키스에 당도한다. (이들의 모험담은 인디아나 존스의 여행담에 비길 만큼 화려하고 다채롭지만 자세한 내용은 생략하기로 한다.)

　　　　콜키스는 아이에테스Aeetes 왕이 통치하고 있었고 아르고 원정대가 찾으려는 황금양털은 불을 뿜는 용이 지키고 있었다. 이아손이 콜키스 왕에게 황금양털은 원래 이올코스의 것이니 되찾아 가겠다고 정중하게 청했으나 왕은 갑자기 나타난 이 원정대가 곱게 보일 리가 없었다. 아이에테스 왕은 펠리아스 왕처럼 교활한 제안을 한다. "당신들이 황금양털의 진정한 주인이라면, 그리고 그것을 되찾아 가는 것이 신의 뜻이라면 원하는 대로 황금양털을 주겠다. 그러나 나는 자네들의 힘과 용기를 시험해 보겠다. 내가 제안하는 위험한 일을 해치우면 황금양털을 자네의 왕에게 가져가는 것을 허락할 것이다. 그러나 그 전에는 절대 안 된다. 헛된 희망을 품지 말라. 용감한 사람이 사악한 사람에게 굴복한다는 것은 굴욕적인 일이니까."[22]

아이에테스 왕이 제안한 위험한 일은, 첫째 아레스의 숲에서 풀을 뜯고 있는 청동 발의 황소로 하여금 하루에 8에이커의 밭을 갈게 하는 일, 둘째 그 밭고랑에 뱀의 이빨을 뿌리고 거기서 자라난 병사들을 모두 베어 죽이는 일이다. 아이에테스는 매일 이 일을 아무렇지도 않게 해치운다며 이아손도 자기처럼 쉽게 그 일을 할 수 있다면 원하는 것을 주겠다는 것이다.

이아손은 이 일을 해결할 수 있을까? 불가능해 보이는 이 과제를 해결해 준 것은 공교롭게도 아이에테스 왕의 딸인 메데이아 공주였다. 메데이아는 마법의 여신인 헤카테 여신의 사제였다. 그녀는 이아손을 처음 본 순간 사랑에 빠지고 만다. 물론 이는 헤라의 계략이었다. 아버지의 적과 사랑에 빠진 메데이아는 이아손을 돕기로 결심한다. 그는 성난 황소들의 눈에는 보이지 않으면서 그들의 뿔에 받혀도 아무런 상처를 입지 않는 마법의 약을 만들어 이아손에게 넘겨준다. 그리고 용의 이빨에서 자라난 병사들 한가운데 몰래 커다란 돌덩이를 던지라고 귀띔해 준다. 이아손은 메데이아 덕분에 불을 뿜는 청동 발을 지닌 소를 길들여 무사히 밭을 갈고 용의 이빨을 뿌린다. 여기서 자라난 수십 명의 병사는 어디서 던져졌는지 모르는 돌덩이 공격을 받더니 저희들끼리 욕하고 싸우기 시작했다. 싸움은 그들이 서로를 모두 베어 버릴 때까지 계속되었고 이아손은 손끝 하나 다치지 않고 과제를 해결했다.

사악하고 교활한 아이에테스 왕이 황금양털을 순순히 내어주지 않을 거라는 사실을 메데이아는 알고 있었다. 이아손에게 온통 마음을 빼앗긴 메데이아는 자기가 나서서 보물을 지키는 용들을 마법의 힘으로 제압하고 양털을 이아손에게 넘겨준다. 그리고 이아손과 함께 콜키스를 탈출하기에 이른다. 그녀는 뒤쫓는 아버지와 남동생의 함대로부터 이아손을 무사히 도망치게 하기 위해 거짓 인질로 잡혀 남동생인 압시르토스Apsyrtos를 죽음으로 내몰기까지 한다. 그녀는 남동생의 시체를 여러 토막으로 찢어 바다에 뿌리고 이를 수습하기 위해 우왕좌왕하는 아버지의 함대를 따돌린다.

메데이아의 도움으로 황금양털을 이올코스로 가져오는 데 성공한 이아손은 펠리아스 왕을 죽이고 이올코스의 왕으로 즉위한다. 펠리아스 왕에게 당한 원수를 갚은 것 역시 메데이아다. 메데이아는 펠리아스의 딸들에게 아버지에게 영생을 선물하게 해 주겠다고 꼬드겨 그녀들로 하여금 펠리아스 왕을 갈가리 찢어 죽이게 만든다. 그녀가 행한 속임수는 양을 토막 내 솥에 넣어 삶은 후 다시 꺼내 재생시키는 마법을 펠리아스의 딸들에게 보여 준 것이다. 당연히 그의 딸들이 아버지를 솥에 넣었을 때 메데이아의 마법은 작동하지 않았다.

이아손의 옆에서 모든 일을 도왔건만 이아손은 메데이아를 배신하고 만다. 그는 이웃나라 왕이 자신의 사위가 되면 영토를 나눠 주겠다는 제안에 메데이아를 버리고 이웃나라 공주와 결혼하기로 한다. 머리끝까지 분노가 치밀어 오른 메데이아는 이번에는 이아손에게 복수의 마법을 휘둘렀다. 그녀는 입으면 몸에 달라붙어 떨어지지 않는 옷을 공주에게 선물해 그녀를 죽이고 이아손과 자신 사이에서 태어난 아이도 모두 죽인 후 콜키스를 떠나 버린다. 이아손은 말년을 쓸쓸하게 보내다 자신이 만든 아르고 호의 뱃머리에 머리를 부딪쳐 생을 마친다.

이 이야기는 3000~4000년 전쯤에 생겨나 지중해 지방에 널리 퍼져 있는 모험담이다. 고대의 여러 시인에 의해 다양한 형태로 기록되어

왔고 그중 가장 널리 알려져 있는 것이 기원전 250년 무렵에 쓰인 것으로 추정되는 아폴로니오스 로디오스Apollonios Rhodios의 《아르고나우티카 Argonautika》다. 물론 이 이야기는 그 후 오늘날까지 보물을 찾아 떠나는 모험 이야기의 원형으로 자리 잡고 있다.

앞에서 이미 신발 한 짝을 잃어버린 불완전한 인간의 모습에 대해 이야기한 적이 있다. 이아손은 한쪽 신발만 신은 채 왕 앞에 나타나 나머지 한쪽 신발을 되찾으려 한 사람이다. 그가 과연 나머지 한쪽 신발을 되찾아 완성된 인간으로 살아갈 수 있을까? 5장에서 본 프시케 이야기나 신데렐라 이야기와는 달리 이 이야기의 결론은 그렇게 긍정적이지만은 않다. 그는 온갖 모험을 거쳐 자기완성에 이르고자 하지만 이야기의 끝은 비극적이다. 오이디푸스가 스핑크스의 수수께끼를 풀고 왕이 된 것처럼 그 역시 괴물들과 싸워 이김으로써 황금양털을 차지해 왕이 되지만 그의 성장은 거기서 정지된 듯 보인다. 오이디푸스와 마찬가지로 '오만'이라는 함정에 빠졌기 때문이다. 그 역시 오이디푸스와 마찬가지로 '모노산달로스'의 전형이다. 하지만 이아손 이야기는 우리가 인생 초반부에서 거쳐야 하는 '자아 정체성 찾기'의 표본을 보여 준다.

무서운 아버지와 아들의 복수

이아손의 모험은 잃어버린 자신의 자리를 되찾기 위한 여정이다. 그는 왕의 적자임에도 불구하고 왕궁 밖에서 자신의 아버지가 누구인지도 모르면서 자란다는 점에서 오이디푸스와 여러모로 닮았다. 왕족이면서 왕궁 바깥에 버려져 어린 시절을 보내는 이야기는 일종의 원형적 드라마다. 누구나 한번쯤 어린 시절 자신의 부모가 친부모가 아닐 거라는 상상을 해 보았을 것이다. 어른들은 그런 아이의 마음을 아는지 모르는지 '너는 다리 밑에서 주워 왔어'라는 알쏭달쏭한 말로 아이의 의혹을 더욱 증폭시키곤 한다. 부모가 친부모가 아닐 거라고 의심하는 것은 아이의 성장 단계에서 부모와의 행복한 동거가 끝나가는 시점, 말하자면 동생이 새로 태어난다든가 아이의 자아의식이 깨어나기 시작해 부모와 자신과의 분리감을 의식하기 시작하면서라고 한다.

부모와의 분리는 우리가 어린 시절 반드시 거쳐야 하는 과정이다. 우리는 어머니 뱃속에서 의사표현을 하지 않아도 욕구가 채워지는 혼몽한 행복의 시간을 거쳐 모든 것을 충족시켜 준 어머니의 몸에서 떨어져 나오면서 일생을 시작한다. 삶은 세계와 내가 분리되는 경험으로부터 시작되는 것이다. 다른 동물에 비해 긴 성장기를 거치는 인간은 어머니로부터 분리된 이후에도 한동안 부모의 보호 아래서 삶을 영위해 나간다. 그러나 자의식을 지닌 독립된 한 인간으로 살아가기 위해서는 부모로부터 심리적으로 분리되는 단계가 꼭 필요하다. 융 학파 심리학자인 에리히 노이만은 이때 우리 의식 속에서는 낳아 준 생물학적 부모와 단절하고 내적이고 원형적인 아버지를 찾아 나서는 드라마가 만들어진다고 한다.[23] 신화 속에 등장하는 계모나 계부, 혹은 삼촌 등은 이때 친부모에 대한 부정적 의식이 투영된 인물이다. 말하자면 부모와의 행복한 동거가 끝나 갈 때쯤 나쁜 어머니, 나쁜 아버지의 이미지가 생겨나고 신화가 이를 못된 계모 또는 못된 삼촌 등으로 그려 낸다는 것이다.

    이아손이 만나는 삼촌 펠리아스 왕은 사내아이가 스스로 자기 정체성을 정립하기 위해 극복해야 하는 아버지를 대변한다. 말하자면 '나는 아버지와 다르다'는 자기주장의 단계를 거쳐 그것을 입증해야 비로소 독립된 의식을 지닌 나로 바로 설 수 있는 것이다. 이아손이 황금양털을 가지러 콜키스로 떠나는 일이 바로 이를 입증하는 과정이다. 물론 이아손으로 하여금 모험의 길을 떠나게 하는 것은 펠리아스, 그러니까 나쁜 아버지다. 하지만 이는 소년의 성장 단계에서 요구되는 아버지의 '나쁜 역할'이라고 할 수 있다. 아버지는 어느 단계에서는 악역을 떠맡기도 한다.

    이런 악역은 펠리아스뿐 아니라 콜키스의 왕 아이에테스도 떠맡는다. 펠리아스나 아이에테스나 모두 이아손을 위험으로 몰아넣어 그를 시험한다. 그들은 도저히 해결할 수 없을 것 같은 과제를 아들에게 부여한다.

일종의 무서운 아버지가 되는 셈이다. 하지만 무서운 아버지에게 굴복하는 순간 아들은 성인이 될 수 없고 아버지도 될 수 없다. 굴복한 아들은 계속 아이로 남거나 아버지의 종이 될 수밖에 없다. 더 이상 성장하지 못하는 것이다. 히브리인들의 신화에 등장하는 아브라함의 아들 이삭Isaac이 이에 해당한다. 아브라함이 신의 명령에 따라 자기 아들을 제물로 바치려 했을 때 이삭은 아무런 저항 없이 아버지의 착한 양이 된다. 그는 아버지에게 종속된 존재로서 자기 삶의 주도권을 아버지에게 아예 이양해 버린 '착한' 소년이다. 그러나 이렇게 무서운 아버지에게 자기 삶의 주권을 아예 이양해 버리면 아브라함이 이삭에게 했던 것처럼 아버지는 때로 자식을 희생시킬 수도 있다. 실제로 고대의 어떤 왕들은 자신의 왕권을 오랫동안 유지하기 위해 아들을 희생시키는 일도 마다하지 않았다고 한다.

  제임스 프레이저는 《황금가지》에서 왕이 정해진 통치 기간이 끝나면 물러나는 것이 아니라 죽어야 했다고 한다. 왜냐하면 왕이 가지고 있는 힘의 근원은 자연으로부터 온 영력인 마나mana와 같아서 마나를 소유한 자가 수명이 다해 죽는다면 그의 노쇠와 함께 마나 역시 사라질 수도 있었다. 그래서 왕의 자연적 수명이 다해 그가 쇠약해지기 전에 다른 강력한 젊은 왕에게 마나가 전해지지 않으면 안 된다고 생각했다. 마나를 전수하는 가장 원시적인 방법은 전임 왕을 신임 왕이 먹는 것이다. 우리가 동물을 먹음으로써 동물이 지닌 힘을 우리가 가져가듯이 신성한 마나 역시 같은 방법으로 전이된다고 생각했다. 어쨌든 우리 생각과는 달리 고대의 왕들은 노쇠하기 전에 왕위에서 물러나야만 했다.

  누군들 자신의 생명을 그렇게 쉽게 내놓고 싶어 할까. 왕위에서 물러나지도 죽임을 당하지도 않으면서 왕위를 계속 유지할 수 있는 방법을 찾았는데, 가짜 왕을 대신 죽이는 방법이었다. 때로는 투표로, 때로는 원로들의 지목으로, 경우에 따라서는 사형수를 일정 기간 동안 임시 왕으로 선출한다. 그 기간은 하루가 될 수도 있고 일주일이 될 수도 있다. 그는 그 기간 동안 왕이 누릴 수 있는 모든 것을 누린다. 그리고 그 기간이 지나면 사형에 처해진다. 그럼으로써 전임 왕의 살해가 완성되었다고 보는 것이다. 임시 왕이 살해됨에 따라 기존 왕의 임기는 다시 처음 시점으로 되돌아간다. 말도 안 되는 속임수 같지만 희생양의 관습은 이런 식으로 생겨났다. 누군가가 대신 죽음으로써 죽어야 하는 다른 사람을 구원하는 것이다. 그런데 시간이 흐름에 따라 왕의 친족이 임시 왕의 적임자로 여겨졌다고 한다. 그중에서도 최적의 사람은 왕의 아들이었다.

  스웨덴의 전설에 따르면 자그마치 90년 동안이나 자리를 지킨 아운Aun 왕은 아들을 바치면 그만큼 임기를 연장해 주겠다는 오딘Odin 신의 신탁을 받고 정해진 통치 기간인 9년이 끝날 때마다 아홉 명의 아들을 하나씩 제물로 바쳤다고 한다. 그리고 열 번째 아들을 희생 제물로 바치려 했을 때 이 꼴을 계속 지켜보던 백성들이 몰려와 왕을 살해하고 그를 묻어 버렸다고 한다.[24] 이런 식으로 아들을 신의 제물로 바치는 관습은 크레타 섬에서 행해지던 미노타우로스에게 제물 바치기나 카르타고에서 행해지던 몰록Moloch 신에게 자식 바치기처럼 다양한 장소에서 다양한 형태로 이어졌다.

  자식을 신에게 제물로 바침으로써 자신의 안위나 권력을 유지하려 한 관습은 자식을 대신할 가축의 희생으로 전환되어 이어진다. 기억하시는지. 이삭을 제물로 바치라고 명한 야훼Yahweh 신이 아브라함의 충정을 알았으니 양으로 대신하라는 명령을 내린 일을. 신화 속에서 젊은 청년 또는 어린 소년이 희생되는 이야기나 더 나아가 예수의 희생담은 아버지의 죄를 대속하는 신화적 원형을 되풀이하고 있는 셈이다. 멀리 갈 것도 없이 우리에게는 아버지 눈을 뜨게 하려고 공양미 삼백 석에 팔려 인당수에 몸을 던진 착한 딸 심청의 이야기가 있지 않은가. 심청 대신 돼지 머리를 바치든, 북어를 바치든 희생양을 통한 대속代贖의 관념은 이런 식으로 반복된다. 새로 태어난 젊은 생명을 먹이 삼아 낡은 권력은 유지되는 것이다.

이아손의 이야기로 돌아가자. 그는 착한 아들이 아니었다. 그는 자신을 사지로 몰아넣는 펠리아스와 아이에테스에게 도전했으며 자신이 늙은 왕을 넘어설 수 있는 힘을 지닌 자라는 사실을 입증하는 데 성공했다. 그러기 위해 그가 맨 처음 한 일은 아폴론 신전에 가서 신탁을 받고 동지들을 규합한 일이다. 그리스 전역에 내로라하는 남자들이 이아손 주변에 몰려든다. 그는 그들을 설득하고 규합하는 데 성공한다. 강력한 권력을 상대하기 위해서는 다수의 힘이 필요하다. 그리고 그는 제우스의 숲에서 자라는 참나무를 이용해 콜키스로 항해할 거대한 배를 만든다. 사실 이아손 이야기에 숨은 주인공은 제우스다. 제우스야말로 아버지의 권력에 대항한 나쁜 아들의 전형이다.

잠시 제우스의 복수담을 살펴보자. 헤시오도스가 전하는 〈신통기〉에 따르면 올림포스 신전의 왕인 제우스는 아버지와 싸워 이긴 신이다. 그가 아버지와 싸운 이유는 아버지 크로노스가 자신의 형제를 모두 태어나는 즉시 먹어 버렸기 때문이다. 크로노스가 그렇게 한 이유는 자신이 아버지에 대항해 싸웠고 아버지를 거세해 버린 전적이 있기 때문이다. 자식이 태어나면 자기가 한 일을 되풀이할 거라는 불안 때문이었다. 그렇다면 크로노스는 아버지인 우라노스의 성기를 왜 거세해 버렸을까? 어머니인 가이아 여신이 그렇게 하도록 요청했기 때문이다. 우라노스가 가이아 사이에 태어난 자식들을 태어나자마자 다시 가이아의 뱃속에 집어넣어 버렸고 가이아는 남편의 폭력을 견딜 수가 없었다. 크로노스의 형제인 티탄은 모두 어머니의 뱃속에 갇혀서 울부짖고 있는 신세였다. 가이아는 막내아들인 크로노스를 몰래 빼돌려 거대한 낫을 주며 아버지를 응징하라고 했다. 그는 아버지를 거세해 버림으로써 힘을 무력화시켰고 형제들은 모두 해방되었다. 크로노스의 형제인 '티탄들'은 '보복하는 자', '복수하는 자'란 뜻이다.

제우스가 아버지인 크로노스를 사로잡아 가두었을 때 이를 알게 된 티탄들은 분노한다. 이때 제우스는 자신의 이모나 삼촌뻘 되는 티탄들과 일대 전쟁을 벌인다. 제우스는 아버지가 집어삼켜 버린 형제를 모두 구출해 내 이들을 진두지휘한다. 제우스 편에는 몇몇 티탄도 합세한다. 이 젊은 신들과 티탄들과의 전쟁에서 제우스가 이끄는 젊은 신들이 이기고 제우스는 패배한 티탄들을 땅속 깊은 곳에 있는 타르타로스에 영원히 가둬버린다. 그리고 그는 올림포스 산 위에 신전을 세우고 신들의 왕으로 군림한다. 제우스야말로 무서운 아버지에 대항해 자기 정체성을 확실히 정립한 젊은 신이다. 이아손은 제우스의 원형을 반복하는 인간 영웅이다. 제우스가 자기 형제들을 규합해 늙은 신족인 티탄들과 싸워 크로노스의 왕좌를 빼앗았듯이 이아손 역시 젊은 영웅들을 규합해 낡은 권력인 펠리아스와 아이에테스 왕에게 대적한다. 이러한 싸움을 거쳐 젊은 애송이가 권력을 쥔 왕으로 승격된다. 바로 아버지와의 싸움을 통해 자기 정체성을 정립해 가는 젊은 아들의 드라마인 셈이다.

프로이트는 《토템과 터부》에서 이런 이야기를 한다. 오래전 원시사회에서 힘센 수컷이 집단을 지배하는 우두머리가 된다(프로이트의 이 이야기는 〈동물의 왕국〉에 등장하는 맹수 집단 내의 알력 관계와 상당히 유사하다). 그는 재산과 여자를 독점하고 자신이 독점한 것을 다시 빼앗길지도 모른다는 불안 때문에 가장 나약한 아들에게 권력을 승계함으로써 실질적으로는 자신의 권력을 유지한다. 그렇게 오랫동안 권력이 늙은 우두머리에게 집중되어 있는 동안 아들들은 상대적 박탈감과 빈곤을 경험한다.

아들들은 한편으로는 아버지를 미워하지만 한편으로는 선망한다. 사실 늙은 왕의 권력이 오래 유지될 수 있는 것은 이들의 선망 때문이기도 하다. 아버지에게 저항할 수 없는 나약한 아들들은 오히려 아버지의 권력을 보좌하고 강화시키는 역할을 떠맡는다. 아버지의 명령을 따르면서 그들은 자신보다 약한 자들을 지배하게 되고 그렇게 아버지의 명령을 대리하면서 내면에서는 무서운 아버지와 자신을 동일시하게 되는 것이다. 그는 강력한 힘에 복종하고 그의 사랑을 받음으로써 마치 자신이 그와 같아졌다는 착각에 빠진다. 이것이 살아남은 착한 아들의 삶을 끌고 가는 추동력이다.

어느 날 아들 중에 강력한 힘을 지닌 자가 나타난다. 그는 아버지를 질투한다. 다른 아들이 그러면서도 아버지의 위세에 눌려 착한 아들 행세를 하고 있다면 그는 '나쁜 아들' 역할을 자처한다. 겉으로는 착한 아들이지만 마음속으로는 나쁜 아들이 되고 싶어 하는 다른 형제들을 규합한다. 그리고 무서운 아버지를 처단한다. 그리고 그는 새로운 왕으로 군림한다. 그러나 그렇게 다른 형제들의 힘을 결집해 권력을 빼앗은 그는 권력을 어제의 동지들에게 골고루 나눠 주지 않고 과거의 아버지처럼 다시 독점하기에 이른다. 그리고 권력투쟁에서 패배한 아들들은 다시 과거의 아버지를 그리워한다. 왜냐하면 노예 상태의 안정감에 대한 희구가 다시 솟아오르기 때문이다. 그들은 사라지고 없는 아버지에 대한 기억을 되살려 아버지를 닮은 이미지의 토템을 만들어 숭배한다. 아버지는 그렇게 영원히 사라지지 않고 박제화된 토템으로 남아 아버지의 권위를 계승하는 증표로 사용된다.

로마시대 벽화에 그려진 프릭소스와 헬레

　　아버지의 토템은 시대가 달라지면서 모양을 바꾸기도 한다. 처음에 아버지가 강력한 무력으로 권력을 독점하게 되고 자신의 물리적 힘에 대적할 만한 아들이 그 권력을 빼앗았다면 아버지의 권력은 차츰 명령의 권력으로 바뀌어 간다. 힘을 가진 자는 명령하고 힘을 빼앗긴 자는 명령에 복종한다. 그가 하는 말의 힘은 점점 강화되어 오로지 말씀으로 이 세상을 창조하는 신의 이미지를 낳게 된다. 말씀은 다시 계명으로 바뀐다. 말하자면 문자화된 법률체계로 전환되는 셈이다. 아버지는 법의 주인이 되고 착한 아들들은 법을 잘 지키는 일을 도덕이라 생각한다. 과거의 아버지가 주먹으로 아들들을 다스렸다면 지금은 주먹이 아니라 말로 다스릴 것이다. 그러나 주먹이든 말씀이든 권력의 독점과 지배욕을 관철시키기 위한 것이라면 그것은 진정한 도덕이 아니라 노예의 도덕을 강요하기 위한 수단일 수밖에 없다.

이아손의 이야기로 돌아가자. 이아손의 정체성 찾기에서 중요한 역할을 하는 것이 황금양털이다. 그는 이것을 손에 쥐지 않으면 안 된다. 말하자면 적자 인증의 열쇠인 셈이다. 왜 황금양털일까? 이 물건 역시 제우스와 관계되어 있다. 이아손에겐 먼 선대의 조상 가운데에 프릭소스Phrixus라는 젊은이가 있었다. 프릭소스의 아버지는 제우스의 명령에 따라 구름의 님프nymph인 네펠레Nephele와 결혼해서 프릭소스와 헬레Helle라는 남녀 쌍둥이를 낳게 된다. 그러나 그의 아버지는 네펠레가 사라져 버리자(구름의 님프니까) 인간인 이노Ino와 결혼하게 된다. 계모인 이노는 이들 남매를 미워했다. 그래서 제우스가 내린 신탁이라면서 프릭소스를 제물로 바쳐야 한다고 거짓말로 남편을 꼬드긴다. 이 사실을 알게 된 제우스는 이들 남매에게 황금양을 한 마리 내려보낸다. 이 양은 프릭소스와 헬레 남매를 등에 태우고 날아올라 바다 건너 콜키스에 내려 놓는다. 바다를 건너는 도중 여동생인 헬레는 양의 등에서 떨어져 죽고 프릭소스만 무사히 콜키스에 닿는다. 프릭소스는 제우스에 대한 감사의 뜻으로 이 양을 제물로 바쳐 제사 지내고 양털 가죽은 자신을 받아 준 콜키스의 왕에게 바친다. 이렇게 해서 황금양털 가죽이 콜키스의 보물이 된 것이다.[25]

프릭소스를 태어나게 한 것도 콜키스로 보낸 것도 모두 제우스였다. 제우스가 보낸 황금양은 바로 제우스의 상징이다. 제우스는 어려서 산양 젖을 먹고 산양의 몸을 지닌 판족에 의해 키워졌다. 그래서 제우스는 간혹 산양의 뿔을 머리에 달고 있는 모습으로 그려지기도 하고 그의 풍요로운 번식력을 산양 뿔의 모습을 한 '코르누코피아'로 표현하기도 한다. 이아손이 되찾아 와야 하는 황금양털은 그가 제우스와 연결되어야 한다는 뜻이다. 그렇다면 제우스와 연결된다는 것은 아들에게 어떤 의미가 있을까?

　　우리는 앞에서 이아손이 펠리아스나 아이에테스와 대적하는 일이 아버지로부터 독립해 자기 정체성을 정립하는 과정에서 만나야 하는 아버지와의 싸움이라고 말한 적이 있다. 그런데 이번에는 다른 아버지와 연결되어야 한다는 것이다. 에리히 노이만은 남성신을 초개인적인 아버지의 상징으로 본다. 싸워야 하는 아버지란 낡은 율법과 낡은 종교, 낡은 도덕, 낡은 질서 등이 지닌 구속력이며 이들이 양심이나 인습, 전통 등의 이름으로 자식의 마음을 억누르고 있다고 한다. 한편 다시 연결되어야 하는 초개인적인 아버지란 의식적인 깨달음이나 새로운 가치관, 새로운 도덕규범 등을 다시 정초하게 만드는 내면의 신성이라고 한다. 황금양털을 가져온다는 것은 바로 내면에 새로운 빛을 밝힌다는 뜻이다. 제우스는 '하늘의 빛'이라는 의미를 지니고 있다.[26] 이아손이 제우스의 신탁에 따라 제우스의 상징을 되찾는다는 것은 그가 자신의 내면 속 신성한 빛을 깨어나게 했다는 뜻이다.

메데이아의 가마솥

여기서 우리는 이아손의 과제 해결에 결정적인 역할을 한 메데이아에 대해 이야기해야 한다. 실제로 이아손이 황금양털을 손에 넣을 수 있던 것도, 펠리아스 왕에게 복수한 것도 메데이아의 도움 덕분이다. 메데이아는 동명의 에우리피데스Euripides의 작품 이후로 그리스 신화에 손꼽히는 악녀 이미지로 자리 잡게 되었다. 그녀는 사랑하는 남자를 돕기 위해 아버지를 배신했고 남동생을 죽였으며 자기 자식들마저 죽였다.

그런데 메데이아의 이러한 광적인 열정의 배후에는 헤라 여신이 자리 잡고 있다. 그녀는 마법의 여신인 헤카테의 사제지만 이아손에게 마음을 빼앗기게 만든 것은 헤라 여신이었다. 이아손의 신발 한 짝을 빼앗은 것도 헤라였다. 헤라가 이토록 이아손을 열심히 돕는 것은 그녀가 펠리아스에게 당한 모욕을 이아손을 통해 앙갚음하기 위해서다. 오래전에 펠리아스가 헤라 여신의 신전에서 살인을 저지름으로써 신전을 더럽혔기 때문이다. 헤라는 제우스의 본처로서 결혼을 수호하는 여신이다. 그녀는 여신이면서도 제우스가 이끄는 가부장제 도덕의 수호자다. 그리고 말할 것도 없이 제우스와 함께 티탄들에 대적해 싸운 젊은 신들의 계보에 속한다. 이아손의 편에 서서 이아손을 도운 신(제우스, 헤라, 아폴론, 아테나)은 모두 젊은 신이고 제우스가 상징하는 '의식의 빛'을 수호하는 신들이다.

어쨌든 메데이아는 이아손의 모험에서 결정적인 역할을 한 여성이다. 분석심리학적 해석에 따르면 그녀는 남성 내면에 자리 잡고 있는 아니마를 표현한다. 아니마는 남성이 내면의 큰 자기와 연결되기 시작할 때 나타나 남성의 삶을 끌고 가는 역할을 한다. 아니마는 인격의 내부에 자리 잡고 있는

프레드릭 샌디스, 〈메데이아〉, 1868

자기의 한 측면이다. 그녀는 남성의 삶 속에서 때로는 긍정적인 조력자 역할을 하지만 때로는 남성을 파멸로 이끄는 악녀 역할을 하기도 한다. 메데이아는 이아손이 내면의 신성인 제우스와 연결될 필요가 있을 때 나타나 그의 정체성을 규명하는 시험을 무사히 통과할 수 있도록 도움을 준다. 하지만 이아손이 자신의 성취에 취해 그녀가 움직이고 있다는 사실을 잊고 과거의 낡은 왕들처럼 이기적인 탐욕을 향해 손을 뻗칠 때 그를 배신하고 파멸로 몰아넣는 역할을 한다. 남성 자아가 '오만'이라는 함정에 빠졌을 때 아니마는 모든 것을 집어삼켜 버리는 무서운 어머니로 돌아간다. 괴물로

변하는 것이다.

남성의 의식 성장 과정에서 아니마와의 만남은 완성으로 향해 나아가는 데 중요한 역할을 한다. 생물학적 성이 무엇이든 우리는 반대되는 성의 요소를 내면에 간직하고 있다. 완성으로 나아간다는 것은 내면에서 반대되는 성으로 나타나는 자신의 다른 측면들을 의식하고 용인하며 그러한 마음과 하나가 된다는 말이다. 융 학파에서 말하는 아니마/아니무스 개념은 생물학적 성 역할의 뒤에서 작용하고 있는 또 하나의 마음을 말한다. 이아손이 자아 정체성 정립 단계에서 만나는 아니마는 그가 아버지로부터 독립할 만큼 강한 자라는 것을 입증하는 데 도움을 준다. 그는 자신의 아니마와 하나가 되었기 때문에 과제를 잘 마치고 왕이 될 수 있었다. 그러나 그 단계가 지나면 아니마의 역할은 달라진다. 자아 정체성이 달라졌기 때문이다. 그는 미숙한 어린 아들에서 어른 남자가 되었고 일정 기간 동안 그 역할을 잘 수행할 수 있을 것이다. 그러나 사람의 인생이 독립된 자아 정체성 정립으로 끝나지는 않는다. 달이 차고 기울듯이 사람의 인생도 차고 기운다. 만월의 상태를 지나면 달이 자신의 그림자를 싸안는 것처럼 사람도 인생의 후반부에는 이전에 배척한 것들을 다시 자기 안에 감싸 안는 과정이 필요하다.

아들이 부모로부터 분리되어 독립된 개인으로서의 위상을 정립하는 과정에서 무서운 아버지만 대면하지는 않는다. 오히려 아버지 이전에 무서운 어머니와 대면해 이와 분리되는 과정이 먼저 일어난다. 앞에서도 잠깐 언급했듯이 사람이 이 세상에 태어나는 일은 어머니와 분리된다는 뜻이다. 그러나 우리가 어머니와 한 몸이었을 때의 기억은 우리 마음 깊은 심층에 가라앉아 있다. 양수羊水에서 느낀 따뜻한 아늑함, 어머니의 질을 통과할 때의 축축하고 미끈거리는 느낌, 끈적끈적한 막 들. 이러한 감각에 대한 원초적인 기억은 한편으로는 우리를 끌어당기면서도 한편으로는 우리가 밀어내고 싶어 하는 것들이다. 우리가 비롯된 장소에 대한 기억이지만 거기로 다시 돌아가는 것은 죽음을 향하기 때문이다. 물컹거리고 흐물거리는 상태는 아직 모양이 만들어지기 전에 생명이 지닌 성질이기도 하지만 동시에 개체로서의 자기 일생을 마치고 썩어 가는 생명의 한 성질이기도 하다. 신화 속에 등장하는 파충류 이미지를 가진 괴물이 바로 이러한 감각체험과 관련된다.

벤베누토 첼리니, 〈페르세우스〉, 1868

신화 속에서 용이나 뱀, 바다괴물과 싸우는 남성 영웅은 바로 이 모태가 지닌 파충류적 면모와 싸우는 이미지다. 왜 싸워야 하는가? 똑바로 일어서서 정신을 차리고 앞으로 나아가야 하는 우리를 아래로, 땅속으로, 바닷속으로 끌어내리기 때문이다. 의식은 원초적 잠 속으로 빠지고 싶어 하고 그 잠 속에 빠져 있는 동안 내면의 빛은 아직 알 속에 있기 때문이다. 인간은 머리를 하늘로 향하고 두 발로 걷는 존재다. 고개를 위로 쳐들고 땅과 수평으로 움직이던 척추를 하늘을 향해 곧추세우면서 우리는 인간이 되었다. 아이는 네 발로 기는 존재에서 두 발로 걷는 존재로 바뀌어야 한다. 파충류적 괴물과의 싸움에서 패배한다는 것은 의식의 빛을 잉태하고 있는 내면의 알을 다시 반납하는 것, 말하자면 의식의 죽음을 의미한다. 괴물은 그를 먹어 치운다.

그런데 옛날이야기 속에서 영웅이 괴물과 싸울 때 그 싸움의 명분을 제공하는 존재는 또 다른 여성이다. 그리스 신화에서 페르세우스에게 메두사의 머리를 요구한 것은 아테네였고 그가 바다괴물과 싸운 것은 안드로메다를 구하기 위해서였다. 괴물과의 싸움을 통해 그가 구하고자 하는 것은 또 다른 여성이다. 자신이 지닌 의식의 빛을 깨어나게끔 해 줄 여성을 무서운 어머니로부터 구출해 내는 것이다. 이는 바꿔 말하면 자신을 태고의 잠 속으로 잡아끄는 힘과 싸워 하늘을 향해 일어서 앞으로 나아가게 해 줄 수 있는 내면의 힘을 살아나게 한다는 뜻이다. 남성 내면에 '그녀'로 상징되는 힘을 깨워 움직이게 해야 한다. 이아손에게 메데이아는 강력한 힘을 발휘하고 있는 '그녀'다. 이때 메데이아를 움직이는 신적인 힘은 헤라다. 결혼과 가부장제의 옹호자인 그녀는 이아손을 가부장적 권력을 지닌 왕으로 만드는 데 도움을 주지만 그가 메데이아를 버렸을 때 헤라는 더 이상 이아손의 편이 될 수 없다. 남편인 제우스의 여자들을 철저하게 응징하는 것처럼 헤라의 가호 아래 있는 메데이아는 이번에는 복수의 칼날을 휘두를 수밖에 없다.

그런데 메데이아가 한편으로 헤카테의 사제였다는 점에 주목해 보자. 헤카테는 달과 마법의 여신이다. 그녀는 얼굴이 셋이라고 알려져 있는데 이는 달이 초승달과 보름달, 그믐달의 세 국면으로 변화하는 것에서 비롯되었다. 그녀는 처녀이면서 부인이면서 할머니다. 그녀는 인도의 칼리 여신처럼 생명을 주기도 하고 빼앗기도 한다. 풍요를 가져다주지만 가져다

윌리엄 블레이크, 〈헤카테〉, 1795

준 것을 모조리 앗아 갈 수 있다. 메데이아가 헤카테에게서 배운 마법 중 하나는 살아 있는 생명체를 죽였다가 다시 부활시키는 능력이다. 그녀가 펠리아스 왕을 죽일 때 그의 딸들에게 보여 준 마법이다. 양을 갈기갈기 찢어 가마솥에 넣고 삶은 후 새로운 양이 되어 되살아나게 만드는 비법 말이다. 그녀는 양뿐만 아니라 펠리아스 역시 그렇게 할 수 있었다. 그러나 펠리아스는 메데이아의 가마솥 안에서 다시 소생되어 나오지 못하고 그대로 죽음을 맞이했다.

그녀의 가마솥은 세리드웬의 가마솥처럼 재생의 장소다. 그곳은 살아 있는 생명을 죽였다가 다시 되살리는 장소다. 말하자면 변형의 화로인 셈이다. 그녀가 자신의 남동생 압시르토스를 갈기갈기 찢어 바다에 던져 버린 것을 기억해 보자. 바다는 또 하나의 모태이자 거대한 가마솥이다. 그곳은 하늘에서 내린 빗물이 지상의 구석구석을 냇물로, 강물로, 웅덩이로, 늪으로 돌아다니다 바다에 이르러 하나로 모이는 것처럼 모든 개체화된 생명을 최초의 상태로 집어삼키는 무서운 어머니의 장소다. 그곳에서 모든 생명은 다시 처음의 행로를 시작한다. 물론 압시르토스 역시 살아 나오지 못했다. 그는 재생의 화로로 들어가기에는 너무 어렸다.

펠리아스는 늙은 왕, 말하자면 타락한 왕이다. 타락한 왕은 새로운 왕에게 자리를 내주어야 한다. 늙고 병든 왕은 나라를 피폐하게 만든다. 그의 나라가 새로워지기 위해서는 젊은 왕이 그의 자리를 대체하든지 그가 다시 젊어져야 한다. 다시 젊어지기 위해서는 재생의 가마솥에 들어갔다 살아 나와야 하는 것이다. 재생의 가마솥은 나중에 성배로 모양을 바꾼다. 유럽을 휩쓴 성배 찾기 모험담은 바로 늙은 왕을 다시 젊어지게 하는 수단이 성배였기 때문이다. 어쨌든 메데이아는 이 이야기 속에서 세리드웬의 후예이며 자연이 가진 변형력의 상징이다. 앞에서 인생의 후반부에 이르면 초년에 밀어냈던 것들을 다시 감싸 안아야 한다고 했다. 가마솥에 들어가는 과정은 남성 자아가 자신이 비롯된 모태를 향해 자발적으로 다시 걸어 들어가는 단계를 상징한다. 말하자면 일종의 잠정적 죽음 상태를 거쳐야 하는 것이다.

인생의 후반부에 거쳐야 하는 이 과정은 우리가 그동안 쌓아 온 사회적 경력과 지위, 성취한 재산 등 모험을 거쳐 얻은 모든 보물을 버리고 떠나는 단계다. 말하자면 저 멀리서 손짓하며 어서 오라고 우리를 유혹하던 가치 있는 모든 것을 잿더미로 바꾸는 과정이다. 이 시기에 실제로 권태가 찾아온다. 한때 너무 중요하던 것, 손아귀에 쥘 수만 있다면 목숨을 바쳐도 아깝지 않을 것만 같던 것들이 빛을 잃고 시들시들해진다. 전력투구를 해야 겨우 성취할 수 있을 것만 같던 일들이 약간의 에너지만 투여해도 금방 이루어진다. 아이에스테스가 호기 있게 이아손에게 제안한 과제를 기억하시는가. 자신은 청동 발을 지닌 불 뿜는 황소를 마음대로 조종해 하루에 8에이커나 되는 밭을 순식간에 갈아서 하루 만에 거기서 병사들을 키워 낸다고 장담하던 것을. 그리고 아직 애송이인 이아손에게 네가 황금양털을 가지고 가려거든 너도 나처럼 그 일을 손쉽게 해 보라고 말한 것을. 사는 동안 이럴 때가 있다. 어릴 땐 너무 어렵던 일들이 나이가 들고 나면 무척 쉬워지지 않는가. 그러나 그 시기가 오래 지나면 모든 것이 재미없어진다. 그때 사람들은 뭔가 다른 것을 찾는다. 사회적으로는 이 시기에 도달한 사람들을 위기의 중년이라고 하기도 한다. 그러나 모든 위기는 다른 존재로 변형할 기회다.

　　　　이 시점에서 가마솥으로 들어간다는 것은 자신이 어린 시절 무서운 어머니로 여기던 세계로 다시 들어간다는 뜻이다. 말하자면 자연의 원초적 힘 속으로, 그것이 가져다주는 변형의 힘 한가운데로 들어가는 것을 의미한다. 젊었을 때 그가 보물을 찾고 무엇인가를 성취할 수 있던 것은 내면의 '그녀'인 아니마와 그가 하나가 되었기 때문이다. 이번에도 그가 변형의 가마솥에 들어갔다 무사히 나오기 위해서는 역시 내면의 '그녀'와 올바른 방식으로 관계 맺을 줄 알아야 한다. 그녀는 항상 변덕스럽고 모순으로 가득 차 보인다. 모든 것을 주는가 하면 모든 것을 빼앗기도 한다. 자애로워 보이지만 동시에 사악해 보이기도 한다. 그녀는 성모이자 사악한 마녀이며, 젖과 꿀을 주는 동시에 썩은 고기와 징그러운 해충 들을 뿜어내는 힘이다. 그녀의 이름은 바로 자연이다.(자연으로서의 태모에 대해서는 다음 장에서 자세히 다루도록 하자.)

　　　　그녀와 올바른 관계를 맺는다는 것은 자신의 내적 자연과 하나가 되는 것이다. 내면에 자리 잡고 있는 자연의 이중성과 모순, 변덕을 받아들이고 긍정하는 것이다. 그러나 이 일이 말처럼 쉽지는 않다. 왜냐하면 그동안 모순되는 것들 가운데 한쪽만을 받아들이라고 배워 왔으니까. '이것이냐 저것이냐'라는 물음 앞에서 우리는 이것 아니면 저것을 선택해야 했다. 양쪽이 하나의 두 측면이라는 사실을 알지 못했기 때문이다. 실제로 자연에는 한쪽만을 선택하는 것은 없다. 하나를 선택하면 그와 반대되는 측면이 항상 따라온다. 하나를 버리고 다른 한쪽만을 취하라는 것은 자연의 명령이 아니라 이성의 명령이다. 그리고 실제가 아니라 인간의 두뇌와 언어가 만들어 낸 가상이다.

　　　　오랫동안 우리에게 달라붙어서 마치 실체처럼 군림하고 있는 그 가상으로부터 벗어나기 위해서는 가상의 메커니즘 속에서 가치 있다고 자리매김된 것들의 가치가 실은 가짜라는 것, 그 가치 역시 하나의 신기루에 불과하다는 사실을 알아차려야 한다. 바꿔 말하면 문명과 사회가 좋다고 딱지를 붙여 놓은 것들, 돈, 권력, 지위 따위들뿐만 아니라 도덕적 선, 아름다움 등의 형이상학적 가치들마저도 쓰레기통에 처박아야 한다는 말이다. 일종의 상징적 죽음을 경험하는 일이다. 우리는 오랫동안 우리가 가지고 있는 것들로 우리를 대변했기 때문이다.

　　　　펠리아스는 이 단계를 제대로 거치지 못했다. 만약 그가 메데이아의 가마솥에서 살아 나왔다면 그는 진정으로 위대한 왕이 되었을지도 모른다. 그런데 이아손 역시 마찬가지다. 펠리아스는 어쩌면 늙은 이아손의 모습을 대변하는지도 모른다. 모든 젊은 왕은 언젠가 늙은 왕이 된다. 그러나 그는 자신이 다시 새로워질 수 있는 기회도 맞이하지 못한 채 성숙하지 못한 영원한 청년의 상태로 죽음을 맞이하곤 한다. 그는 자신의 '그녀'와 하나가 되지 못하고 자아의 팽창에만 마음을 기울였기 때문이다. 자아의 팽창 상태가 바로 오만이다. 이아손은 자신을 성숙시킬 '그녀'가 그 자식들을 모두 죽여 버리고 떠나자 자신의 젊은 날 모험을 함께한 아르고 호 옆에서 추억을 먹이 삼아 노년을 보내다 결국 자신이 만든 배의 낡아 부서진 목재에 깔려 죽고 만다. 그는 결국 자신이 쌓아 놓은 업적과 명성 너머에서 자신을 비웃고 있는 자연의 목소리를 듣지 못한 채 영원히 외짝 신발을 신은 사나이로 남는다.

뿔 달린 신

재생의 가마솥에서 죽지 않고 무사히 빠져나와 변형의 과제를 완수한다면 어떤 모습으로 살아가게 될까? 그리스의 신 가운데는 이 과정을 무사히 거치고 부활한 신이 있다. 바로 디오니소스다. 오르페우스 전승에 따르면 우라노스-크로노스-제우스로 이어지는 남신들의 지배가 마지막으로 디오니소스로 끝난다고 한다.[27] 우리는 디오니소스에게서 이전의 남성신이 보여 주지 못한 모습을 볼 수 있다. 이전의 남성신들이 아버지를 이기고 아버지의 권력을 계승하는 방식의 전형적인 지배자 남성 유형이라면 디오니소스에게서는 누군가와 싸운다든가 지배하는 식의 모습이 보이지 않는다. 그는 어떤 측면에서는 여성성을 상당 부분 자신 안에 통합시킨 모습의 남성상을 보여 준다.

디오니소스는 제우스를 아버지로, 인간인 세멜레 공주를 어머니로 해서 태어났다. 어머니에 의해 잉태되었으나 어머니를 통해 세상으로 나오지는 못했다. 인간 여자와의 사랑을 질투한 헤라의 계략에 의해 디오니소스가 어머니 뱃속에 있었을 때 어머니가 타 죽었기 때문이다. 얘기는

루벤스, 〈세멜레의 죽음〉, 1640년경

이렇다.

      세멜레가 밤마다 찾아오는 신들의 왕 제우스와 사랑에 빠져 있을 때 변장한 헤라가 찾아온다. 그녀는 세멜레에게 말하기를 '밤마다 당신을 찾아오는 그 남자가 정말 신이라면 신으로서의 본모습을 보여 주어야 할 것입니다. 그가 자신의 본모습을 보여 주지 않는다면 그는 분명 신을 사칭한 사기꾼일 것입니다. 그러니 당신이 직접 그가 누구인지 확인해 보아야 합니다.' 여기서 우리는 프시케의 언니들 목소리를 다시 듣는다. 세멜레 역시 프시케처럼 의식의 등불을 연인에게 치켜들었다. 세멜레는 제우스에게 소원이라며 간청했다. '제발 당신의 신성한 본모습을 제게 보여 주세요.' 제우스는 난감했지만 이미 약속을 한 후라 어쩔 수 없었다. 신이라 할지라도 입으로 발설한 약속을 피해 갈 수는 없는 법이니까. 제우스가 신들의 세계에서 취하는 원래의 모습으로 돌아가 그의 빛나는 모습을 잠깐 본 순간 세멜레는 마치 번갯불에 나무가 쓰러지듯이 제우스의 빛에 타 죽고 말았다. 그녀는 신성한 광휘를 두 눈으로 보기에는 아직 준비가 안 된 인간이었기 때문이다. 신성은 '매혹적이지만 두렵고도 무서운 신비'다.

    제우스는 타 들어가는 세멜레의 뱃속에서 자라고 있던 아이를 꺼내 자신의 넓적다리 속에 넣었다(넓적다리가 아니라 페니스였다는 설도 있다). 그리고 아홉 달이 지나자 제우스의 넓적다리를 비집고 아이가 태어났다. 그가 바로 디오니소스다. 제우스는 헤라의 눈을 피해 디오니소스를 사티로스Satyros족인 실레노스Silenus에게 보냈다. 사티로스족의 현자로 추앙받던 실레노스는 어린 디오니소스를 주사위와 공, 팽이와 황금사과, 딸랑이 등으로 가르쳤다. 이 장난감은 모두 디오니소스의 지혜인 우연성과 순환성 그리고 그것을 움직이는 자연적 욕망과 리듬을 상징한다.

    처음부터 디오니소스를 못마땅하게 생각한 헤라는 티탄들을 불러 그를 죽여 버리라고 명한다. 티탄들은 어린 디오니소스를 납치해 일곱 토막으로 찢은 다음 발이 셋 달린 솥에 넣어 삶아 그 고기를 꼬챙이에 꿰어 불에 구워 버린다. 하지만 곡물을 자라게 하는 여신 데메테르가 아직 타지 않은 그의 심장을 꺼내 재와 함께 합쳐 부활시킨다. 그래서 그는 '죽었다 부활한 신'이란 이름을 갖게 되었다. 티탄들이 그를 태웠을 때 그 재에서는 포도나무가 자라기 시작했다고 한다.

    그의 수난은 거기서 그치지 않는다. 청년이 되었을 때는 길고 검은 머리카락을 흩날리며 해변가에 앉아 있는 그를 보고 지나가던 해적들이 그를 붙잡아 비싼 몸값을 받고 팔아넘기려 한 적도 있다. 디오니소스는 신임에도 불구하고 아무런 저항도 하지 않고 배에 올라탔다. 하지만 선원들이 그를 묶으려 하자 밧줄은 저절로 풀렸고 출항한 배의 돛은 저절로 펴졌다고 한다. 그러더니 돛대 위에서 포도나무 싹이 터져 나와 순식간에 무럭무럭 자라기 시작했고 하늘에서는 포도주 비가 내리기 시작했다. 그때 디오니소스는 사자로 변해 배 위를 돌아다녔다. 건너편에는 곰이 나타났다. 놀란 선원들은 두려움에 떨며 모두 바다로 뛰어들었고 바닷물에 닿자마자 돌고래로 변해 버렸다고 한다.

이런 일도 있었다. 양성적인 아름다움을 지니고 있던 디오니소스는 많은 여성의 흠모를 받았고, '마이나데스Mainades'란 이름의 추종자 무리를 거느리고 다녔다(마이나데스를 우리말로 풀어 말하면 '미친년들'이란 뜻이다). 그런데 보이오티아의 세 왕녀 자매가 산으로 몰려가는 마이나데스 무리를 비난한 적이 있었다. 그녀들은 매우 부지런해서 하루 종일 베 짜는 일만 했다. 그녀들이 보기에 디오니소스를 쫓아 숲으로 산으로 탬버린을 들고 미친 듯이 뛰어다니는 마이나데스들이 탐탁지 않았던 것이다. 그러자 디오니소스는 어린 소녀의 모습으로 그들 앞에 나타나 그런 식으로 말하지 말라고 경고했다. 그러나 그녀들은 소녀의 말을 무시해 버렸고 그 순간 소녀로 변했던 디오니소스가 황소로 변했고 다음에는 사자로 그리고 마지막으로 표범으로 변했다. 그녀들이 앉아 있던 베틀 앞의 의자 위에서는 포도나무가 자라났고 천들이 쌓여 있던 바구니에는 뱀들이 우글거렸다. 소녀가 신이었음을 알아본 왕녀들은 신의 분노를 달래려 희생제의를 치르기로 했다. 그녀들은 자신의 세 아이 중 하나를 희생제물로 선택해 결국 불쌍한 한 아이가 이모들에 의해 갈가리 찢겨지고 만다. 이 세 여인은 그 이후로 완전히 미쳐 버려 담쟁이덩굴, 메꽃무리, 월계수로 만들어진 화환을 머리에 쓰고 여러 산을 떠돌아다니다가 첫째는 박쥐, 둘째는 올빼미, 셋째는 수리부엉이로 변해 버렸다고 한다.

디오니소스를 둘러싼 여러 이야기 가운데 반복해서 등장하는 상징이 바로 포도나무다. 티탄들이 그를 태워 죽이려 했을 때도 그의 불타 버린 몸 위에서 포도나무가 자라났고 그를 팔아넘기려 한 해적들의 배 위에서도, 그를 비난한 부지런한 딸들의 베틀 위에서도 포도나무가 자라나 그것들을 뒤덮었다. 디오니소스는 포도주의 신으로 알려져 있다. 그래서 그가 티탄들에 의해 찢겨 죽임을 당했다가 다시 되살아난 것을 포도가 으깨져 숙성되어 포도주로 변하는 과정을 나타낸다고 해석하기도 한다. 생명이 죽어서 되살아나면 다른 존재로 변신하는 것이다. 그가 죽음을 거쳤다가 되살아난 신이기 때문에 디오니소스 신화는 이후에 예수를 둘러싼 신화가 만들어지는 데 지대한 영향을 미쳤다. 디오니소스는 죽었다 부활한 신으로서 재생의 가마솥을 무사히 통과한 자다.

티탄들이 그를 발이 셋 달린 솥에 넣고 삶았다는 점을 떠올려 보자. 3이라는 숫자는 순환을 의미한다. 달의 여신인 헤카테의 얼굴도 셋인 것처럼 시간 속에 변화하는 것은 3단계를 거쳐 제자리로 돌아온다. 디오니소스의 장난감이던 공이나 팽이가 나타내는 것도 이와 마찬가지다. 그는 남자 헤카테다. 제우스나 아폴론과 같은 남성신이 태양빛과 그 밝음의 측면에 치중되어 있다면 디오니소스는 빛의 뒷면인 어둠을 통합한 신이다.

티치아노, 〈디오니소스와 아리아드네〉, 1520~1523

디오니소스는 아폴론이 북쪽 나라로 가는 동지쯤에 지중해 지방에 나타나 다시 낮이 길어지는 봄이 오면 떠난다고 한다. 그래서 디오니소스 축제는 동지 녘이나 초봄에 행해졌다. 그는 남신이면서도 밤의 어두움과 달빛의 어슴푸레함을 모두 자기 안에 간직한 신이다.

　　　　디오니소스의 광신도였다는 마이나데스들은 달이 뜬 밤에 숲으로 몰려가 비밀제의를 치렀다고 한다. 그들은 디오니소스의 상징인 포도주 동이를 들고 산에 올라가 술에 취해 피리와 탬버린, 북을 연주하며 노래하고 춤췄다. 포도주의 취기가 이들을 감싸고 노래와 춤이 격렬해질 때쯤에 누군가가 끌고 온 새끼염소가 앞으로 끌려 나오고 거의 망아지경忘我之境에 이른 여자들이 한꺼번에 달려들어 이 불쌍한 동물을 갈기갈기 찢어 죽여버리고 만다. 그들은 마치 야생동물처럼 피가 뚝뚝 떨어지는 염소의 살과 고기를 뜯어먹는다. 공포와 쾌락, 슬픔과 기쁨이 뒤범벅된 잔치가 벌어진다. 누군가는 술에 취해 엉엉 울었을 것이고 또 누군가는 미친 듯이 웃어 재꼈을 것이다. 술과 날고기, 노래와 춤, 울음과 웃음, 죽음의 공포와 생생한 생명의 기쁨이 한데 얽혀 분간할 수 없는 광기가 분출되고 나서 이들은 숲속 여기저기에 아무렇게나 널브러져 잠들었고 아침 해가 떠오르고 나면 하나둘씩 옷깃을 추스르고 일어나 지난밤 아무 일도 없었다는 듯이 자리를 털고 조용히 마을로 돌아갔다. 지난밤 그녀들이 경험한 꿈과 같은 제의는 이제부터는 모두에게 비밀이 된다.

　　　　마이나데스는 떼로 몰려다니며 술과 노래, 춤과 방랑을 예찬했다. 도자기나 벽화 속에 표현된 이들의 모습에는 표범이나 사자 등 야생동물들도 등장한다. 이들이 노래하고 춤추면 맹수들도 뒤를 따랐다고 한다.

이들의 춤은 춤이라기보다는 질주였다고도 한다. 노래 역시 우리가 상상하듯 아름답게 정제된 음악이 아니라 고함이나 함성, 울부짖음에 가까웠을지도 모른다. 보이오티아의 세 왕녀가 이들을 비난한 것도 이해가 갈 만한 일이다. 생활의 근면함을 도덕적 모토로 생각하고 있던 그녀들에게 마이나데스의 행태는 음란과 방종과 무질서로 보였을 테니 말이다. 그러나 디오니소스를 무시한 그녀들은 결국 어린 조카를 제 손으로 죽이고 스스로 미쳐 방랑하는 꼴이 되고 만다. 디오니소스의 저주였다.

디오니소스를 무시한다는 것은 자연의 어두운 힘을 무시하는 것이다. 디오니소스의 탄생설에는 또 다른 이설이 있는데 그가 제우스와 페르세포네 사이에서 태어났다고 하는 설이다. 그런데 이 제우스는 하늘의 제우스가 아니라 지하의 제우스인 '제우스 크토니오스Jeus Cthonios', 다시 말해 하데스라고 한다. '세멜레'라는 이름 역시 프리기아나 트라키아 지방에서는 레아Rhea나 키벨레 여신처럼 대지의 어두운 면모를 나타내는 여신의 이름으로 불렸다고 한다.[28] 말하자면 디오니소스는 대지의 어둠으로부터 생겨난 신이라는 뜻이다. 디오니소스가 지닌 어두운 면모는 자연이 지닌 이중적 측면을 나타낸다. 여러 번 반복해 말했듯이 자연은 우리가 문명의 기준으로 나눠 놓은 것들을 하나로 통합한다. 무엇인가가 탄생한다는 것은 무엇인가가 죽는 것이며, 밝은 것의 뒷면에는 어둠이 있으며, 쾌락의 이면에는 고통이 있다.

디오니소스는 문명과 자연의 전이지대에 거주하는 신이다. 그는 넝쿨식물과 야생동물, 뱀으로 나타나며 그를 뒤따르는 행렬에는 열광에 빠진 여자들과 무서운 맹수들이 동참한다. 그를 무시하는 자들, 말하자면 베

짜는 일에만 골몰하는 부지런한 세 딸이나 무엇인가를 사고파는 데만 골몰해 그를 알아보지 못하고 팔아치우려 한 뱃사람은 모두 동물로 변하는 수모를 겪어야 했다. 그는 호색한으로 알려진 사티로스 부족의 지혜를 배우고 자라난 신이다. 그는 가끔 사티로스처럼 머리에 뿔을 달고 있는 모습으로 그려지기도 했다. 그의 뿔은 악마의 뿔이 아니라 자연의 창조력과 생명력을 나타내는 뿔이다. 그의 생명력은 죽음과 어둠과 공포를 물리치는 것이 아니라 그것을 자신 안에 통합함으로써 얻을 수 있다.

키벨레 여신의 두상,
로마시대

그는 영원한 삶을 고집하지 않고 삶 속에 죽음이 깃들어 있다는 사실을 자각하고 스스로 죽는 신이다. 마이나데스들이 갈기갈기 찢어 먹은 야생동물은 바로 디오니소스의 몸이다. 신의 몸을 먹은 자는 스스로 신으로 거듭난다. 이것이 오랫동안 지속되던 성찬식의 진정한 의미 아닌가. '이것은 나의 몸이니 받아먹으라, 이것은 나의 피니 받아 마시라. 이것을 먹고 마시는 자는 나를 먹고 마시는 것이며 이로써 너희들은 신성해지리라!' 우리가 죽음과 탄생의 수레바퀴의 주인인 자연의 일부라는 것, 우리 또한 언젠가는 지금의 형태와 마음을 거두고 사라지리라는 것, 모든 죽어 가는 것과 썩어 가는 것이 또 다른 생명을 잉태하듯이 우리 역시 다른 존재로 변신하고 변화하는 과정에 놓여 있다는 사실을 받아들이는 것 그리고 그것을 춤추고 노래하며 즐기는 것, 이것이 디오니소스가 염소의 몸에 뿔을 달고 있는 현자, 실레노스에게 배운 지혜일 것이다.

거꾸로 매달린 여신
어머니 여신과 아들
신경질적인 영웅
루시퍼

거꾸로 매달린 여신

"이리 오세요, 길가메시Gilgamesh. 그대는 내 남편이 될 것이니, 그대가 갖고 있는 육체의 아름다움을 내게 주세요. 그대는 내 남편이 될 것이며, 나는 그대의 아내가 될 것입니다. 나는 그대를 위해 청금석과 금으로 만든 전차를 마련해 줄 것이며, 폭풍의 신령들이 당신 노새의 마구를 채우게 하겠어요! 내 집으로 오세요. 그곳에는 삼나무 향기가 가득하지요. 그대가 내 집으로 들어설 때 문설주와 왕권의 단이 당신 발에 입을 맞출 것이며, 왕들과 귀족들과 군주들이 그대 앞에다 고개를 숙일 것이며, 그들이 그대에게 모든 산과 모든 평원을 공물로 바치게 할 것이며, 그대의 암염소는 세쌍둥이를 밸 것이며, 그대의 암양은 쌍둥이를 밸 것이며, 무거운 짐을 실은 그대의 당나귀는 노새를 추월할 것이며, 그대의 전차를 끄는 군마는 머리칼을 곤두세우고 질주할 것이며, 멍에를 진 그대의 황소는 필적할 상대가 없을 것입니다."[29]

　　가장 오래된 서사문학이라고 알려진 《길가메시 서사시》에는 영웅이 되어 우루크Uruk로 돌아온 길가메시를 이슈타르Ishtar 여신이 유혹하는 장면이 있다. 그녀는 길가메시의 멋진 모습에 반해 길가메시에게 자신이 지닌 모든 힘을 나눠 주겠다고 노래한다. 그러나 길가메시는 여신의 이런 유혹을 물리친다. "내가 만일 당신과 결혼한다면 어떤 신세가 될까? 날씨가 추워지면 당신은 나를 헌신짝처럼 버리겠지? 당신은 미풍이나 외풍에도 흔들리는 거적문이며, 용맹한 전사를 뭉개 버리는 궁궐이며, 그 건축물을 갉아먹는 쥐이며, 짐꾼의 손을 검게 만드는 역청이며, 물을 나르는 사람에게 물벼락을 주는 물 가죽부대이며, 돌로 된 벽도 기울게 하는 석회암이며, 적군을 끌어들이는 성벽을

이난나-이슈타르 여신,
기원전 2000, 메소포타미아

부수는 망치며, 주인의 발을 꼭 조이게 하는 신발인 거야! 당신이 신랑으로 삼은 자들 중 영원히 남아 있는 자는 어디에 있을까? ……당신의 가장 어린 남편이던 탐무즈Tammuz, 그는 당신이 정해 준 운명 때문에 매년 매해 눈물을 흘려야만 하지!"[30] 길가메시는 왜 여신을 이렇게 비난하면서까지 유혹을 물리치려는 것일까? 이슈타르 여신이 대체 탐무즈에게 어떻게 했길래 인간에게 이런 비난을 받아야 하는 것일까?

이슈타르는 바빌로니아 지방에서 오랫동안 숭배되던 사랑의 여신이다. 바빌로니아가 자리 잡고 있던 메소포타미아 지방에는 과거에 수메르 문명이 자리 잡고 있었고 수메르에서는 이 여신을 이난나Inanna라고 불렀다. 기원전 4000년 전쯤 이 여신은 고대 수메르의 번화한 도시, 우루크의

수호신이었다고 한다. 그녀는 사랑의 여신이라는 점에서 아프로디테와 비슷하지만 동시에 전쟁의 여신이라는 점에서 아테네와도 비슷하다. 그리스 신화 속에서는 사랑과 전쟁이 각각 다른 신들의 역할로 분할되어 있지만 이난나-이슈타르 여신은 마치 서로 상반된 듯이 보이는 힘을 함께 가지고 있다는 점에서 그리스 신화의 여신들과는 성격이 다르다. 그녀는 자신이 사랑하는 땅과 하늘의 풍요를 위해 온 세상에 사랑의 에너지를 뿜어내지만 자신을 분노케 하는 존재에 대해서는 전쟁도 불사한다. 그런가 하면 자신이 필요로 하는 것을 얻기 위해 술수도 서슴지 않는다. 그녀는 무엇보다도 생명 전체를 지배하는 강력한 힘을 지닌 여신이라는 점에서 고대 여신의 원형적 풍모를 그대로 간직하고 있다.

  땅과 하늘의 모든 생명을 움직이는 사랑의 여신인 그녀가 더욱 더 강력한 힘을 가지게 된 것은 '메ME'라고 부르는 신비한 토판들을 소유하게 되면서다. 메는 원래 이슈타르의 것이 아니었다. 메의 주인은 에리두Eridu라는 도시의 수호신인 엔키Enki 신이었다. 그런데 이슈타르는 메가 탐이 났다. 그래서 엔키를 찾아가 그에게 술을 잔뜩 마시게 한 다음 수백 개의 메를 훔쳐 달아났다. 술에서 깬 엔키가 바다괴물인 압갈루Abgallu를 시켜 유프라테스 강을 건너는 이슈타르를 붙잡으려 했지만 허사였다. 그녀는 이미 자신의 신전이 있는 우루크로 도망친 후였다. 이슈타르는 결코 착하고 다소곳한 여신이 아니다. 그녀는 자신이 얻고자 하는 것을 위해서는 죽음도 불사할 만큼 대담하고 온갖 수단과 방법을 가리지 않는다.

  이슈타르의 이러한 대담한 기질이 잘 드러난 사건이 바로 그녀가 여동생인 에레슈키갈Ereshkigal이 다스리는 지하세계로 여행을 떠난 일이다. 이슈타르는 땅 위에 사는 모든 것과 하늘에 나는 모든 것을 움직이는 강력한 권능을 지니고 있는데도 죽은 자들이 거하는 지하세계에 대해서는 자신이 아무것도 아는 것이 없으며 어떤 힘도 미치지 못한다는 생각이 들었다. 그녀는 당장 지하세계를 방문하기로 마음먹는다. 하지만 죽은 자들의 영토인 그곳은 여신에게도 너무 위험한 장소였다. 이슈타르는 자신의 또 다른 여동생인 닌슈부르Ninshubur를 불러 놓고 당부한다. 자신이 3일이 지나도 돌아오지 않으면 북을 두드려 모두에게 자신의 죽음을 알리고 엔키[31] 신에게 가서 도움을 청하라고 했다. 그리고 나서 온갖 화려한 장신구와 향료로 온 몸을 아름답게 치장한 다음 에레슈키갈의 영토로 떠났다. 머리에는 황금으로 만든 빛나는 왕관을 쓰고 손에는 라피스 라줄리lapis lazuli(청금석)로 만든 홀笏을 쥐었다. 목에는 작은 라피스 라줄리 목걸이를 하고 가슴에는 황금으로 된 판을 대고 그것을 두 줄로 꼰 황금실로 묶었다. 팔에도 역시 황금팔찌를 끼었다. 이 모든 장신구는 그녀가 소유하고 있는 메의 상징이다.

   드디어 저승의 문 앞에 이르렀을 때 저승의 문지기인 네티가 이슈타르 앞을 가로막았다. 이슈타르는 네티를 협박한다. "네가 문을 열지 않아 내가 들어가지 못한다면 나는 문을 부수고 빗장을 부술 것이다. 나는 문설주를 부수고 문을 없애 버릴 것이다." 이슈타르의 대담함과 뻔뻔함에 에레슈키갈은 화가 머리끝까지 치밀어 올랐다. "이슈타르가 저승의 문 앞에 당도하면 자신이 걸치고 있는 모든 옷과 장신구를 벗어 놓으라 명하라! 누구도 고개를 숙이지 않고서는 저승에 들어올 수 없으며 가지고 있는 모든 것을 내놓아야 한다!" 결국 이슈타르는 저승으로 내려가는 일곱 문을 통과할 때마다 자신이 걸치고 있는 것들을 하나씩 벗어 놓아야만 했다. 그리고 마침내 저승의 맨 아래 에레슈키갈의 옥좌 앞에 당도했을 때 그녀는 옷과 장신구는 물론이고 신성한 힘과 권위도 모두 잃어버린 채 알몸으로 서게 된다. 그러자 그녀에게, 인간에게 주어지는 예순 가지의 약점이 덮친다. 눈과 머리, 온몸에 인간의 모든 고통이 파고들었고 여신으로서는 경험하지 못한 병과 늙음, 나약함을 알게 된다. 에레슈키갈 곁에는 저승의 심판관인 일곱 명의 아눈나키Annunaki들이 둘러싸고 있었다. 이슈타르는 에레슈키갈과 아눈나키들에게 머리를 조아렸다. 그리고 고개를 들어 아눈나키를 바라보았다. 이슈타르가 아눈나키의 돌처럼 차가운 눈과 마주치는 순간 이슈타르에게 죽음이 덮쳤다. 그리고 그녀는 마치 도살된 짐승처럼 벽에 못 박혀 거꾸로 매달렸다.

사흘 밤낮이 지났다. 그녀가 지하세계로 내려가 있는 동안 지상의 땅 위에서는 황소가 더 이상 암소를 사랑하지 않고, 수탕나귀가 암탕나귀를 무시하고, 남자가 여자를 멀리했다. 지상에서 사랑이 사라진 것이다. 그녀가 돌아오지 않는다면 이제 세상은 어떤 꽃도 피어나지 않고, 어떤 열매도 맺지 않으며, 모든 동물이 홀로 밤을 지내는 황무지가 될 것이었다. 걱정으로 안절부절하면서 이슈타르를 기다리던 닌슈브르는 사흘이 지나도 여신이 돌아오지 않자 북을 두드려 사람들과 신들을 불렀다. 땅과 하늘의 최고신인 엔릴En-lil도 달의 여신인 난나Nanna도 고개를 저었다. 모두 에레슈키갈을 두려워했고 지하세계에 방문하기를 원치 않았다. 엔키만이 예외였다. 물과 지혜의 신인 엔키는 자신의 손톱 밑에 낀 때를 빼내 두 명의 정령을 만들었다. 남성도 아니고 여성도 아닌 이들의 이름은 갈라-투라와 쿠르-자라였다. 엔키는 그들에게 생명의 물과 음식을 주고 지하세계로 내려

보냈다.

이들이 지하세계에 내려갔을 때 에레슈키갈은 고통과 슬픔으로 뒤틀어진 모습을 하고 있었다. 두 명의 정령은 에레슈키갈과 함께 울면서 그녀의 고통을 함께했다. 그러자 얼음처럼 차가운 에레슈키갈의 마음도 움직였다. 두 정령에게 무엇을 원하느냐고 물었고 이들은 엔키가 시키는 대로 이슈타르를 돌려보내 달라고 부탁했다. 에레슈키갈은 이들의 부탁을 들어주기로 했다. 하지만 조건이 있었다. 이슈타르 대신 누군가를 지하세계에 대신 데려와야 한다는 것이었다.

에레슈키갈은 벽에 매달려 있는 이슈타르의 몸을 끌어내렸고 두 정령은 이슈타르에게 엔키가 건네준 생명의 물과 음식을 먹였다. 이슈타르는 눈을 떴고 다시 오던 길을 거슬러 지상으로 되돌아왔다. 지하세계의 일곱 개의 문을 통과하면서 그녀는 자신이 벗어 놓은 옷과 장신구를 하나씩 되찾았고 그럴 때마다 신성한 힘이 되돌아왔다. 마지막 문을 통과해 마침내 지상으로 올라왔을 때 그녀의 모습은 예전처럼 빛나고 아름다운 모습이 되었다. 달라진 것이 있다면 에레슈키갈이 딸려 보낸 죽음의 악령들이 그림자처럼 그녀의 곁을 떠나지 않고 맴돌았다는 점이다.

이슈타르가 자신의 도시인 우루크로 되돌아왔을 때 양치기들의 신이자 그녀의 남편이던 탐무즈는 이슈타르의 죽음을 슬퍼하기는커녕 그녀의 자리를 대신 차지하고 다른 여자들과 연회를 즐기고 있었다. 이슈타르는 배신감에 분노가 치밀었고 자신의 주변을 맴돌고 있던 지하세계의 악령들에게 명한다. '저 자를 나 대신 지하세계로 데려가라!' 이슈타르의 자리를 차지하려고 한 탐무즈는 결국 악령들에게 붙들려 에레슈키갈의 영토로 가게 된다. 하지만 탐무즈가 사라지자 그의 추종자들이 너무 슬퍼한 까닭에 에레슈키갈은 1년 중 절반만 탐무즈를 지하세계에 묶어 두었다고 한다. 어떤 전승에 따르면 탐무즈의 운명을 슬퍼하던 그의 누이가 1년의 절반을 대신 지하세계에 머무르기로 했다는 이야기도 있다. 어쨌든 이슈타르는 이 여행을 통해 자신이 알지 못하던 슬픔과 고통, 질병과 죽음, 빈곤과 나약함 등의 어두운 영역을 이해하게 된다. 저승을 자발적으로 걸어 들어가는 여행을 감행함으로써 더 강력한 여신으로 자리 잡는다.

지하세계를 다녀오는 과정을 통해서 이전보다 한층 더 업그레이드된 존재로 거듭나는 이야기는 프시케 이야기에서도 한 번 다룬 적이 있다. 테세우스가 미궁 속에 들어갔다 살아 나오는 이야기도 이와 비슷한 의미를 담고 있다. 저승, 저물어가는 땅, 몰락해 가는 것들의 영토, 슬픔과 고통의 장소, 어둠의 땅 등으로 여겨지는 에레슈키갈의 영토는 살아 있는 존재에게는 접근이 금지된 곳이다. 개똥밭에 굴러도 이승이 좋다는 말처럼 우리는 죽음에 대한 원초적인 두려움을 갖고 있어서 죽음을 연상시키는 것은 대부분 터부의 대상이 된다. 이러한 두려움은 신들에게도 예외가 아니어서 신들조차도 에레슈키갈의 영토에는 얼씬도 하지 않으려 한다. 아마 저승의 여왕인 에레슈키갈의 고통은 다른 무엇보다도 외로움의 고통이었으리라. 얼음같이 차가운 에레슈키갈이 마음을 움직이게 된 것도 자신의 고통을 함께 느끼고 슬퍼해 준 두 정령의 공감 때문이었으니까. 지하세계가 지닌 이러한 두려움에도 불구하고 이슈타르는 자발적으로 이곳을 방문한다. 그녀의 이러한 행로는 하늘의 여왕으로서 자신의 존엄과 권위를 완성하기 위함이다.

우리도 살아가면서 어쩔 수 없이 에레슈키갈의 영토에 들어가야만 하는 때가 있다. 아주 드물긴 하지만 이슈타르처럼 용감하게 스스로 그곳을 방문해 보고자 하는 호기심과 대담함을 지닌 사람도 있다. 하지만 거의 모두는 소멸과 몰락, 죽음을 두려워하며 어쩌다가 그런 사건들과 만나게 되면 얼른 빠져나오고 싶어 한다. 우리는 늙지 않으려 하며 병에 절대 걸리지 않으려 하며 약해져서도 안 되며 싸움에 져서도 안 되고 무엇인가를 잃어버려서도 안 되고 무엇인가를 내주어서도 안 된다고 생각한다. 그러기 위해서 우리는 몸에 좋은 모든 것을 먹고 바르고 저축하고 보험을 들며 자신이 옳다고 생각하는 편보다는 이기는 편에 선다. 그 결과 평균수명은 100세까지 길어졌다고 하며 그러한 통계치 때문에 우리는 또다시 더 많은 보험을 필요로 하고 더 많은 일과 더 많은 걱정에 시달리게 되었다. 어쨌든 우리는 마치 영생을 추구하고 있는 것처럼 보인다.

그러나 우리가 길가메시처럼 영생을 바라고 모든 소멸과 몰락을 거부하고 저항한다 하더라도 인생에 찾아오는 갖가지 굴곡을 피할 사람은 아무도 없다. 때로 우리는 원치 않는 중병에도 걸리고 가까운 사람과의 이별도 경험하며 예기치 못한 손실도 경험한다. 그 순간 우리는 우리가 피하고 싶어 하던 에레슈키갈의 고통스러운 얼굴과 대면하게 된다. 에레슈키갈은 이슈타르와는 반대로 아무것도 낳을 수 없고 기쁨과 만족으로 가득 찬 화려한 빛을 뿜어낼 수도 없다. 그녀는 늘 뒤틀린 얼굴을 한 채 차가운 얼굴의 아눈나키들에 둘러싸여 자신의 세계로 끌려온 자들을 냉혹하게 심판할 뿐이다. 우리가 중요한 것을 잃어버리고 절망에 빠졌을 때 세상은 모두 어둠에 잠긴 듯하고 세상 사람 모두 에레슈키갈이나 아눈나키들처럼 보일 것이다.

　　　　이슈타르가 저승으로 내려가면서 자신의 권능이자 메의 상징인 장신구를 모두 벗어 놓았듯이 그동안 쓸모 있다고 생각하던 것들, 권위와 자존감을 뒷받침해 준다고 여기던 모든 것이 휴지 조각처럼 쓸모없어지는 때도 있다. 에레슈키갈의 영토로 가는 길목에 우리가 벗어 놓지 않으면 안 되는 장신구는 우리의 이력서를 구성하고 있는 학력, 경력, 자격증, 재산, 지위 등 살아가면서 나의 권능을 휘두를 수 있게 만들어 주는 도구들이다. 에레슈키갈의 영토에서 이것들은 아무 소용이 없다. 그녀는 저물어가는 땅의 여왕으로서 이런 모든 것을 쇠약하게 만들고 아무런 힘이 없는 것으로 만들어 버린다. 우리가 어떤 단계에서 중요하다고 생각하던 것들이 상황이 달라지면 모두 불필요하고 아무런 중요성도 없는 것으로 돌변하기도 한다.

　　　　예를 들어 평생 집 한 채를 소유하기 위해 돈을 벌기만 했는데 마침내 꿈에 그리던 그 집을 소유하게 되자 갑자기 중병에 걸려 아무것도 할 수 없게 된다면, 아름다운 얼굴과 몸매를 얻기 위해 고통을 참아가며 성형과 다이어트를 계속했는데 그 때문에 치명적인 병에 걸린다면, 자식을 일류 대학에 보내기 위해 자신의 모든 삶을 포기하면서 자식의 학력을 쌓아 주려 고군분투했는데 갑자기 대학 입학사정에서 그 모든 경력을 무시하겠다는 발표가 난다면, 갑작스럽게 닥친 태풍에 그동안 쌓아온 모든 재산과 가족마저 잃게 된다면 등등 삶의 예기치 못한 배신은 이루 말할 수 없을 정도로 많다. 이런 걸 정말 배신이라고 한다면 삶이 우리에게 행하는 최고의 배신은 우리가 애써 쌓아온 모든 것을 뒤로 하고 죽어야 한다는 사실일 것이다. 결국 우리는 모두 언젠가는 에레슈키갈을 대면할 수밖에 없다는 이야기다.

그런데 언젠가 무섭고도 두려운 에레슈키갈을 만나야 한다면 이왕이면 이슈타르의 방식으로 만나는 것이 더 나을 수도 있다. 그녀의 방식은 자발적 방문이다. 내가 알지 못하니 한번 가서 알아봐야겠다는 것이다. 그리고 삶에서 에레슈키갈의 그림자가 올라오기 전에 예방주사를 맞듯이 미리 그곳을 제 발로 찾아가 보는 일이다. 이것이 모든 고대 사회에서 이루어지던 입문제의의 의미였다. 말하자면 죽음과 몰락을 미리 맛보는 것이다. 고대사회에서는 입문제의가 비단 성직자들과 신비가들만을 위해서가 아니라 누구나 일생에 한번쯤은 거쳐야 하는 과정으로 여겨졌다. 그리스의 신비제전이던 엘레우시스Eleusis 제전이라든가 오르페우스 교단의 신비제의 등은 모두 우리가 살아 있는 생명체로서 언젠가는 한번쯤 만나야 하는 죽음을 영접하고 또 다른 출발을 예비하게 하는 행사였다.

우리는 살면서 자발적이든 타의에 의해서든 이전의 삶의 방식을 버리고 다른 방식을 경험하고 변화해야 할 필요성에 직면한다. 어린 시절 학교에 입학하고 학년이 올라가고 마침내 졸업하게 되는 것처럼 살아가면서 하나의 단계를 끝내고 또 다른 단계를 시작하는 것이다. 새로운 시작은 과거의 낡은 것들과의 이별을 내포한다. 거꾸로 내게서 무엇인가가 떠나간다면 그것은 삶이 새로운 시작을 예비하고 있다는 의미가 된다. 하지만 우리의 마음은 대체로 늘 익숙한 것에 길들여져 있어서 삶이 선사하는 변화에 두려움을 가지고 저항하게 되는 경우가 많다. 낯선 것은 우리가 그것에 대해 알지 못하기 때문에 우리를 뒷걸음치게 만들 수도 있다. 하지만 늘 가던 길을 벗어나 한번도 가 보지 못한 길에 들어선다는 사실은 한편으로는 흥분과 설렘을 선사하기도 한다.

　　　　이슈타르는 아무도 가 보려 하지 않은 지하세계를 제 발로 걸어 들어간다. 그녀를 추동하는 힘은 아마도 낯선 세계에 대한 호기심과 낯선 길 앞에서 느낄 흥분과 설렘이었을 것이다. 피할 수 없으면 즐기라는 말이 있듯이 우리 앞에 낯선 사건과 상황이 다가왔을 때 우리는 그것을 향해 앞으로 나아가야 할 필요가 있다. 어쩌면 두려움은 사건 자체가 가지고 있는 속성이라기보다는 그것에 대한 우리의 예상이 만들어 낸 환상일 수도 있다. 두려움 앞에서 우리는 이슈타르가 저승 문지기에게 호통을 쳤듯이 '네가 문을 열지 않으면 내가 문을 부수고 들어가겠다!'고 말할 수도 있다. 그 후에 이슈타르가 경험하게 되는 것이 무엇이든지 그녀는 받아들이고 긍정한다. 찬란하게 빛나는 하늘의 여왕이 벽에 못 박혀 거꾸로 매달리는 일까지 경험한 마당에 더 이상 두려울 게 뭐가 있을까. 이슈타르가 저승의 문지기에게 호통을 치면서 에레슈키갈의 영토로 자발적으로 걸어 들어가는 것은 그렇게 함으로써 그곳에 대한 두려움으로부터 해방될 수 있기 때문이다.

　　　　그녀는 일곱 개의 관문을 모두 통과한 후에 맨 아래에서 거꾸로 매달린 채 사흘 밤낮을 보낸다. 그녀는 이때 죽음을 경험한다. 그런데 그가 경험한 죽음이란 어떤 것이었을까? 일단 자신이 갖고 있는 권능이 아무런 소용이 없으며, 그러므로 자신이 누구인지 내세우는 것도 불필요하고 아무것도 의지대로 할 수 없는 상황과 만나는 것이다. 그런데 그녀가 거꾸로 매달렸다는 사실에 주목해 보자. 거꾸로 매달리면 모든 것이 뒤집혀 보인다. 거꾸로 매달려 사흘 밤낮을 보내는 것은 그동안 유지해 온 모든 관점과 견해, 가치관 등을 뒤집는 기간을 거친다는 의미다.

사흘이라는 기간은 밤하늘에 뜨는 달이 자취를 감추는 기간이기도 하다. 신화 속에서 죽음을 거쳐 부활하는 모든 존재는 사흘 만에 부활한다. 죽음과 부활의 의미를 드러내고 있는 인류 최초의 상징이 달이기 때문이다. 달은 보름달을 거쳐 기울어 가는 동안에는 자신의 왼쪽 부분만 우리에게 보여 준다. 그러다가 사흘간 검은 달의 시간이 지나면 다시 오른쪽 부분만을 보여 주기 시작해 마침내 만월에 이른다. 달은 죽음을 거친 후 다시 태어나며 죽음 이전과는 다른 면을 드러낸다. 그리고 보면 한 달이라는 기간은 달이 자신의 완성된 모습을 보여 주기 위해 움직이는 전체성의 만다라인 셈이다.

이슈타르의 권능이 지하세계 방문을 통해 완성되고 더욱 강력해졌듯이 우리가 살면서 겪게 되는 여러 종류의 몰락과 손실 경험은 우리 한평생의 삶을 완성하고 우리를 더욱 강한 존재로 만들어 준다. 우리는 피하고 싶던 슬픔이나 외로움, 분노 등을 경험함으로써 생명이 지니고 있는 어두운 면모들을 이해할 수 있게 되며 그것이 사실은 전체로서의 생명을 구성하고 있는 하나의 부분이라는 사실 또한 알게 된다. 전체로서의 생명은 우리의 편의대로 정해 놓은 좋은 모습만 지니고 있지 않다. 부패도, 쇠퇴도, 몰락도 모두 생명의 한 모습이다. 커다란 생명의 일부분인 우리 자신도 마찬가지다. 우리 역시 꽃처럼 피어나는 시기가 있는가 하면 장차 태어날 열매를 위해 시든 꽃처럼 뚝뚝 떨어져 내려야 할 때도 있다. 자연의 사이클이 자라나는 시기와 줄어드는 시기 그리고 찬란하게 빛나는 시기와 완전한 어둠에 빠지는 시기를 모두 거쳐 하나의 완성된 원을 이루는 것처럼 우리의 삶 역시 성장과 쇠퇴라는 두 과정을 모두 거침으로써 완전해진다.

어머니 여신과 아들

이슈타르 대신 지하세계로 붙들려 간 탐무즈에 대해 이야기해 보자. 탐무즈는 양치기들의 신이라고 하며 고대 수메르에서는 두무지라고 불렀다. 이슈타르의 지하 하강과 관련된 이야기 중에는 그녀가 지하로 내려간 것이 탐무즈 때문이라는 설도 있다. 지하세계의 여왕인 에레슈키갈이 탐무즈를 사랑했고 그래서 그가 결국 저승으로 가게 되었다는 이야기다. 이슈타르가 붙들려 간 탐무즈를 구하기 위해 저승으로 갔다는 말이 된다.[32]

이 이야기는 어쩐지 죽은 아내를 구하러 저승으로 여행을 떠난 오르페우스의 이야기를 연상시킨다. 오르페우스 역시 뱀에 물려 죽은 젊은 아내를 구하기 위해 저승행을 감행한다. 그리고 그가 저승을 무사히 다녀올 수 있던 것은 그가 연주하는 칠현금의 음악 소리 덕분이었다. 그의 연주 솜씨는 저승의 문을 지키고 있는 무시무시한 개 케르베로스뿐만 아니라 죽은 자를 실어 나르는 저승의 뱃사공 그리고 이미 죽어 울부짖는 혼령들까지도 감화시킬 수 있었다고 한다. 그는 음악의 힘으로 저승의 왕인 하데스를 설득하는 데 성공했고 아내를 다시 이승으로 되돌려 보내 준다는 허락을 얻어 냈다. 그러나 아시다시피 아내는 이승으로 돌아오지 못한다. 저승의 어두운 길을 완전히 벗어나기 전까지는 절대로 뒤를 돌아보지 말아야 한다는 다짐을 어겼기 때문이다. 어두운 아래쪽에서 메아리쳐 들려오는 온갖 목소리가 마음을 혼란스럽게 했고 그는 결국 최초의 햇빛 자락이 멀리서 비치자 참지 못하고 뒤를 돌아보고 만다. 에우리디케Eurydice는 다시 지옥의 나라 속으로 굴러 떨어졌고 오르페우스는 상실감과 후회에 슬퍼하다 디오니소스의 여신도인 마이나데스들에 의해 찢겨 죽게 된다.

변형된 이슈타르 이야기 속에서는 저승에서 돌아오지 못하는 이슈타르를 구하러 에아 신이 한 방랑가객을 보내 에레슈키갈의 마음을 움직였다는 내용도 있다. 시간이 흐르면서 이슈타르 이야기에 오르페우스 신화가 섞여 든 것 같다. 사실 그리스 신화보다 수메르 신화가 더 오래되었고 그리스 신화의 많은 부분이 주변 나라인 바빌로니아나 이집트로부터 영향을 받았기 때문이다. 그 한 예로 이슈타르와 탐무즈 이야기가 그리스로 가서 만들어진 것이 아프로디테와 아도니스Adonis 이야기다.

아도니스는 아프로디테가 사랑한 젊고 잘생긴 양치기였고 여신은 인간인 그의 안부가 늘 불안했다. 걱정이 사건을 부른다고, 아도니스는 어느 날 사냥을 나갔다가 갑자기 튀어나온 멧돼지 뿔에 받혀 죽고 만다. 몸에서 피를 철철 흘리는 채로 쓰러져 있는 아도니스를 붙들고 여신은 울부짖었다. "너는 인간이라 죽을 수밖에 없지만 나는 너를 보내지 못하겠다. 네가 쓰러져 죽은 자리에 해마다 너의 피처럼 붉은 꽃이 피어나리라. 한 번 바람이 불면 피지만 또 한 번 바람이 불면 지는 꽃, 아네모네anemone라 부르리라!" 아도니스가 죽음을 맞이하게 된 것은 저승의 여왕인 페르세포네의

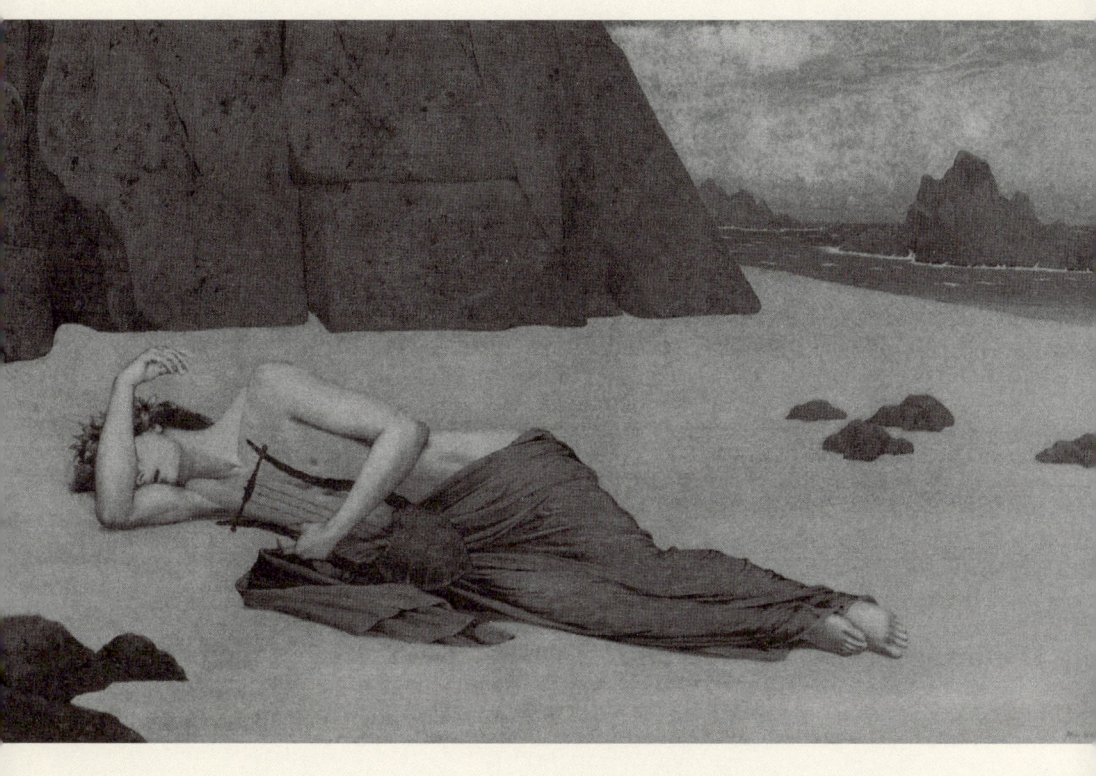

알렉상드르 쎄옹, 〈오르페우스의 통곡〉, 1896

사랑을 받았기 때문이라고 한다. 사랑의 여신에게 사랑을 받은 양치기인 아도니스의 이름은 '아돈'이라는 말에서 유래했다고 한다. '아돈'은 시리아에서 주님이라는 뜻이다. 그뿐만 아니라 멧돼지는 아돈의 신성한 동물이라고 한다. 그렇다면 멧돼지에 받혀 죽었다는 아도니스는 사실 일종의 와전이다. 그러나 와전은 신화가 가지는 고유의 속성이다. 신화는 와전을 거쳐 변형된다. 그리고 변형의 주체는 신화를 말하고 듣고 전하는 살아 있는 사람들이다.

어쨌든 두 신화 모두 사랑의 여신과 아들 같은 연인의 죽음이라는 사건으로 구성되어 있다. 이 의미를 파헤치기 위해서는 고대 여신들에 대한 심층적인 이해가 필요하다. 원래 이 세상에 처음으로 생겨난 신은 모든 것을 말로 창조하는 야훼도, 번개를 휘두르는 제우스도 아니다. 최초의 신은 남신이 아니라 여신이었기 때문이다. 인류가 신을 상상하면서 처음으로 떠올린 이미지는 아버지가 아니라 어머니다. 우리를 낳고 기르는 어머니의 모습에서 우리는 우리 자신보다 더 크고 강력하면서도 사랑의 힘으로 충만해 있는 신의 존재를 상상해 냈다.

여신들의 이름으로 숭배받던 사랑의 힘은 세상 모든 것을 생겨나게 하고 움직이게 하며 변화시키는 근원적이고 위대한 힘이었다. 그러나 인간의 의지대로 좌지우지되는 힘이 아니었다. 그 힘은 알 수 없는 끌림에 의해 찾아왔다가 다시 알 수 없는 바람에 이끌려 멀리 사라져 버린다. 사랑이 찾아오면 모든 것은 생기를 되찾고 기쁨에 노래 부르지만 사랑이 떠나면 고독과 고통과 황량함이 세상을 휩쓴다. 그러나 사랑은 아주 사라지는 법이 없어서 어느 날 예기치 않은 때에 다시 찾아들어 잊고 있던 행복을 다

에페소스에 있는 아르테미스 여신상,
1세기, 터키

시 가져다주기도 한다. 모든 것은 사랑의 힘을 주관하는 인간 너머의 의지에 달려 있다는 믿음이 생겨났고 힘의 근원은 당연히 여성이었다. 모든 암컷은 사랑을 통해 새끼를 잉태하며 낳고 기른다. 그녀들의 사랑이 세상에 기쁨과 풍요를 가져오는 것이다.

그런데 태초의 어머니 여신의 모습은 그리스 신상들이 보여 주듯이 우아한 아름다움만을 지니고 있지는 않았다. 이난나-이슈타르만 해도 올빼미의 발톱과 날개, 양손에 뱀을 움켜쥐고 있는 모습이며 에페소스Ephesos에 있는 아르테미스 여신상은 열 개가 넘는 젖가슴을 포도송이처럼 늘어트린 모습이다. 그뿐만 아니라 수메르의 태초의 여신 티아마트Tiamat는 거대한 바다 용 모습을 하고 있다. 태초의 어머니 여신은 인간뿐만 아니라 생명을 가진 모든 것을 낳고 기르며 다시 거둬 가는 힘으로 여겨졌기 때문이다. 말하자면 여신은 자연의 힘 그 자체다. 따라서 그녀는 자연이 그러하듯이, 때로는 따스한 바람과 꽃향기와 탐스러운 열매로 나타나지만 때로는 사나운 동물의 울부짖음으로도, 비바람으로도, 동식물의 생명을 앗아가는 폭풍우나 산불로도 나타날 수 있다.

사랑의 여신으로 각인된 이슈타르나 아프로디테 여신은 실은 자연의 모든 생명을 움직이는 통합된 어머니 여신이었다. 태초의 여신들은 어떤 특정 분야만 담당하는 분화된 존재가 아니었다. 자연이 지닌 이중적 면모를 모두 통합한 신성이었고 그 통합된 힘의 이름이 사랑인 셈이다. 분화된 신격으로서 아프로디테는 사랑의 여신이면서도 마치 사랑이 우주의 여러 부분 가운데 하나라는 인상을 준다. 왜냐하면 나머지 다른 여신들이 제각기 자신만의 독자적인 지배영역을 지니고 있는 것으로 그려지면서 사랑 역시 여러 다양한 기능 중에 하나로 보이는 것이다.

태초의 어머니 여신은 근원적으로 사랑의 여신이다. 그리고 그녀의 사랑이 이런저런 다른 모습으로 드러날 뿐이다. 이슈타르는 사랑의 여신이면서 동시에 전쟁의 여신이다. 이시스는 사랑의 여신이면서 암소들의 여신이며 모든 파라오의 어머니신이다. 아르테미스는 사냥을 즐기는 신경질적인 처녀 여신으로 그려지지만 원래는 에페소스 지방의 태모신이었다. 그녀 역시 사랑의 여신이자 어머니 여신이다. 모든 여신은 낳고 기르고 다시 거둔다.

왜 아르테미스나 아테네를 처녀 여신이라고 할까? 처녀를 뜻하는 '버진virgin'은 결혼하지 않았다는 뜻이다. 말하자면 가부장제의 규율에 얽매이지 않은 여자, 누구의 여자도 아니라는 뜻이다. 그래서 이슈타르 역시 처녀 여신이며 페르세포네는 하데스의 부인이면서도 영원한 처녀를 뜻하는 '코레Kore'로 모셔진다. 예수를 낳은 마리아 역시 성처녀 아닌가. 모든 어머니 여신은 성스러운 처녀다. 성스러운 처녀이자 성스러운 어머니 여신인 사랑의 여신들은 지역마다 다른 이름으로 불린다. 키프로스 섬에서는 아프로디테로, 에페소스에서는 아르테미스로, 그리스에서는 아테네로, 시리아에서는 아스타르테로, 이집트에서는 이시스로 불렸다. 그녀들은 각자 다른 신이 아니라 하나의 태모신을 부르는 다른 이름이다. (사랑의 여신이자 태모신이던 아프로디테가 사랑만을 주관하는 아름다움의 여신으로 정리된 것은 제우스라는 번개를 휘두르는 남신이 올림포스 신전 중심 신들의 권좌의 왕이 되고 난 이후의 일이다. 신화 계보에 따르면 그녀는 제우스의 할머니뻘이 된다. 모든 것을 주관하는 여신의 자리에서 강등되어 축소된 아름다움의 여신으로, 나중에는 급기야 창녀들의 여신으로 추락하고 마는 신세가 된다. 이와 같은 여신의 추락은 가부장제의 발달과 함께 벌어진 사랑과 자연에 대한 지위 하락과 관계가 깊다.)

그녀가 낳은 것들 중에 하나가 인간이다. 그리스 신화에는 이미 자신의 아들과 결혼하는 여신의 이야기가 즐비하다. 어머니 여신은 아들을 낳고 그의 연인으로 변신한다. 그녀가 연인으로만 변신하는 것은 아니다. 우리가 이전 장에서 살펴보았듯이 때로는 연인의 생명을 앗아가고 그를 위험에 처하게 하는 악녀로 변신하기도 한다. 여신과 그의 연인으로서 아들 이야기는 사실 오이디푸스 콤플렉스와는 아무 관계가 없다. 그것은 그저 큰 생명이 작은 생명들을 낳고 품고 기르고 다시 자신의 자녀들과 연결되고 합하는 것에 대한 이야기로 이해해야 한다.

탐무즈의 희생이나 아도니스의 희생은 어머니 여신이 낳은 자식들을 다시 거둬 가고, 거둬 간 자식들을 다시 되돌려 준다는 이야기다. 탐무즈는 때가 되면 이슈타르의 영토에서 떠나 에레슈키갈의 영토로 내려가야 한다. 그러나 시간이 흘러 적당한 때가 되면 또 다시 지상의 이슈타르 품으로 되돌아온다. 여신의 아들인 탐무즈를 두 여신이 나눠 가지는 셈이다. 아니 거꾸로 여신의 아들이 어머니 여신의 두 면모를 번갈아 경험하는 것이다. 사실 이 두 여신이 한 여신의 두 얼굴을 대변하기 때문이다. 신화 속에서 자매나 모녀 관계로 그려지는 신은 모두 하나의 자연이 지닌 두 얼굴을 나타낸다. 이슈타르가 밝고 빛나는 모습으로 하늘 아래 세상을 움직인다면 에레슈키갈은 어둡고 일그러진 모습으로 땅속 세계를 움직인다. 지상과 지하로 그려지는 두 세계는 우리의 의식과 무의식이 전체로서 한 사람의 다른 측면인 것처럼 사실은 하나다. 그녀의 자식들이 이 두 세계를 오가는 것이다.

비슷한 구조를 가진 또 하나의 신화가 데메테르와 페르세포네 신화다. 밀의 여신인 데메테르는 전형적인 태모신 중에 하나다. 그의 딸인 페르세포네는 어느 날 지하세계의 왕인 하데스에게 납치되어 그의 신부가 된다. 갑자기 사라진 딸을 찾느라 데메테르 여신은 거의 혼이 나갈 지경이 되었다. 아무도 딸이 어디로 사라졌는지 이야기해 주지 않았기 때문이다. 하데스 역시 에레슈키갈만큼 두려운 존재여서 아무도 입을 열려 하지 않은 것이다. 갑자기 딸을 잃어버린 데메테르는 사방을 찾아 헤매지만 딸을 찾을 수 없었다. 시름에 빠진 데메테르는 들판을 보살피지 않았고 그러자 밀은 시들고 과일나무는 열매를 맺지 않게 된다. 그러던 어느 날 외딴 곳에서 밤을 지키던 달과 마법의 여신 헤카테의 귀띔 덕분에 사실을 알게 된 데메테르는 딸을 찾아 지하세계로 내려간다. 하지만 딸을 완전히 되찾아 올 수는 없었다. 페르세포네는 지하세계에서 석류 세 알을 먹은 대가로 1년 중 석 달은 지하세계에 머물러야 했기 때문이다. 그래서 그녀가 지하세계의 여왕으로 있어야 하는 석 달 동안 데메테르는 하데스에게 딸을 빼앗긴 슬픔에 젖게 되고 그 석 달 동안 지상의 초목은 모두 말라붙어 황량한 계절이 되고 만다. 딸이 다시 땅 위로 올라오면 데메테르는 기쁨에 가득 차게 되고 여신의 기쁨은 대지를 부활시킨다.

　　　　　이런 식으로 반복되는 여신들의 지하세계 하강과 지상으로 귀환 신화는 농경시대 이후 생겨난 식물의 생장과정과 관계가 깊다고 해석할 수 있다. 밀을 주식으로 하는 지중해 지방에서 한여름은 너무 더워 모든 것이 말라죽고 만다. 이때가 바로 데메테르가 딸을 잃고 슬퍼하는 기간이다. 그러나 잃어버린 줄 알았던 딸은 한여름이 지나고 날씨가 선선해지기 시작하면 다시 지상으로 돌아온다. 이때 데메테르는 잃어버린 딸과 다시 재회하고 그녀의 기쁨과 함께 지상의 모든 것이 생기를 되찾는다.

　　　　　페르세포네와 데메테르 이야기는 특히 그리스 지방에서 오랫동안 거행되던 신비제전의 주제였다. '테스모포리아Thesmophoria' 또는 '엘레우시스 신비제전'이라고 부르는 데메테르 제전에서는 참가자들이 이 이야기가 담고 있는 우주적 의미를 실제 체험하고 삶을 다른 눈으로 다시 바라보게 되는 계기가 되었다고 한다.[33] 엘레우시스 제의는 말 그대로 미스테리움mysterium, 말하자면 비밀제의였다. 참가자들이 보고 듣고 체험한 것 들에 대해 침묵해야 한다는 것이다. 그 때문에 이 제의의 자세한 내용은 아직도 어둠에 잠겨 있다. 그러나 밝혀진 자료들에 따르면 제의는 크게 세 단계로 이루어져 있었다고 한다. 첫 번째는 코레의 '지하 하강', 두 번째는 데메테르 여신이 딸을 찾아 헤매 다니는 '방랑', 세 번째는 코레의 귀환과 데메테르 여신과의 '재결합'이다.[34] 마지막 단계에서는 트립톨레모스Triptolemos라는 아들이 태어난다. 그는 그리스에 밀 재배 방법을 알린 신적인 존재라고 한다.

데메테르와 코레 사이의 트립톨레모스,
기원전 5세기, 그리스

이 세 단계는 지중해 지방에서 밀이 땅 속으로 들어가 여름을 보내고 다시 지상으로 올라와 싹을 틔우는 과정을 나타낸다. 가을에 다시 들판이 밀로 뒤덮이기 위해서 밀의 씨앗은 땅속으로 내려갔다 올라와야 한다. 엘레우시스 제의는 나중에 디오니소스 제의와도 겹쳐지는데, 포도가 포도주가 되기 위해 땅속에서 숙성기간을 거치는 과정과 밀의 생장과 발육 과정이 비슷하기 때문이기도 하다. 시리아에서 아도니스의 죽음이나 바빌로니아에서 탐무즈의 지하 하강 역시 이와 비슷한 의미를 담고 있다. 바빌로니아에서는 7월을 탐무즈의 달이라고 부른다. 탐무즈가 지하세계로 내려가 지상에서는 모든 것이 말라죽어 버리는 달인 셈이다. 이때 바빌로니아 사람들은 탐무즈의 죽음을 애도했다. 그러나 페르세포네가 다시 지상으로 귀환하듯이 탐무즈도 때가 되면 다시 부활한다. 끝날 것 같지 않던 더위와 가뭄도 때가 되면 사라진다. 여신이 돌아오면 또는 여신이 사랑하는 연인이 돌아오면 여신은 생기를 되찾고 지상의 생명도 기쁨으로 채워진다. 활기와 사랑과 풍요가 되돌아오는 셈이다.

이러한 죽음과 부활의 드라마는 비단 밀의 문제만은 아니다. 엘레우시스 제전이 지니고 있던 힘은 이러한 드라마가 우리의 삶 속에서도 벌어지고 있으며 죽음처럼 보이는 사건이 실은 단순한 사라짐 이상의 깊은 의미를 담고 있다는 사실로부터 생겨난다. 페르세포네가 나뉜 두 세계를 오고 갈 때 그녀는 지하세계의 풍요로움을 지상으로 옮기는 역할을 한다. 이슈타르가 지하세계를 방문함으로써 더 강력해졌다는 점을 기억하자. 하데스의 영토, 에레슈키갈의 영토는 겉보기에는 불모의 영역처럼 보이지만 사실은 지상의 풍요로움이 뿌리내리고 있는 토대다. 모든 식물은 땅속에 뿌리를 박고 있지 않은가. 어둠속에 뿌리를 내리지 않고서 식물은 자라날 수도, 꽃을 피울 수도, 열매를 맺을 수도 없다. 비단 식물뿐만이 아니다. 생명을 낳고 그것에 자양분을 제공해 주는 것은 어둠속에 잠겨 있는 지하세계의 어머니 여신이다.

페르세포네는 지하의 데메테르다. 그녀는 지하세계가 감추고 있는 생명의 뿌리에 자양분을 제공해 준다. 에레슈키갈도 마찬가지다. 그녀는 지하의 이슈타르다. 모든 어둠의 여신은 바로 지상에서 우리가 먹고 마시고 즐기는 모든 풍요를 가능케 해 주는 위대한 신성이다. 그리고 둘처럼 보이는 이들은 실은 하나다. 검은 달과 만월이 달의 두 모습이듯, 새벽에 떠오르는 샛별과 초저녁에 떠오르는 초저녁별이 금성이라는 한 별의 두 모습이듯 자연을 대표하는 어머니 여신은 성나고 노한 모습으로 나타나건 부드럽고 자애로운 모습으로 나타나건 모두 우주적 사랑이라는 한 힘의 다른 모습이다.

신경질적인 영웅

이쯤에서 우리는 길가메시가 이슈타르 여신을 그토록 가혹하게 비난하면서 여신의 유혹을 물리친 이유를 알 수 있을 것도 같다. 길가메시가 두려워한 것은 여신의 변덕이었다. 이슈타르 여신은 탐무즈를 사랑했지만 가차 없이 그를 지옥의 여신에게 내주기도 했다. 길가메시가 여신을 비난한 대목을 다시 되돌아보자. '당신은 미풍이나 외풍에도 흔들리는 거적문이며, 용맹한 전사를 뭉개 버리는 궁궐이며, 그 건축물을 갉아먹는 쥐이며, 짐꾼의 손을 검게 만드는 역청이며, 물을 나르는 사람에게 물벼락을 주는 물 가죽부대며, 돌로 된 벽도 기울게 하는 석회암이며, 적군을 끌어들이는 성벽을 부수는 망치며, 주인의 발을 꼭 조이게 하는 신발인 거야!' 자신에게로 오면 모든 것을 다 주겠다고 하는 사랑의 여신에게 그가 내뱉는 말은 그녀가 무엇을 주고서는 다시 빼앗아 가는 변덕스러운 존재라는 악담이다. 길가메시가 비난하는 것은 사랑의 여신이 제공해 주는 아름다움과 힘과 풍요가 아니라 그 뒷면, 말하자면 에레슈키갈적인 면모다. 사랑의 여신은 그 둘을 모두 지니고 있기 때문이다.

과거에 태모신을 섬긴 모권사회에서 가부장제를 기축으로 하는 부권사회로 넘어오면서 영웅신화가 부각된다. 인류 최초의 서사시라고 평가되는 길가메시 서사시 역시 길가메시라는 가부장적 영웅의 영생 탐사기다. 영웅신화는 남성 주인공이 어떻게 어머니 여신의 품에서 떨어져 나와 우주 자연이 지닌 원래의 힘을 극복해 나가는지에 대한 이야기다. 그들은 자연의 흐름에 순응하지 않고 역행함으로써 자기 정체성을 정립해 나간다. 영웅에게 중요한 과제는 일종의 '극복'이다. 그들에게 자연의 변화무쌍함은 일종의 악이다. 또한 자연과 자신을 서로 유리된 존재로 바라보고 자신의 내적 자연성에도 저항하고 싶어 한다. 말하자면 자신의 내부에서 울리는 자연의 속삭임, 자연의 욕망이 그들에게는 저항해야 할 악이 되는 셈이다. 그 악과 싸워 이김으로써 의지의 힘을 입증하는 것, 그것이 영웅의 과제다.

길가메시는 우루크에 있는 모든 여자를 자기 소유라고 생각하면서 자신의 힘을 과시하고 우쭐댄다. 그의 오만을 보다 못한 신들이 엔키두 Enkidu라는 자연의 남성을 길가메시의 친구로 보낸다. 엔키두는 자연과 문명 둘 사이에 있는 존재다. 그는 인간이면서 동물과 어울려 놀며 얼굴에는 하나 가득 털이 덮여 있다. 길가메시가 엔키두에게 반해 그를 친구로 삼게 된 것은 그의 어마어마한 힘 때문이다. 길가메시가 좋아하는 것은 힘이다. 왜냐하면 그 힘으로 정복하고 지배할 수 있기 때문이다. 그 두 남자가 힘을 합쳐 처음으로 한 일이 바로 삼나무 숲을 지키는 훔바바Humbaba를 죽이고 훔바바의 힘을 빼앗아 온 것이다. 그들이 훔바바를 죽이는 장면은 무척 잔인하다. "그는 도끼를 옆에 들고 허리춤에서 칼을 뽑았다. 그는 훔바바의 목을 내리쳤다. 두 사람은 훔바바의 오장육부를 해체했는데 혀를 비롯해 허파까지 몸속 모든 것을 파냈다. 길가메시는 가마솥 안에 그의 머리를 집어넣었다. 무언가가 무더기째로 산 위에 떨어지고 있었다. 그들은 삼목 숲을 잘라 내고 있었다."[35]

이것이 영웅이 자연을 대하는 방식이다. 그리고 길가메시 서사시의 저자는 바로 영웅의 이런 모습을 찬양한다. 자연과 싸우고 자연의 신성을 파괴하면서 영웅은 자연의 힘을 빼앗아 자신의 것으로 만든다. 길가메시는 훔바바를 죽임으로써 신들의 비밀스러운 성소의 문을 열었고 훔바바의 주변을 감싸고 있던 일곱 후광을 취했다. 길가메시는 자신의 무력을 도구 삼아 신이 되기를 원했고 신이 되기 위해 신성한 것들과 싸워 이기는 방식을 택한 것이다. 그러나 그는 자신이 그토록 원하던 영생을 얻지 못하고 결국 죽음을 맞이해야 했다.

길가메시가 영생을 얻기 위해 벌인 이러한 투쟁은 과거 그의 선대에서 신들의 제왕으로 숭배받던 마르두크Marduk가 태초의 어머니 여신에게 한 행동과도 유사하다. 바빌로니아 지방에서 섬김을 받던 최초의 여신은 티아마트라고 불리는 바다의 여신이었다. 티아마트에게는 아프수Apsu라고 불리는 남편이 있었다. 둘 모두 물의 신이었는데 티아마트가 짠물의 신이라면 아프수는 민물의 신이었다. 이 둘은 여러 자식을 낳았고 그러면서 세상은 차츰차츰 질서 잡혀 갔다. 그러나 신들의 자식이 많아지다 보니 세상이 너무 시끄러웠다. 참다못한 아프수는 자식들을 없애 버리고 싶어 했다. 그러나 이들을 낳은 티아마트가 그러는 남편을 말렸다. 그러다 어느 날 아누Anu 신이 커다란 회오리바람을 일으켜 세상을 뒤죽박죽으로 만드는 바람에 큰 신들의 분노를 불렀다. 이 바람 때문에 티아마트의 분노는 폭발 지경에 이르렀고 그녀는 이제 더 이상 자식들의 시끄러운 장난을 두고 볼 수가 없었다. 티아마트는 자식들을 없애 버리기로 작정하고 괴물뱀들을 만들어 냈다. 신들의 막내이자 강력한 젊은 신이던 마르두크가 할머니뻘 되는 티아마트와 싸우는 데 선봉에 섰다. 그는 거대한 바다용으로 변해 입을 벌리고 있는 티아마트의 입 안에 악한 바람을 불어 넣었다. 티아마트가 주춤거리는 사이 그는 티아마트의 입속에 화살을 퍼부었고 마침내 화살이 그녀의 심장을 꿰뚫었다. 태초의 여신은 그렇게 숨을 거두었고 마르두크는 여신의 머리를 몽둥이로 으깨어 버렸다. 그러더니 포를 뜨듯이 여신의 몸을 반으로 갈라 한쪽은 하늘에 붙이고 한쪽은 땅에 붙들어 매었다. 이 일로 해서 마르두크는 신들의 제왕이 되어 모든 것을 다스렸다.

조지프 캠벨은 이 신화가 원시 모권 사회를 침략한 부권적 유목민들이 스스로의 침략과 지배의 정당성을 만들어 내기 위해 토착 원주민들의 신들을 깎아 내린 결과라고 지적한다. 흔히 괴물의 모습으로 나타나는 여신은 대부분 부권적 유목민들의 '신화적 비방'의 산물이라는 것이다.[36] 실제로 번개를 휘두르고 무기를 휘두르는 남신이 신들의 왕으로 등장하면서 그 이전의 어머니 신들이 괴물의 모습으로 바뀐다. 얼굴을 마주친 사람을 돌로 만들어 버린다는 머리카락이 뱀으로 이루어진 메두사, 수많은 머리가 달린 물뱀 히드라, 사자와 염소와 뱀의 결합체인 키마이라Chimaera 등은 모두 태고적 땅을 움직이는 생생한 생명력을 나타내는 존재였다. 이 괴물 여신은 모두 남성 영웅에 의해 살해당한다. 이들 모두 인간중심적인 질서에 방해가 되는 악한 존재로 간주되는 것이다.

길가메시는 이슈타르 여신을 비방한다. 자신 역시 사랑의 힘에 의해 생명을 얻게 되었는데도, 또한 자연의 피와 살로 이루어진 존재인데도 모든 것을 가져다 준 근원적인 어머니 자연을 부인하고 싶어 하는 것이다. 자연의 일부분으로 솟아난 인간이 스스로의 근원을 부정하고 자신을 그와는 다른 존재로 규정하고 싶은 것과 마찬가지다. 자연이 자신을 낳았지만 다시 자신을 거둔다는 사실이 영웅에게는 불만스러웠고 한때는 포근하던 자연의 바람이 겨울이 되면 차가워지고, 인간이 만들어 낸 모든 구조물의 재료를 제공하고 방법을 알려준 자연이 그것들을 부패하게 만들고 흔들리게 만든다는 사실이 영웅에게는 참을 수 없는 것으로 여겨진다.

그가 원하는 것은 자연이 지닌 이 변덕스러움을 길들여 언제나 풍요를, 언제나 안전을, 언제나 쾌락을 유지하는 것이다. 그들은 그러기 위해 조종하고 정복하며 빼앗고 축적한다. 영생을 얻으러 길을 떠난 길가메시에게 이슈타르의 유혹이 헛소리로 여겨지는 것도 그 때문이다. 그의 욕망은 자연을 정복하는 것이지 자연의 뜻에 따라 찾아오는 잠깐의 기쁨으로 만족하는 것이 아니기 때문이다. 사실 우리는 길가메시를 비롯한 영웅들이 개척한 세계 속에 살고 있다. 우리가 살고 있는 이 세계는 그들이 원하던 것처럼 인간중심적으로 질서 잡혀 있고 자연의 위협으로부터 안전해 보인다. 우리는 내일이 오늘과 별로 다르지 않을 것이고 앞으로의 미래도 예측가능하다는 생각을 하면서 산다. 예측 가능한 미래를 준비해 주는 수많은 제도적 장치와 상품이 우리 주변을 에워싸고 있으며 그러한 것들이 만약 아무런 쓸모가 없는 상황이 다가온다면 우리 모두 패닉 상태에 빠질 것이다. 그러나 혹시 아는가. 여신이 아직도 길들여지지 않아서 변덕이 살아남아 있을지도 모를 일 아니겠는가.

루시퍼

영웅시대 이후로 이루어진 여신에 대한 신화적 비방은 여기서 그치지 않는다. 원래 태모신이었지만 사랑의 여신이나 달의 여신, 전쟁의 여신 등으로 분화된 여신들의 위상은 부권사회가 대제국 형태를 띠면서 더 축소, 강등된다. 특히 사랑의 여신으로 추앙받던 여신들의 경우는 그 강등과 비방의 정도가 더 심해서 로마시대 후기에 이르자 아프로디테 여신의 위상을 계승한 비너스나 메소포타미아의 이슈타르 여신, 시리아의 아스타르테 여신은 창녀들의 여신으로 바뀌는 수모를 겪어야만 했다.

　　　　사랑의 여신들은 주로 하늘의 금성과 연관된다. 알다시피 금성의 영어 명칭은 비너스다. 메소포타미아에서는 금성을 이슈타르-이난나고 불렀다. 이슈타르의 상징 중 하나가 아홉 개의 꼭짓점을 가진 별이다. 그런데 금성의 다른 이름 중에 하나가 '루시퍼Lucifer'였다고 한다. '루시퍼'는 '빛'을 뜻하는 '룩스lux'에 '가져오다'라는 뜻의 '페레ferre'가 합쳐진 말이다. 다시 말해 '루시퍼'는 '빛을 가져오다'라는 뜻이며 샛별을 뜻하는 라틴어였다. 말하자면 이슈타르이자 아프로디테가 루시퍼였다는 것이다.[37] 그런데 우리는 왜 '루시퍼'를 악마라고 알고 있는 걸까?

기독교가 국교가 되고 로마제국의 지배 이데올로기로 자리잡게 되면서 지중해 지역에 폭넓게 퍼져 있던 다신교 신앙체계와 심각한 갈등을 빚는다. 무엇보다도 교부들의 골칫거리는 끈질기게 이어지고 있는 여신숭배 관습이었다. 기독교는 여성의 관능을 죄의 근원으로 자리매김한 종교였고 이브에 대해서 그랬듯이, 관능적 사랑의 여신들에 대해 아주 신경질적인 반응을 보였다. 수십 개의 젖가슴을 지닌 에페소스의 아르테미스나 자신의 가슴을 두 손으로 떠받치고 당당하게 서 있는 이슈타르의 모습은 이들에게 불편하다 못해 악마적으로 보이기까지 했다.

눈엣가시 같은 여신숭배를 뿌리 뽑을 수 없던 이들은 지중해 지역에서 숭배받는 여신들의 이런저런 면모를 끌어모아 '성모 마리아'의 이미지를 만들어 냈다. 성모 마리아는 사랑의 여신처럼 무한한 사랑을 베풀어 주지만 남성과 몸을 섞은 적이 없고, 이브처럼 뱀의 유혹에 넘어가지도 않

호루스를 안고 있는 이시스,
기원전 600~400, 이집트

으며 결혼했는데도 페르세포네처럼 영원한 처녀로 신의 아들을 낳는다. 또한 아프로디테처럼 연인과 같은 아들을 잃고 슬퍼하며 이집트의 사랑의 여신 이시스처럼 아들을 무릎에 앉혀 놓고 아들의 성스러움을 뒷받침해 주며 이슈타르처럼 빛나는 존재가 된다. 르네상스시대의 이러한 이미지 합성은

더욱 심해져서 마리아의 머리 위에 아프로디테의 아들인 에로스가 그려지고 마리아는 아프로디테와 완전히 동일시된다.

마리아의 이미지는 사랑의 여신이 가진 요소 가운데 가부장적 일신교가 불편해 하는 요소를 모두 뺀 나머지로 이루어져 있다. 그중에서도 가장 중오한 부분이 바로 관능이었다. 그들에게는 남성의 내면에 자리 잡은 성욕이 아마도 골칫거리였던 듯싶다. 금욕을 통해 신성에 이르고자 하는 시도는 중세의 기독교뿐만 아니라 축의 시대 이후 대부분의 남성 종교가 지니고 있는 공통점이다. 감각적 쾌락은 그들의 정신을 혼미하게 하여 세계의 실상을 바라보고자 하는 의지를 무력화하기 일쑤였다. 플라톤과 피타고라스가 몸담았던 오르페우스 신비종교도 그러했고, 이시스를 모셨던 이집트 신비종교도 그러했다. 세계의 실상을 보고자 하는 자는 모든 감각적 유혹을 물리쳐야 했고 그중 마지막 시험이 바로 관능의 유혹이었다. 일정 기간 동안 감각적 쾌락을 포기할 뿐만 아니라 살아가는 데 꼭 필요한 먹고 마시고 잠자는 모든 욕구를 포기함으로써 이전에는 볼 수 없고 알 수 없던 세계에 눈뜨는 것은 신비종교의 입문자와 샤먼의 필수 코스다.

문제는 그들이 정해 놓은 자의적인 규범을 지키기 위해 그들이 참고 억제하는 것들을 악마적인 것으로 볼 때 생긴다. 일종의 자기 그림자의 투사일 뿐이다. 남성의 그림자 역할을 떠맡은 것은 짐작하듯이 여성들이었다. 이러한 투사가 집단적인 방식으로 긴긴 시간 동안 역사의 긴 페이지를 장식하면서 많은 여성이 희생자 역할을 떠맡아 왔다. 그들은 어머니의 몸을 통해 태어나면서도 어머니의 관능은 인정하지 않고 싶어 했다. 여성의 관능은 그들을 타락시키는 것으로 여겨졌으므로. 그러나 이러한 생각은 일종의 정신분열증이다. 자기 몸의 근원을 스스로 부정하고 자신을 몸과 분리된 존재로 생각하는 것이다. 오랫동안 서구사회를 지탱시킨 몸과 정신은 다르며 정신을 구하기 위해 몸을 희생시켜도 좋다는 논리는 인간 자신의 정신을 구하기 위해 자연을 마음대로 훼손시켜도 좋다는 논리로 탈바꿈하지 않았던가.

길가메시가 이슈타르에게 퍼부은 저주는 오랫동안 대물림되어 오늘날까지도 남성 영웅들은 어머니 여신의 몸인 자연에 저주를 퍼붓고 나무를 무더기로 뽑아내고 산을 없애고 강과 바다를 유린한다. 16세기 말부터 17세기 초까지 이어진 유럽의 마녀사냥은 과거의 태모신들을 악마적 존재로 여기는 남성적 신경증이 폭발한 사례라고 할 수 있다. 이 기간 동안 자그마치 600만 명의 여성이 학살당했다.

자연을 어머니 여신의 몸으로 여기고 숭배하는 여성을 모두 악마와 내통한 자라고 여겨 고문하고 불태웠다. 마을마다 자리 잡고 있던 약초전문가와 산파와 민간요법치료사 들은 모두 마녀로 몰려 학살당했으며 이러한 남성 성직자들의 히스테리가 불러온 재난은 마을 외곽에 홀로 살고 있는 여성이나 미모의 젊은 과부 들에게도 닥쳤다. 마을과 떨어진 곳에 홀로 살고 있는 여자는 분명 개나 늑대로 변신한 악마와 내통하고 있을 것이며 미모의 젊은 과부는 마을의 결혼한 남자들을 유혹한다고 여겨서다.[38] 과거 태모신의 후예에게 모두 마녀 딱지를 붙여 학살해 버리는 무시무시한 일이 벌어진 셈이다.

이쯤 되면 대충 짐작이 가실 것이다. 이슈타르의 별칭인 루시퍼가 왜 악마의 이름이 되었는지. 이슈타르적인 것은 악마적인 것으로 여겨졌고 그녀의 다른 이름인 루시퍼는 악마의 이름이 되었다.[39] 루시퍼가 악마의 이름이 되면서 금성의 날인 금요일의 의미에도 변화가 일어났다. 로마인들은 비너스의 날인 이 날에 축제를 즐겼고 메카의 이슬람인들은 이날을 회합의 날로 여겼다. 그러나 기독교인들에게 이 날은 방탕한 날로 여겨졌고 급기야는 아담이 악마에게 굴복한 날, 예수가 단식 끝에 악마의 유혹을 받은 날, 예수가 십자가에 못 박힌 날이라고 여겨졌다.[40]

악마로 낙인찍힌 '루시퍼', 금성은 밤하늘에서 누구든 쉽게 찾아볼 수 있는 아주 밝은 별이다. 우리말로 '샛별', '초저녁별'로 불리며 한자로는 '태백성太白星'이라 한다. 이른 새벽 해가 뜨기 전에 동쪽 지평선 위로 떠올라 태양빛이 밝아지면서 사라진다. 그런가 하면 태양이 질 때쯤 서쪽 지평선 위로 떠올라 초저녁 하늘을 밝게 비춘다. 샛별을 자세히 보면 초승달처럼 보인다고 한다. 마치 또 하나의 작은 달처럼 보이기도 한다. 바빌로니아의 천문학자들은 이 별이 일곱 달 반 동안은 아침에 뜨고 다시 일곱 달 반 동안은 저녁에 떠오른다는 사실을 알아 냈다. 이슈타르가 일곱 개의 관문을 거쳐 에레슈키갈의 영토에 이르고 다시 일곱 개의 관문을 거슬러 지상으로 올라오듯이 '루시퍼'의 별 역시 그러하다.

일곱은 이슈타르를 비롯해 처녀 여신을 상징하는 숫자다. 이슈타르가 일곱 개의 관문을 오르내릴 때 그녀는 죽음을 경험함으로써 자기 변형을 이룬다. 페르세포네도 마찬가지다. 아르테미스 여신의 상징이자 헤카테 여신의 상징이던 달도 7일이 두 번 지나면 반대 방향으로 기운다. 하늘의 달력 주기는 28일이고 그 주기를 반으로 나누는 지점은 보름달이 떴을 때다. 달의 순환주기를 또 한 번 나누면 7일을 한 묶음으로 하는 주일 개

조르주 루오, 〈아침별〉, 1895

념이 생겨난다. 한 달은 7일이 네 번 반복되는 동안이다.

　　　　이슈타르 여신의 별인 금성이 하늘과 땅을 오르내리면서 동쪽 하늘과 서쪽 하늘을 오가듯이 오랫동안 여신의 상징이던 달 역시 나타났다 사라지기를 반복한다. 달 역시 '빛을 가져오는' '루시퍼'다. 금성이 변덕을 부리듯이 달도 변덕을 부리며 달이 변화하는 때를 맞춰 여성은 월경을 하고 물고기와 바다 생물 들은 몸을 부풀리고 짝짓기를 한다. 우리 몸속에서 흐르는 바닷물인 붉은 피는 달의 움직임을 따라 여성의 몸을 부풀리기도 하고 쭈그러들게도 만든다. 배란기에 여성은 아름다워지며 목소리 톤은 높아진다. 월경이 끝날 때쯤 그녀의 목소리는 약간 낮아진다. 황소의 뿔은 초승달 모습으로 자라며 개와 늑대는 보름달이 뜨면 달을 보고 울부짖는다.

　　　　달이 사라진 사흘 밤 동안 세상은 어둠에 잠기고 오직 하늘의 천장에 매달려 있는 먼 별무리들만이 빛을 밝힌다. 달이 사라지는 사흘은 여신이 지하세계에 거꾸로 매달려 있는 기간이다. 여신이 지하세계로 내려갈 때 우리의 마음 역시 저 너머 어둠 속으로 내려간다. 현대 심리학자들이 무의식이라 부른 어두운 영토 말이다. 하데스의 영토, 에레슈키갈의 영토는 바로 무의식의 영토이기도 하다. 아직 완전히 드러나지 않은 채 어둠에 싸여 있는 곳, 그래서 우리를 두려움에 떨게 만드는 금단의 땅 그리고 죽음의 땅이기도 한 곳, 그곳이 무의식의 영토다. 거기서 모든 것이 비롯되지만 동시에 형태를 갖추고 명료하던 모든 것이 사라지기도 한다. 하지만 사흘이 지나면 약속의 반지처럼 달은 다시 모습을 드러내며 또 한 번 빛의 여정을 시작한다.

　　　　여신이 사라지는 그곳은 악마적인 곳이 아니라 생명의 고향이다. 자아와 비자아의 경계가 모호한 곳, 나를 구성하고 나를 대표하는 모든 것이 무용지물이 되는 곳, 이슈타르가 옷과 보석을 모두 벗어 버리고 맨몸으로 거꾸로 매달려 있어야 했던 곳이 바로 그곳이다. 우리가 의식 속에서 나의 것이라고 강력하게 주장한 모든 것이 무의미해질 뿐만 아니라 낮의 의식으로 정립해 놓은 모든 의미가 뒤집혀져 좋은 것과 나쁜 것, 피해야 할 것과 받아들여야 할 것 등등이 정반대로 뒤집혀 버리는 곳이기도 하다. 그러나 일종의 혼돈 상태로 보이기도 하는 그곳에서 모든 마음과 모든 생명이 비롯된다. 그곳이 바로 페르세포네, 코레의 영역이다. 페르세포네가 지상과 지하를 오가면서 함께 움직이는 것도 바로 그 힘이고 이슈타르가 지하세계에 가서 가져온 것 역시 바로 그 힘이다. 지상의 세계를 화려하게 물들이는 어두운 생명의 힘 말이다.

　　개인은 죽음의 세계에서 이쪽 삶의 세계로 옮겨와 다시 저쪽 세계로 돌아가야 한다. 그는 태양을 실은 배가 하늘을 움직이듯이 동쪽 해안에서 하늘로 떠올라 다시 서쪽 세계로 귀환한다. 태양을 실은 배는 서쪽 수평선 끝으로 사라져 어둠 속을 여행한다. 태양의 밤바다 여행이 시작되는 것이다. 그는 저승을 여행하고 언젠가 다시 태양이 동쪽 끝에서 얼굴을 내미는 아침이 되면 다시 이승으로 돌아올 것이다. 그런데 밤바다 여행은 이승의 삶이 완전히 끝나는 시간에만 일어나는 것이 아니다. 태양배의 여행이 매일 반복되듯이 우리도 밤마다 밤바다 여행을 떠난다. 그리고 인생이라는 조금 더 큰 주기 속에서도 밤바다 여행을 떠나야 하는 시간이 있다.

　　융과 캠벨은 인간의 삶이 해와 달 그리고 지구가 움직이듯이 원형의 주기를 지니고 있다고 생각했다. 동그라미를 넷으로 나누면 달이 변화하는 한 달이 나누어지듯이 네 국면을 지닌다. 태어나는 달처럼 성장하는 시간, 만월처럼 빛을 발하는 시간, 지는 달처럼 어두운 그림자에 흡수되는 시간 그리고 검은 달의 시간. 우리의 삶은 빛나는 달과 검은 달의 영역이 항상 함께한다. 검은 달의 영역인 무의식은 사라지지 않고 친구처럼 우리 옆에 또는 그림자처럼 우리 뒤편에서 우리를 따라다닌다. 그리고 결국은 그것이 곧 나의 다른 모습이다. 융은 무의식의 영역을 끌어안아 의식화하는 것이 성장이라고 보았다. 무의식의 영역을 끌어안는다는 것은 나의 어둠을 끌어안는 것이다. 내가 이해할 수 없는 것, 용납할 수 없는 것, 그래서 두려워하는 것, 그것이 나의 어둠이다. 여신의 아들이던 영웅들에게 어둠은 정복되어야 하는 것, 파멸되어야 하는 것, 없어져야 하는 것으로 여겨지기도 했지만 그들을 낳은 여신의 영역이 사라지면 그들도 자취를 감춘다. 오랫동안 아들들이 꿈꾼 태양만이 빛을 발하는 세상은 이미 그 빛에 피로해지고 있지 않은가. 여신의 어두운 힘은 우리가 그녀를 끌어안아 그녀와 하나가 될 때 사랑에 대한 자각으로 변한다. 고대인들이 소피아 여신이라고 추앙한 것이 바로 그것이다. 소피아 여신은 검은 얼굴의 여신, 검은 마돈나다.

고대 입문제의에서 상징적으로 나타난 여신이 바로 이 검은 얼굴의 여신이었다. 엘레우시스 미스테리움이나 이집트 사제들의 입문제의였던 이시스 제의, 이슈타르 여신을 위한 신성결혼Hieros gamos 등이 모두 그러하다. 아시리아Assyria 사람들은 이슈타르에게 이렇게 기도했다고 한다. "저로 하여금 날마다 행복과 만족을 느끼게 해 주소서! 제가 당신을 경배하오니 저에게 건강과 기쁨을 허락하소서! 제가 원하는 것을 저로 하여금 얻게 해 주소서! 하늘이 당신을 기뻐하고 바다는 당신 위에서 마구 뛰노나니! 우주의 신들이 당신을 축복하기 바라옵니다! 위대한 신들이 당신에게 쾌락을 선사하기 바라옵니다!"

당신 괜찮으세요?

몇 년 전 한참 소란을 일으킨 소설《다빈치코드》는 잃어버린 성배의 비밀을 찾아가는 이야기 중 하나다. 오래전부터 유럽 사회에 엄청난 소란을 일으킨 '잃어버린 성배 찾기' 열풍을 상기해 보면 별로 새삼스러울 것도 없지만 소설에선 성배가 예수의 연인이던 막달라 마리아의 딸의 족보라고 주장함으로써 과거와는 전혀 다른 해석을 내놓았고 그동안 창녀로만 알려져 있던 여자를 예수의 연인이라고 하고, 게다가 예수가 아이까지 둔 유부남이었다고 주장함으로써 보수적인 교단의 심기를 상당히 불편하게 했다.

어쨌든 댄 브라운은 자신의 이 주장을 뒷받침하기 위해 유럽 예술사의 걸작이라고 알려져 있는 작품들을 차례로 증거로 내세웠다. 그중 대표적인 작품이 레오나르도 다빈치의 〈최후의 만찬〉이다. 그는 이 그림 속에서 예수의 오른편에 앉아 있는 인물이 막달라 마리아이며 그 두 사람 사이의 실루엣 모양인 'V'자를 성배를 나타내는 암호라고 해석했다. 댄 브라운은 'V' 표시가 오래전부터 여성을 나타내는 표시였으며 그림 속에 나타난 V 실루엣은 우연이 아니라 레오나르도 다빈치가 성배의 비밀을 암시하기 위해서 의도적으로 고안해 낸 표식이라고 주장했다. 그는 여러 예술 작품과 암호해석학적 지식을 동원해 성배가 막달라 마리아의 딸로 이어지는 성가족의 족보며 유럽사회에서 오랫동안 비밀결사로 알려져 있거나 이단으로 여겨지던 집단들이 이 족보의 지킴이었다는 결론을 내린다.

이 주장은 2003년 소설 출간 이후로 수많은 논박과 동조를 오락가락하다 마침내 상징과 코드의 비밀을 파헤치는 수많은 책 출간으로 이어졌다. 성배는 정말 잃어버린 예수와 막달라 마리아의 족보였을까? 만약 댄 브라운이 주장하는 것처럼 템플기사단을 비롯해 유럽의 비밀결사단체 들이 보존하고 찾아 헤맨 것이 그 족보라 할지라도 그것이 성배의 유일한 의미는 결코 아닐 것이다.

성배란 '성스러운 그릇'을 의미하는 'San Graal'이라는 말에서 나왔다. 예수가 최후의 만찬 때 사용한 포도주 잔으로 여겨지기도 하고 십자가형을 당했을 때 흘린 피를 담은 그릇이라고 하기도 한다. 그러나 이 성배가 정말 존재하는지, 존재한다면 어디에 있는지는 여전히 수수께끼다. 그러나 신비의 베일에 싸인 성배를 찾아서 중세 유럽의 기사들은 모험을 떠났고 성배 찾기 열풍은 중세사회를 몰락시킨 십자군 전쟁의 계기가 되기도 했다. '성배'는 하나의 신화적 상징이며 성배 신화에는 모든 신화가 그러하듯이 삶의 비밀이 숨겨져 있다. 가장 널리 알려진 성배 이야기인 원탁의 기사들의 성배 찾기 모험 이야기를 잠깐 엿보기로 하자.

어느 날 아서Arthu왕과 원탁의 기사들이 모두 모여 있는 자리에 신비한 성배의 환상이 나타났다. 모두가 모인 홀 안에 갑자기 궁전이 무너지는 것 같은 천둥소리가 들리더니 한 줄기 햇빛이 들어와 홀 안을 일곱 배

번 존스, 〈갤러해드, 보스와 함께 성배를 찾아낸 퍼시벌을 묘사함〉, 1895

나 더 밝게 비추었다. 그러더니 어떤 사람이 하얀 천으로 덮인 성배를 들고 문으로 들어왔다. 성배가 지나가는 자리마다 각자가 원하던 음식이 식탁에 차려졌고 주변은 향내로 가득 찼다. 성배를 들고 있는 보이지 않는 사람은 홀 안을 한 바퀴 돌더니 사라졌고 그 자리에 있던 사람들은 뭐라 말할 수 없는 신성한 분위기에 휩싸여 말을 잃었다. 이 신비스러운 일을 경험한 기사들은 자신들이 본 그 성배를 찾아오겠노라고 왕에게 맹세하고 길을 떠난다.[41]

이 모험의 여정에서 성배를 처음 만나는 기사의 이름이 퍼시벌Percival이다. 그는 사방이 강으로 둘러싸인 섬 한가운데 자리한 오래된 성에서 젊었을 때 다친 상처로 괴로워하고 있는 늙은 왕을 만난다. 그는 '어부왕'이라 불리는 성주인데, 창에 찔린 다리의 상처가 낫지 않아 오랫동안 고통으로 세월을 보내고 있었다. 그가 어부왕이라 불리는 이유는 자신의 고통을 달랠 길이 오직 강에서 물고기를 잡는 일밖에 없었기 때문이다. 왕이 아팠으므로 성 안에 있던 주민들은 모두 시름에 빠져 있었고 왕국도 쇠락해 가고 있었다. 퍼시벌이 성에 당도하자 주민은 그를 환대하며 후하게 대접했다. 그들은 퍼시벌을 물로 씻긴 후 아름다운 옷을 입혀 커다란 방으로 인도했다.

　　　　방 저편에는 호화롭게 차려입은 왕이 반쯤 누운 자세로 퍼시벌을 맞이했다. 대낮처럼 밝게 빛을 밝히고 있는 커다란 방 저편에서 눈부시게 흰 창을 든 시종이 방으로 걸어 나와 왕과 퍼시벌 사이를 지나쳐 갔다. 창날 꼭대기에서는 피 한 방울이 솟아 나와 시종의 손 위로 흘러내렸고 그 순간 방 안 모든 사람이 통곡하기 시작했다. 창을 든 시종이 방 바깥으로 나가자 모두 울음을 그치고 다시 이야기를 나누기 시작했다. 영문을 모르고 어리둥절해진 퍼시벌은 그들이 왜 그러는지 궁금했지만 그냥 가만히 보고만 있었다. 뭐라고 물어보면 자신이 무례하고 조심성 없는 사람처럼 보일까 걱정되었기 때문이다. 잠시 후 저쪽 편에 있는 작은 방에서 이번에는 수많은 초가 꽂혀 있는 금 촛대를 든 시종들이 걸어 나왔고 그 뒤로 은색 도마를 받쳐 든 아름다운 여자가 뒤따랐다. 그 뒤에는 흰 옷을 입은 금빛 머리카락을 지닌 여자가 에메랄드로 만든 잔을 받쳐 들고 나타났다. 그 초록빛 잔에서는 눈부신 빛이 흘러넘치고 있었다. 퍼시벌은 이 모든 행렬에 대해서 어부왕에게 물어보고 싶었지만 괜한 질문으로 어부왕을 귀찮게 할지도 모른다는 생각에 아무 말도 하지 않았다.

　　　　행렬이 방을 한 바퀴 돌아 다시 작은 방으로 돌아가자 방 안 식탁에는 물과 음식 들이 마련되었다. 퍼시벌이 사슴고기와 포도주와 빵을 다 먹자 방안을 지나갔던 행렬이 다시 나타났다. 그리고 그들이 작은 방으로 사라지자 이번에는 식탁에 다른 음식들이 차려졌다. 행렬은 여러 번 방 안을 가로질러 전과 똑같이 작은 방으로 되돌아갔고 그때마다 식탁에는 온갖 진귀하고 향긋한 음식들이 차려졌다. 퍼시벌은 행렬이 지나가는 것이 새로운 음식을 차리는 예식의 일환이라고 혼자 생각했다. 식사가 거의 끝날 때쯤 다시 행렬이 지나갔고 퍼시벌은 빛을 뿜어내는 에메랄드 잔 안에 무엇이 들어 있는지 궁금해서 미칠 지경이 되었다. 하지만 퍼시벌은 이번에도 역시 그 잔이나 행렬에 대해서는 아무런 말도 하지 않은 채 저녁식사를 즐겼다. 호화로운 식사가 다 끝나자 식탁은 깨끗하게 치워졌고 왕은 몸이 아파 피곤하다며 방으로 돌아갔다. 퍼시벌은 자신을 위해 마련된 화려하고 깨끗하게 정돈된 침실로 돌아와 잠이 든다.

해가 중천에 떴을 즈음에 눈을 뜬 퍼시벌은 깜짝 놀란다. 지난 밤 잠든 화려한 방은 온데간데없고 가구와 마룻바닥에는 먼지가 뽀얗게 앉아 있었다. 시중을 들던 시종도 없었고 성은 텅 비어 있었다. 그뿐만 아니라 에메랄드 잔을 든 행렬이 걸어 나오던 작은 방에선 곰팡내까지 풍겨 나오고 있었다. 성은 잡초로 가득 차고 군데군데 무너질 듯 황폐했다. 성에서 도망치듯 뛰쳐나온 퍼시벌은 오랫동안 그 성에 다시 돌아가지 못하고 성배를 찾아 헤매는 모험을 계속해야 했다.

수십 년이 지나 그는 목숨을 건 온갖 모험을 거친 후 그 성에 다시 도달하게 된다. 어부왕은 여전히 고통스러워 하고 있었고 퍼시벌은 다시 만난 어부왕에게 다가가 절을 한 뒤 부드럽게 묻는다. "왕이시여, 무엇

때문에 고통받고 계십니까?" 그러자 어디선가 뜨거운 바람이 불어오더니 방 안에서 소용돌이쳤다. 어부왕은 자리에서 일어서 퍼시벌에게 말한다. "이것이 네가 오래전에 던졌어야 하는 질문이다. 나는 네가 전에 본 적이 있는 '피 흘리는 창'에 찔린 상처로 인해 고통받고 있다." 왕의 고통은 퍼시벌의 질문과 함께 사라졌고 왕이 병에서 회복되자 왕국도 활기를 되찾았다.[42]

이 이야기 속에 등장한 성배는 병든 어부왕이 살고 있는 오래된 성 안에 있다. 성배를 제일 먼저 보게 된 이도, 나중에 성배를 다시 되찾게 되는 이도 '퍼시벌'이라는 기사다. 이 이름은 '중간을 꿰뚫음perce a val'이란 뜻이라고 한다. 조지프 캠벨은 퍼시벌이라는 이름이 그가 말이 지닌 영적인 힘을 깨닫는다는 뜻이라고 해석한다.[43] 그가 찾아 헤매는 성배는 올바른 질문에 의해 힘을 되찾는다. 성배를 지키는 병든 어부왕은 오랜 시간을 헤매 다니다 나이가 들어 다시 찾아온 퍼시벌에게 진작 제대로 질문을 던졌으면 좋았을 것이라고 말한다. 어부왕이 기다리던 말도, 어부왕을 치유할 수 있는 말도, 성배의 의미를 알 수 있는 말도 바로 그것이었다. 왜 퍼시벌의 이 말이 성배를 다시 찾게 하는 말일까? 어부왕은 왜 퍼시벌이 던진 이 한마디 말에 병에서 회복되는 것일까?

우선 병든 왕이 왜 어부왕인지부터 이야기해 보자. 어부왕은 물고기를 낚는 왕이다. 첫 번째로 연상되는 이는 당연히 성배의 원래 주인으로 여겨지는 예수다. 그는 자신의 제자에게 사람 낚는 어부가 되게 해 주겠다고 한 적이 있다. 기독교의 상징 중 하나가 물고기 모양이다. 그런데 물고기 상징은 다른 상징들과 마찬가지로 기독교만의 독점적인 상징은 아니다.

타로의 '성배' 카드, 15세기

우리가 예수 그리스도를 뜻한다고 생각하는 'Icthys'는 원래 페니키아의 물고기 여신 아타르가티스Atargatis의 아들 이름이었다. 아타르가티스는 페니키아의 태모신이며 태모신의 아들들은 앞에서 이야기한 것처럼 죽음과 부활의 과정을 경험한다.

그렇다면 물고기를 낚는 어부왕은 태모신의 아들을 기다리는 왕의 이미지로 이어진다. 물은 어머니의 영토이며 아들은 그 물에서 태어난 물의 자식으로서 물고기가 된다. 물에 낚싯대를 드리우고 있는 늙은 왕은 자신이 비롯된 우주적 모태와 연결되고 싶어 하는 중년 남성의 이미지다. 그는 오래전에 자신만의 영토를 다스리는 왕이 되었으나 그 과정에서 얻은 상처를 치유하지 못한 채 나이가 들었고 자신의 상처를 치유해 줄 수 있는 젊은 아들을 기다린다. 그를 치유할 수 있는 이는 태모신의 아들, 물고기다. 말하자면 마리아의 아들로서 예수, 태모신의 영역에 깊이 발을 담근 적이 있는 아도니스나 탐무즈다.

물고기로서 아들은 내면의 여성성, 그 가운데서도 연민이 깨어난 이다. 마리아의 아들로서 예수는 성모의 품에 안겨 있는 어린아이의 모습으로 그려진다. 이 모습은 이집트 신화 속에서 이시스 여신의 품 안에 안겨 있는 어린 호루스 신의 모습과도 같다.[44] 마리아의 품에 안긴 어린 예수는 연민의 주로서 아들의 이미지를 담고 있다. 퍼시벌이 던진 질문이 어부왕의 상처를 치유할 수 있는 힘을 가진 것은 그 말이 연민의 말이기 때문이다. 다른 말로 바꿔 말하면 "어디가 아프세요? 괜찮으세요?"라는 다정한 말인 셈이다.

그렇다면 퍼시벌은 왜 진작에 어부왕에게 이 말을 던지지 못했을까? 그는 자기 앞에 나타난 이상한 행렬과 신비스러운 물건들, 사람들의 이상한 행동 등을 보고서도 아무 말도 하지 못한 채 꿀 먹은 벙어리마냥 만찬을 즐기기만 했다. 그가 궁금해 하면서도 아무런 질문도 던지지 않은 까닭은 어디서든 예의바르게 행동해야 한다는 설부른 도덕관 때문이다. 그가 배우기로는 예의바른 사람은 쓸데없는 질문을 하지도 않으며 사람을 귀찮게 하지도 않는다. 마음속에서는 이것저것 묻고 싶은 것이 많았지만 생각나는 대로 물어봤다가는 자신이 '촌뜨기'로 보일지도 모른다는 생각이 그로 하여금 입을 다물게 했다. (퍼시벌은 다른 원탁의 기사들과는 달리 시골 출신으로서 원래 이름도 제대로 가지지 못한 청년으로 그려진다.)

그의 입을 막은 것은 자신이 다른 사람들 눈에 어떻게 보일까 하는 두려움이었다. 자신을 바라보는 다른 이의 시선이 중요해지는 것은 그가 자의식 속에 갇힌 상태였기 때문이다. '나는 다른 사람에게 어떻게 보일까?', '다른 사람이 나를 무시하면 어떡하지?', '이렇게 하면 괜찮은 사람으로 보일 거야' 등의 마음은 모두 자의식 안에 갇혀 있는 마음이다. 이때 타인은 나를 비춰주는 거울로 보인다. 그는 백설공주의 계모처럼 거울에게 늘 묻는다. '거울아, 거울아, 이 세상에서 누가 가장 멋지지?' 거울이 '당신이 제일 멋져요'라고 하면 금방 우쭐해지고 '당신은 별로예요'라고 하면 금방 풀이 죽어 버린다. 타인을 나를 비춰 주는 거울로 여길 때 나는 누구를 만나든 그 사람의 진정한 모습을 보지 못한다. 애송이 퍼시벌은 병든 어부왕 앞에서 그의 고통에 대해서는 한 마디도 묻지 않은 채 자기의 모험담만 자랑스레 늘어놓는다. 자기가 칼을 얼마나 잘 다루는지, 남들이 두려워하는 죽음의 기사와 싸워서 어떻게 자신이 칼을 얻게 되었는지 등등. 자신에게 빠져 있기 때문에 어부왕의 고통이 눈에 들어오지 않는 것이다.

성배의 성 안에서 어부왕이 제시한 성배를 되찾을 수 있는 수많은 힌트를 보고서도 자의식의 어둠에 빠져 있던 퍼시벌은 자신이 본 것들이 무슨 의미를 지니는지 알지 못한 채 성배의 성에서 쫓겨나듯 빠져나온다. 성배라는 보물을 감추고 있는 성은 성배의 진실을 알아볼 수 없던 퍼시벌에게 지난밤과는 달리 차갑고 삭막하고 황폐한 모습을 보여 준다.

어부왕이 기다리고 있던 이는 성배의 진정한 의미를 알아볼 수 있는 이였다. 예수가 최후의 만찬 때 들어 올렸다는 포도주 잔이 어부왕이 지키고 있던 성배다. 그런데 원탁의 기사들 앞에 성배가 처음 나타났을 때처럼 성배가 나타나면 식탁이 풍요로워지고 그 공간은 빛과 향기로 가득차게 된다. 성배가 무엇이길래 이렇게 마법을 불러일으키는 것일까?

마리아 김부타스에 따르면 나타나는 곳마다 기적 같은 풍요를 불러일으키는 이 그릇의 기원은 신석기시대 여신 문명에 있다. 곡식을 재배하기 시작한 이 시대는 곡식을 담아 두는 그릇 역시 신성시했다. 최초의 문자 가운데 하나인 상형문자 'V'자는 여신을 나타내는 표시였다고 한다.[45] 여신을 나타내는 모든 물건에는 'V'라는 상형문자가 새겨져 있었다고 한다. 이때 여신은 사랑으로 자연의 아이들인 생명을 낳고 기르며 거두는 태모신을 의미한다. 그녀는 우주적 자궁이다.

우주적 자궁을 의미하는 여신의 그릇은 초승달 모양의 접시로도, 초승달을 닮은 소의 뿔로도 나타난다. 이집트의 암소 여신인 하토르 여신은 머리 위에 소뿔 모양의 관을 쓰고 있다. 자세히 보면 'U'자 모양의 관 안에는 태양을 상징하는 붉은 원반이 담겨 있고 그 주위를 코브라 한 마리가 감고 있다. 소뿔 모양의 관 안에 담긴 붉은 원반은 태양 신 '라$_{Ra}$'다. 하토르 여신은 이시스 여신과 동일시되기도 한다. 그렇다면 그녀의 관 안에 담긴 태양은 호루스가 된다. 그녀는 태양을 담고 있는 그릇이다. 그녀는 태양을 담고 있는 달이며, 아들을 잉태하고 있는 어머니다.

코브라는 무슨 뜻일까? 뱀 역시 여신의 상징이다. 뱀은 달이 그러하듯이, 차고 이지러지는 시간의 변화 속에서 허물을 벗고 새로 태어난다. 뱀은 시간 속에서 늘 새로워지는 존재, 죽었다 부활하는 존재를 상징한다. 우주적 자궁으로서 그릇은 시간 속에서 죽음과 부활을 거치면서 늘 새로워지는 생명에너지를 담고 있는 그릇이다. 그렇다면 성배란 태양을 품은 달, 뱀처럼 늘 새롭게 다시 태어나는 황소, 말하자면 풍요를 가져다주는 그릇을 의미한다. 그릇으로서 여신은 자기 내부에 생명을 담고 잉태하고 출산한다. 우주적 그릇 안에는 우주적 생명에너지가 담기며 그 에너지는 그릇 바깥으로 흘러넘쳐 살아 있는 모든 것에 자양분을 제공한다. 그녀의 그릇 속에서 죽은 것들은 다시 생명을 얻으며 다른 모습으로 변신할 준비를 한다. 나비와 뱀처럼.

예수가 들어 올린 잔은 포도주가 담긴 잔이다. 그는 디오니소스의 잔을 들어 올린 것이다. 말하자면 죽었다 다시 살아나는 신, 동물과 식물, 자연의 생명력을 상징하는 디오니소스가 예수의 모습으로 성배를 찬양하고 있는 셈이다. 그리스에서 가장 여성적인 남신, 코레처럼 죽었다 되살아난 신, 영원히 젊은 신이 디오니소스다. 그는 자연으로부터 세상을 풍요롭게 하는 힘을 가져온다. 그러나 그러기 위해서 그는 코레처럼 죽음과 부활을 반복해야 한다.[46]

예수가 흘린 피를 담은 그릇이라고 알려진 기독교적 의미의 성배는 그가 인류에게 남긴 탁월하고 아름다운 가르침인 사랑을 의미한다. 그는 자신 내면에 자리 잡고 있는 어머니 여신의 신성을 깨닫고 그것을 자기의 인성 안에 통합한 완성된 인간의 전형이다. 로버트 존슨은 성배와 관련된 신화가 남성이 자기 내면에 자리 잡고 있는 신성한 여성인 모성과 조우하고 그것과 하나가 되는 성장의 드라마라고 이해한다. 예수의 신화는 그가 살아가는 내내 사랑을 설파했으며 사랑의 의미를 몸소 실천한 사람이었다는 걸 말해 준다. 성스러운 피가 멈추지 않고 흘러넘치는 잔은 우주적 사랑이 흘러넘치는 잔이다. 가톨릭 성찬식에서 성스러운 피는 포도주로, 성스러운 살은 빵으로 전환된다. 우리가 먹고 마시는 모든 것이 성스러움으로 가득 차 있는 우주적 생명이며 우리의 어머니 대지의 피와 살인 셈이다.

어부왕은 피 흘리는 창에 찔려 입은 상처로 고통받고 있다. 창은 칼과 마찬가지로 전형적인 남성성을 상징한다. 칼이나 창은 모두 상대와

겨루고 싸우기 위해 필요한 도구다. 칼은 베고 나누고 절단하며, 창은 찌르고 뚫는다. 왕이 영원히 피를 흘리는 창에 찔려 상처를 입었다는 것은 또 하나의 창이라고 할 수 있는 말에 의해 상처 입었다는 것을 암시한다. 퍼시벌의 이름은 '가운데를 꿰뚫는 자', 다시 말해 '정곡을 찌르는 자'다. 퍼시벌이 곧 창이자 말이다. 그렇기 때문에 그의 상처는 올바른 말, 정곡을 찌르는 말에 의해 치유될 수 있다. 그런데 그것이 바로 성배를 살아나게 한다. 말하자면 남성이 성배의 힘을 되살리기 위해서는 세상에 대해 올바르게 말하고 올바르게 질문해야 한다. 올바른 질문은 상대를 제압하거나 이기기 위해 하는 질문이 아니다. 자신의 자의식에서 벗어나 타인의 입장에서, 세상의 입장에서 타인과 세상이 무엇을 원하고 있는지를 묻는 것이다. 얻기 위해 묻는 것이 아니라 주기 위해서 묻는 것, 그것이 올바른 질문이다.

이쯤에서 성배가 에메랄드빛을 내고 있었다는 점에 주목해 보자. 아서왕과 원탁의 기사에 등장하는 성배 이야기는 다양하게 해석되지만 그중 하나가 연금술과의 연관성이다. 기사들이 거치는 모험 이야기에 등장하는 다양한 사건은 연금술에서 '현자의 돌'을 얻기 위해 거쳐야 하는 금속 제련 실험 과정을 상징한다고 이해되기도 한다.

연금술은 화학의 전신으로 전근대적 화학, 또는 온갖 허풍과 상상으로 가득 찬 미개한 사이비 화학으로 여겨지기도 하지만 다른 눈으로 보면 영적 의미를 지니고 있는 학술로 이해되기도 한다. 물질과 정신이 둘이 아니라 하나이고 하나의 다른 표현으로 여겨지던 관념 체계 속에서 금이 아닌 다른 물질로 금을 만들고자 했던 시도는 물질로서 금뿐 아니라 영적 황금에 이르는 길이기도 했다. 비천한 금속들이 연금술사의 플라스크 안에서 끓고 식으며 섞여지고 정제되고 증류되는 복잡한 과정을 거치며 변형되는 일은 연금술사의 내면에서 일어나고 있는 영적 성장의 고투苦鬪와 상응한다고 생각되었다.

연금술사들이 여러 비천한 금속을 담아 섞고 끓이고 식히고 정제하던 플라스크는 그들에게 우주적 자궁을 의미한다. 그리고 그 안에서 벌어지는 일은 곧 연금술사의 내면에서 벌어지고 있는 일이기도 했다. 그렇다면 연금술사의 플라스크는 곧 연금술사의 몸과도 같다. 연금술의 상징체계에 대해서 깊이 연구한 카를 융은 연금술사의 플라스크가 연금술사 내면의 아니마가 투사된 대상이라고 했다. 그렇다면 남성 연금술사에게 현자의 돌을 잉태한 플라스크는 일종의 성배가 되는 셈이다.

플라스크 안에서 물질들이 변환되어 가는 과정은 복잡하고 난해한 상징을 통해 전해져 왔다. 이는 연금술이 단순히 물질로서 귀금속인 황금을 제조하는 기술이 아니라 영적 변환을 실천하는 기술이었기 때문에 명료한 과학의 언어로 전달될 수 없었고 영적으로 미숙한 이들의 손아귀에 들어가는 것을 방지하기 위해서였다. 어쨌든 연금술 상징체계 중에 하나가 바로 색깔 상징이었다.

비천한 금속들이 황금으로 변화되는 과정은 크게 검정-하양-초록-빨강이라는 네 단계의 색깔 상징으로 나타나기도 한다. 에메랄드색, 말하자면 초록색은 플라스크 안의 물질이 검정과 하양 단계를 거쳐 최종적으로 도달하는 빨강 단계 사이에서 나타나는 색이다. 검정이 죽음과 최후의 심판을, 하양이 부활과 희망, 순수를 나타낸다면 초록은 새로 부활한 순수한 영혼이 다음 단계에서 입게 되는 옷의 색이다. 초록은 연민과 자기희생 그리고 공감을 의미한다. 붉은 피를 지닌 생명은 거기서 태어난다. 연금술의 최종 목적인 '현자의 돌' 탄생은 마지막 '빨강' 단계로서 왕관을 쓴 아기 예수 모습으로 그려진다.

그러니까 에메랄드빛 성배는 빨강을 잉태한 초록, 완성된 인간으로서 예수 그리스도의 단계로 나아가기 전에 반드시 거쳐야 하는 과정인 연민과 자기희생, 공감능력을 마음에 담은 인간을 상징한다. 초록색의 그릇은 초록의 단계에 놓여 있는 연금술사의 플라스크, 새로 생명을 잉태한 그릇, 초록색 식물의 영혼을 담은 그릇이다. 식물의 영혼은 주는 마음, 하늘의 태양빛과 땅속의 물을 자신의 몸에 담

타로의 '죽음' 카드, 15세기

아 세상에 신선한 공기와 꽃과 그늘, 다른 생명체인 동물의 먹거리가 되는 자기변환과 희생의 영혼이다. 이것이 초록색 성배가 갖는 의미다. '당신 괜찮으세요?', '무엇을 드릴까요?'라는 말이 성배를 흘러넘치게 하는 말이다.

초록의 단계에 도달한 연금술사는 검정과 하양의 단계를 통과한 사람이다. 검정의 단계란 죽음의 단계, 그러니까 자의식이 산산조각 나는 단계다. 이 단계는 팔다리가 잘린 기사, 또는 검정 깃발을 들고 지나가는 해골 기사의 모습으로 그려진다(타로의 '죽음' 카드가 바로 이 단계를 상징한다). 검정의 단계가 지나면 하양의 단계가 찾아온다. 하양은 부활을 의미한다. 자의식의 성 안에 갇힌 사람은 자기를 비추는 거울이 산산조각 나면 공허와 절망에 빠진다. 자신은 아무것도 아닌 존재가 되어 버리기 때문이다. 그러나 그것은 이전의 자아상에 매달려 있기 때문에 고통으로 경험될 뿐이다. 원래 그것이 허상이었음을 깨닫는 순간 절망은 희망으로, 어둠은 빛으로 바뀐다. 그는 이제 다른 존재로 변환되기 시작한다.

자의식의 어둠에서 벗어난 사람에게는 주변 사람이 보인다. 자신을 비추는 거울을 깨 버리면 거울의 성에서 풀려나와 거울 밖에 있는 다른 생명이 눈에 들어온다. 비로소 바로 옆에 앉아 있는 늙은 왕이 어딘가 아프며 그가 공감과 위로를 구하고 있다는 것이 느껴진다. 처음 퍼시벌은 거울의 성 속에 갇혀 아무것도 보지 못하는 상태였다. 그래서 그는 성배를 알아채기까지 수많은 시련과 유혹, 온갖 희로애락을 체험해야 하는 모험의 여정을 치러야만 했다. 퍼시벌의 모험은 일종의 입문의례와도 같다. 그는 연금술사처럼 죽음과 같은 어둠과 절망을 경험해야 하고 다시 시작되는 아침과 부활의 기쁨을 경험해야 한다. 그리고 욕망과 유혹 그리고 뒤따르는 대가도 맛보아야 했다. 오랜 세월이 흐른 후 성배의 성으로 되돌아와 마침내 어부왕에게 묻는다. "어디가 아프세요?"

가슴에서 우러나오는 질문, 마음이 울리는 질문이다. 가슴에서 우러나오는 질문은 다른 이의 가슴을 관통한다. 그때 질문은 질문 아닌 질문, 질문 이상의 질문이 된다. "당신은 괜찮으신가요?", "당신이 괜찮으면 나도 괜찮아요." 묻는 이와 답하는 이가 하나의 끈으로 연결된다. 그리고 보이지 않는 끈을 타고 우리는 이전과는 다른 존재로 변형된다. '나만 괜찮으면 돼'에서 '우리가 괜찮아야 돼'로 바뀌는 것이다.

우리를 다른 사람과 진정으로 연결시켜 주는 초록색 성배는 우주적 생명을 담은 그릇으로서 우리 몸의 가운데 에너지 센터에 자리 잡고 있다. 우리의 가슴, 그러니까 심장이 있는 그쯤에는 '아나하타 차크라 anahata chakra'라고 불리는 보이지 않는 에너지 센터가 있다고 한다. 초록색으로 상징되는 이곳을 인도인들은 열두 장의 꽃잎을 지닌 연꽃으로 나타냈다. 연꽃 안에는 위로 향하는 삼각형과 아래로 향하는 삼각형이 교차하는 별이 그려져 있다. 위로 향하는 삼각형은 남성에너지를 아래로 향하는 삼각형은 여성에너지를 상징한다. 그러니까 이 장소는 창과 성배가 만나는 지점, 올바로 던진 말에 의해 세상을 풍요롭게 만드는 우주적 에너지가 일깨워지는 장소다. 그런데 '아나하타'란 '없다'를 뜻하는 '아나'와 '부딪치다'를 뜻하는 '하타'가 합해진 말이라고 한다. 아나하타 차크라는 '부딪침이 없는' 장소다. 걸림이 없는 장소, 모든 것이 관통하는 장소, 바람이 피리를 통과하듯이 모든 것이 통과하면서 울림을 만들어 내는 장소다.

이곳은 우리 척추를 타고 흐르는 일곱 개의 에너지 센터 중에 아래서 네 번째 장소이면서 동시에 위에서 네 번째 장소인 일곱 차크라의 중앙에 해당한다. 아나하타 차크라 아래쪽 세 개의 차크라가 주로 우리의 개인적인 생존 본능과 관계되어 있다면 위쪽 세 개의 차크라는 자기 보존 문제를 넘어서 더 큰 자아와의 연결과 공유를 관장한다. 척추 맨 밑의 물라다라Muladhara 차크라는 기본적인 생존본능을, 배꼽 아래 있는 스바디슈타나Swadhisthana 차크라는 성과 생식 본능을, 명치쯤에 자리한 마니푸라Manipura 차크라는 자아 확립과 보존, 확장을 관장한다. 이 세 차크라가 자기생존, 생식, 보호, 자아구축과 관련된 차원이라면 아나하타 차크라를 기점으로 의식은 큰 전환을 이룬다.

아나하타 차크라에서 자의식은 별로 의미가 없다. 자아는 사라지고 다른 차원이 열리는 것이다. 공감과 연민의 문을 연 사람은 자신의 가슴에서 우러나오는 말을 목소리로 전한다. 퍼시벌의 질문은 바로 여기서 솟아나는 말, 가슴을 관통하는 말이다. 그리고 그 말은 가슴에서 올라와 목구멍 근처에 자리한 비슈다Vishuddha 차크라를 건드리면서 울린다. 표현과 창조성의 차원을 관장하는 것이 비슈다 차크라다. 진정한 커뮤니케이션이 시작되는 것이다. 나의 말은 너에게 가 닿아 너를 울리고 다시 나에게로 되돌아와 우리를 더 높고 깊고 넓은 차원으로 이끈다. 여기서 흘러나오는 말은 나의 말이면서 동시에 나의 말이 아니기도 한, 내가 말하는 것이 아니라 말이 나를 통해 흘러나오는 차원이 열린다.

이마 한가운데를 지나는 아즈나Ajna 차크라가 열리면 우리 의식은 보이는 것에서 보이지 않는 것으로 나아간다. '제3의 눈' 또는 '영안'이라 불리는 마음의 눈이 열리는 것이다. 말하자면 우리 의식이 우리의 감각지각의 한계를 넘어 존재 자체를 알 수 있는 차원으로까지 고양된다는 것이다. 그리고 그 다음은 보고 알고 무엇이라고 정체를 규정하는 차원을 넘어서 존재와 비존재, 이것과 저것의 경계가 사라지는 차원으로 의식이 넘어

간다. 그곳이 바로 천 개의 꽃잎을 지닌 연꽃으로 상징되는 사하스라라 Sahasrara 차크라다. 여기가 열리면 우리 의식은 마치 신의 의식과 같아진다고 한다. 존재의 전체성을 온몸으로 알게 되는 것이다.

  이 일곱 개의 차크라는 인간이 자신의 완성을 향해 나아가기 위해 거쳐야 하는 일곱 계단과도 같다. 하늘에서 내려온 에너지는 머리 꼭대기에서 출발해 아래로 향하는 길을 거쳐 내려오고 땅에서 올라오는 에너지는 우리 척추의 뿌리라고 할 수 있는 맨 아래쪽 차크라로부터 시작해 위를 향해 올라가는 길을 거친다. 이 오르고 내리는 길은 우리가 이 세상과 우주와 연결된 길이다. '연결하다'란 뜻을 가지고 있는 요가는 바로 이 일곱 개의 중심을 깨어나게 하는 모든 행동을 의미한다.

  우리 내부에 흐르고 있는 에너지, 우리를 살아가게 만들고 우리로 하여금 기쁨과 슬픔, 쾌락과 고통을 느끼게 하는 에너지는 우리 자신의 것이면서 동시에 우주의 에너지라는 것, 생명은 우리를 통과하면서 온갖 이미지와 소리와 맛을 만들어 내면서 사건의 그물을 짜내려 간다는 것, 우리는 큰 우주의 생명이 짜내는 큰 그림 속에 등장하는 작은 무늬와 같다는 사실을 알고 실천하는 것, 그것이 바로 요가다. 우리는 원래 연결된 존재들이다. 하지만 우리는 생존과 자기유지와 안전의 차원에 고착되어 그 연결을 망각하곤 하는 존재이기도 하다. 우리는 다른 이에 대한 봉사와 헌신을 통해, 지식을 통한 자각을 통해 그리고 다른 존재를 향한 사랑을 통해 망각으로부터 풀려날 수 있다.[47] 어쩌면 삶에서 경험하는 온갖 종류의 사건 모두 우리가 잊어버린 우리 자신과 세계에 대한 진정한 앎을 회복하기 위해 마련되는 우주의 선물일지도 모른다. 퍼시벌이 천신만고 끝에 성배의 성에 다시 도달하게 되는 것처럼 말이다. 그런데 우리는 누구에게 물어야 하는 것일까? "어디가 아프세요?", "당신, 괜찮으세요?"라고. 우리가 질문을 던져야 하는 병든 어부왕은 누구일까?

# 밥하고 빨래하는 여신

퍼시벌이 올바른 질문, 가슴을 관통하는 말로 성배의 힘을 일깨우고 병든 어부왕을 치유했다면 우리에게 친숙한 바리데기 여신 역시 병든 왕을 치유한다. 그러나 그녀의 방식은 퍼시벌과는 조금 다르다. 그녀는 병든 왕과 나라를 아무도 고치지 못하는 병으로부터 구하기 위해 해가 지는 나라, 말하자면 죽은 자들의 세계에 있는 약을 찾아와야 했다. 그녀는 인간으로 태어나 나중에 신으로 봉해진 여신이다. 마치 석가모니가 왕자의 몸으로 태어나 왕국을 떠나 붓다라는 완성된 인간으로 변형된 것처럼 그녀 역시 공주로 태어나 고통받는 인간과 귀신 들을 돌보는 자비로운 여신으로 성숙한다. 바리데기 공주가 완성된 인간으로 변형되기 위해서 한 일은 밥 짓고 밭 매고 빨래하는 일상의 노동이었다. 어떻게 일상의 노동이 자신을 구하고 병든 왕을 구하고 나라를 구할 수 있을까?

　　　　옛날 한 옛날에 불나국이라는 나라에 딸만 일곱을 둔 오구대왕과 길대부인 부부가 살았다. 아들을 기대하던 오구대왕은 일곱 번째 역시 딸이 태어나자 불같이 진노하며 갓 태어난 아기를 서해용왕에게 진상품으로 갖다 바치라고 명한다. 길대부인은 슬픔과 분노를 머금고 아기를 몰래 빼돌려 옥함에 넣어 나라의 서쪽 끝에 있는 수미산 기슭에 버린다. 버린 아이라 아기의 이름을 '바리데기'라 했다. 한편 세상을 등지고 산속 깊은 곳에 들어와 하늘과 구름을 이불 삼고 땅을 요 삼아 살아가던 비리공덕 할미 할아범 부부는 약초를 캐러 다니다 오색운무가 가득한 가운데 아기 울음소리가 들리는 옥함을 발견한다. 아기의 입에는 왕거미가, 귀에는 불개미가 바글거렸고 몸통은 뱀이 휘감고 있었다. 놀란 부부가 아이를 계곡물에 씻기자 거미와 개미 떼는 희고 붉은 꽃잎이 되어 물 위로 흘러갔고 커다란 뱀은 나뭇가지가 되어 떠내려가 버렸다. 하늘과 땅, 산과 들에서 빌리는 공덕으로 살아가던 이들 부부는 젖 없는 아이 젖 주어 기르는 공덕을 최고의 공덕으로 알고 이 아이를 데려다 정성껏 키운다.

　　　　　오구대왕은 막내딸을 죽이라 명한 이후에 이름 모를 병에 걸려 시름시름 앓기 시작했다. 왕이 병들자 불나국은 점점 피폐해져 가기 시작했다. 왕의 병은 아무도 고칠 수 없었고 죽지도 살지도 못한 채 15년이 흘렀다. 어느 날 길대부인의 꿈속에 푸른 옷을 입은 어린 소년이 나타나 왕의 병은 일곱 번째 딸이 가져다주는 서천서역국의 약수와 꽃으로만 고칠 수 있다고 전한다. 왕은 여섯 딸을 불러 누가 약수를 가져다줄 수 있을지 물었으나 아무도 나서는 이가 없었다. 서천서역국 가는 길은 한번 가면 다시 돌아오기 힘든 길이었기 때문이다. 오구대왕 부부는 하는 수 없이 일곱 번째 공주 바리데기를 찾는다.

　　　　　바리데기는 자신을 버린 부모가 미웠지만 낳은 공덕도 공덕이라 여기고 서천서역국을 향해 길을 떠난다. 무쇠신에 무쇠두루마기, 무쇠패랭

이로 남장을 하고 얼굴에는 재를 바른 채 무쇠주령을 가슴에 품고 무쇠지 팡이를 집고 바리데기는 길을 잡았다. 높은 산과 깊은 물, 사막과 화염산, 얼음산과 눈보라를 거쳐 걷고 또 걸어 어느 마을에 도착했을 때 어느 할미 하나가 얼음물에 빨래를 두드리고 있었다. 서천서역국이 어디냐는 바리데 기의 물음에 할미는 검은 빨래는 희게, 흰 빨래는 검게 해 놓으면 알려 준다 고 퉁명스럽게 말하고는 산더미 같은 빨래 뭉치만 남기고 사라진다. 바리 데기는 검은 빨래는 방망이로 두드려 물에 헹궈 희게 만들고, 흰 빨래는 흙 에 담가 두드려 검게 만든다. 숙제를 모두 마친 바리데기에게 할미는 산모 롱이를 왼편으로 돌아 개울 세 개 건너편에 살고 있는 탑 쌓는 노인네에게 물어보라 알려 준다. 탑 쌓는 노인네는 쌓는 즉시 무너져 버리는 돌들로 108일 만에 돌탑 하나를 완성하면 알려 주마 한다. 바리데기가 이 숙제를 끝내자 노인은 금으로 된 방울과 꽃 세 송이를 남기고 사라졌다. 할미는 천 태산 마고여신이었고 할아범은 석가세존의 현신이었다.

　　방울을 흔들자 길이 접혀 수만리 길이 한달음이 되고 너른 강은 시내처럼 좁아졌다. 이윽고 바리데기가 도달한 곳은 수많은 죽은 영혼이 참담한 꼴로 죽지도 살지도 못한 채 끊이지 않는 고통에 몸부림치고 있는 지옥이었다. 그들의 고통에 눈물 흘리던 바리데기는 노인에게서 받은 꽃을 이들에게 던져 준다. 바리데기가 던진 꽃에 닿은 영혼은 철로 된 높은 지옥 성에서 꽃처럼 떨어져내려 황천강으로 흘러갔다. 지옥을 지나 솜털도 가라 앉는다는 약수 바다에 이르렀을 때 바리데기의 은덕을 입은 영혼들이 나타 나 바리데기를 들어 올려 무사히 바다 저편까지 날라 주었다.

　　바다 저편에는 서천서역국에서 하늘의 노여움을 사 지상에 유배

된 무상선인이 약수를 지키며 살고 있었다. 무상선인은 지상의 여인과 만나 혼인하면 하늘에서 지은 죄를 탕감받을 수 있었다. 무상선인은 바리데기에게 약수를 주는 대가로 날 없는 낫으로 나무하기 3년, 차돌 깨트려 불씨 묻기 3년, 밑 빠진 독에 물 긷고 서천꽃밭에 물 주기 3년을 요구한다. 그렇게 아홉 해를 지낸 후 바리데기는 무상선인과 "천지로 장막 삼고, 일월로 등촉 삼고, 산수로 병풍 삼고, 금잔디로 중의 삼고, 샛별로 요강 삼고, 썩은 나무 등걸로 원앙금침 잣베개 삼아 두고" 혼인해 아들 일곱을 낳는다. 이 모든 과정을 마친 후 바리데기는 드디어 약수 한 병과 서천꽃밭에서 자라는 살살이꽃, 뼈살이꽃, 숨살이꽃을 들고 일곱 아들과 남편과 함께 불나국으로 돌아온다.

바리데기의 귀환을 기다리지 못하고 이미 숨이 끊어져 살이 짓무르고 있던 오구대왕은 바리데기가 가져온 약수와 꽃 들로 되살아난다. 살아난 왕은 바리공주에게 대가로 무엇을 받겠냐고 묻는다. 바리공주는 재산도 권력도 싫다며 자신은 모든 버려진 존재의 슬픔과 원한을 위로하는 만신의 어머니 신이 되리라고 말한다. 바리공주는 이로써 죽은 자들을 저승으로 안전하게 이끄는 여신으로 봉해진다. 그뿐만 아니라 무상선인은 저승의 시왕으로, 일곱 아들은 칠성신으로, 비리공덕 할아범은 산신으로, 할미는 평지신으로 봉해진다.

바리데기, 또는 바리공주는 우리나라 무당들이 몸주로 받들어 모시는 무조신이다. 무당들은 죽은 자들을 편안하게 저승으로 이끄는 진오귀굿판에서 항상 바리공주풀이를 한다. 바리공주가 공주이면서도 버려진 모든 것의 슬픔과 고통을 자신의 것으로 알고 느끼듯이 무당 자신도 고통에 휩싸인 존재들의 아픔을 자기의 것으로 느끼고 그들의 고통을 덜어 주어야 한다. 바리데기풀이는 한 사람이 무당으로 입신하는 과정을 상징적으로 나타내는 입무담의 전형적인 형식을 취하고 있는 이야기다. 또한 평범하게 살았거나 부귀영화를 누리고 살았음 직한 고귀한 아이가 뜻하지 않은 고난을 겪고 보통 사람 이상의 존재로 거듭나는 영웅 이야기의 전형으로 보이기도 한다. 그러나 특정인의 입무담이나 영웅 이야기를 넘어 한편으로는 한 사람이 어떤 과정을 거쳐 자기 자신을 넘어 커다란 인격으로 성장해 나가는지를 보여 주는 모두의 이야기이기도 하다.

  바리데기 공주가 길대부인의 태에 들 때 일월성신과 청룡과 황룡, 금거북과 오색구름이 나타났다고 한다. 귀한 존재로 이 땅에 왔으면서도 그녀는 버려져야 했다. 딸이라서 버려졌다는 이유가 오랫동안 이 땅을 지배한 남녀불평등의 모순을 반영하는 듯이 보이기도 하지만 그보다 더 심층에서는 아들이건 딸이건 간에 우리 모두가 버려진 아이로 태어난다는 점에 주목할 필요가 있다. 사람으로 태어난다는 것은 어머니로부터 분리된다는 뜻이다. 나의 가까운 혈육인 어머니의 몸에서 분리되고 먼 혈육인 하늘과 땅으로부터 분리된다. 태어나 한 사람으로 살아간다는 것은 먼저 이 분리를 경험하고 그 다음에는 다시 자신의 뿌리와 연결되어 있음을 자각하는 일련의 과정을 겪는 일이다. 말하자면 우리는 모두 버려진 아이로 태어나 스스로 분리를 넘어 연결로 나아가는 과정을 겪는 것이다.

  바리데기의 친부모는 자신의 진정한 뿌리, 또는 세계와의 연결을 망각하고 있는 자들이며 바리데기를 양육한 비리공덕 부부는 그 연결을 자각하고 그 연결 속에서 살아가는 이들이다. 오구대왕은 분리된 세계의 극단에 서 있는 인물이다. 그는 아들을 낳아 왕위를 계승해야 한다는 사회법에 고착되어 있는 인물이다. 길대부인 역시 그 법을 어길 수 없어 자기 자식을 내다 버릴 수밖에 없는 인물이다. 이 세계 속에서 나와 타인은 철저하게 분리된 개체로 존재한다. 의미 있는 것은 오직 사회적 규율뿐이다. 이것이 바로 오구대왕의 병이다. 사람이 자신이 세상과 연결되어 있다는 사실을 망각할 때 그는 병든 자가 된다.

한편 바리데기를 거두고 키운 비리공덕 부부는 수미산에 사는 이들, 말하자면 인간세계의 규율에 얽매이지 않고 자연법에 귀속된 삶을 사는 사람들이다. 이들이 기댄 곳은 왕궁의 권력이 아니라 자연에서 나고 자라는 것들이며 그것도 소유나 착취가 아닌 빌리는 공덕이다. 바리데기는 인간세계의 바깥으로 밀려나 자연계의 질서와 법을 깨달아 가면서 자라난다. 그녀가 서천서역국행을 자청하는 것도 인간계의 법률에 따라서가 아니라 자연계의 법칙에 대한 깨달음 때문이다. 그가 믿는 법칙은 천지자연이 나와 한 몸이듯이 부모와 나도 한 몸이며 더 나아가 내게 고통을 준 자들과도 한 몸이라는 깨달음이다. 그런 의미에서 버려진 아이는 병든 인간계에서 버려짐으로써 오히려 더 큰 자연계의 자식으로 키워진 셈이다. 그녀가 아버지의 병을 고칠 수 있는 것도 바로 자연계의 품 안에서 배우며 자라났기 때문이다.

서천서역국으로 가는 행로는 인간계를 벗어나 또 하나의 다른 차원으로 이동해 가는 긴 여정이다. 이 세계에서 바리데기는 길 없는 길을 걸으며 이 세계에서 규정된 시공간의 법칙이 뒤집히고 뒤틀어진 다른 질서의 세계 속에 발을 들여놓는다. 수만리 길이 한 걸음이 되기도 하고 먼 바다가 작은 시내가 되기도 한다. 이 세상에서 무게를 지닌 모든 것을 집어삼키는 바다를 날듯이 사뿐히 건너기도 하고 검은 빨래를 희게 빨아야 하고 날 없는 낫으로 나무를 해야 하며 돌을 깨뜨려 불씨를 묻고 밑 빠진 독에 물을 길어야 한다. 현실에서 유용해 보이는 모든 도구는 아무 소용이 없다. 꾀도 지략도 통하지 않는다. 여기서 요구되는 덕목은 오직 하나, 마음 다하기다.

그녀는 그렇게 해서 얻은 꽃을 고통받고 있는 원귀들에게 던져 준다. 바리데기가 움직일 때마다 꽃들이 따라 움직인다. 바리데기의 입과 귀를 틀어막고 바글거리던 왕거미, 불개미는 꽃잎으로 변하고 천지자연의 흐름과 하나가 되어 쌓아 올린 돌탑의 대가로 얻은 꽃들은 고통받는 혼들을 평화로 이끈다. 서천꽃밭에 자라는 꽃들은 이 세상에서 죽어 가는 살과 뼈와 숨을 살린다. 세상의 논리와 규범에 노예가 된 오구대왕을 살리는 것은 저편에서 온 물과 꽃이다. 바리데기는 분리된 이편과 저편을 하나로 합쳐 분리의 병을 치유하는 자가 된다.

시베리아에서 샤먼은 주로 남성이었다. 그들은 일찍이 샤먼의 운명을 타고나 샤먼으로 지목된 이후에는 스승의 요구에 따라 최소한의 식량만을 갖고 마을에서 멀리 떨어진 외딴 곳으로 간다고 한다. 인간화되지 않은 풍경을 지닌 어딘지 알 수 없는 외딴 곳에서 그는 무엇인가를 배워야 한다. 야생동물이 들끓을 수도 있고 지나친 추위나 지나친 더위가 그를 집어삼킬 수도 있다. 모래바람에 몸을 맡겨야 할 수도 있고 더위와 갈증에 지쳐 미쳐 버릴 수도 있다. 어쨌든 미래의 샤먼이 될 그들은 그런 가운데 몇날 며칠을 보내야 하고 드디어 죽음을 맞이한다. 독수리나 늑대가 다가와 그의 몸을 갈갈이 찢어 먹어 버리고 괴물들이 나타나 온몸을 난도질해 솥에 넣고 삶는다. 뼈는 뼈대로 살은 살대로 발라지고 죽은 그의 영혼은 천계를 여행한다. 하늘의 메신저가 나타나 그를 데리고 저세상 여기저기를 보여준다. 약초를 보는 눈을 주고 영혼의 병을 알아보는 눈을 준다. 그의 영혼은 죽은 몸으로 다시 내려오고 흩어져 구워지고 삶아진 몸은 다시 붙어 되살아난다. 그는 그럼으로써 샤먼이 되는 것이다.

바리데기 이야기는 샤먼이 되는 입무담의 일종이기는 하지만 시베리아 남성 무당들과는 다른 색깔의 이야기다. 그녀는 저세상을 여행하느라 고통을 겪기는 하지만 몸이 잘라지고 삶아지는 경험은 하지 않는다. 그녀가 겪는 일은 자기 해체의 경험이 아니라 일상의 노동을 자청하는 일이다. 물 긷기, 빨래하기, 불 때기, 꽃 가꾸기, 돌탑 쌓기 등등 이 세상에서도 흔히 벌어지는 일이다. 게다가 혼인하여 아이 낳는 일까지 한다.

이세상에서 쉬워 보이는 일들이 저세상에서는 그리 녹록치 않다. 일을 완수하는 기준이 다르기 때문이다. 평범해 보이는 일상의 노동 역시 그 모든 일을 천지자연과 함께 호흡하며 해야 완수할 수 있다는 것이다. 흰 빨래를 검게 빨아 놓으라는 마고할미의 요청에 바리데기는 이렇게 말한다. "물에다가만 빨래를 하라는 법이 있나, 세상이 처음 날 적에 지수화풍이 그 모체였으니 흙 묻은 옷이 더럽다고 생각하는 것 역시 사람살이의 생각 한 끝 차이지."[48] 또 자꾸만 무너져 내리는 돌탑을 쌓는 데 성공할 수 있던 것도 그 날의 천지 흐름을 읽고 음의 날에는 양의 돌을, 양의 날에는 음의 돌을 한 번에 하나씩 올려놓았기 때문이다. 이 모든 과제가 '약이 어디 있습니까'라는 질문에 그들이 내주는 답이다. 바리데기는 온 마음을 다해 밥하고 빨래하고 물 긷고 아이 낳고 살림한다. 그녀가 하는 살림살이가 바로 사람을 살리는 일인 셈이다. 그녀의 이러한 일상이 평범한 꽃과 물을 사람 살리는 꽃과 물로 바꿔 준다.

　　　이 모든 여정을 거쳐 그녀가 배우는 것은 연민이다. 연민은 타인의 고통을 추론을 통해서 짐작하는 것이 아니라 그냥 그렇게 나의 고통으로 느끼는 것이다. 추론은 나와 타인이 분리되어 있다는 것을 전제한 상태에서 미루어 짐작하는 것이지만 진정한 공감으로서 연민은 미루어 짐작하는 것이 아니다. 그냥 당신이 아프니 내가 아픈 것이다. 내가 아프니 당신의 아픈 곳을 낫게 하고자 할 뿐이다.

　　　우리는 세상을 '나'와 '너', '그것'으로 나눈다. '너'는 내 앞에 있는 자, 나와 연결되어 있는 자다. 그러나 '그것'은 나와 아무런 연결이 없는 존재다. 나는 '그것'에는 무관심하지만 '너'에게는 무관심할 수 없다. 너는 또 다른 나이기 때문이다. 우리는 '그것'에 대해서는 객관적 시각을 취할 수 있지만 너에 대해서나 나에 대해서는 그럴 수 없다.

　　　근대 이후에 우리는 세계에 대해 객관적 시각을 가질 것을 배우면서 살아왔다. 세계에 대해 거리 두기, 세계의 소란에서 벗어나 바깥에 있는 사람의 눈으로 세계를 바라보기. 세계와 냉정하게 거리를 두는 일은 우리의 일상생활 속에 차고 넘친다. 고객을 대하는 판매직원의 태도 속에, 환자를 대하는 의사의 태도 속에, 알지도 못하는 전화 저편의 목소리 속에, 그뿐만 아니라 우리가 매일 먹어 치우는 동물들에게, 들판의 꽃과 나무 들에게, 강과 산, 바다에게 우리는 얼마나 객관적이고 냉정한가. 그 모든 것이 '그것'의 세계 속에 귀속되어 있다. '그것들'의 세계에 둘러싸여 사는 우리는 이제 자기 자신마저 '그것'으로 보기 시작했다. 우리는 괜찮아 보이는

'그것'이 되기 위해 우리를 기계 고치듯이 고치며 온갖 그것들로 감싼다. 100년 전쯤에 유럽의 철학자들이 경고한 생명의 사물화와 도구화, 소외가 이제 일상이 되어 버린 셈이다. 오구대왕의 병은 나를 제외한 모든 것을 '너'가 아닌 '그것'으로 보게 된 데서 비롯된다. 그 병을 고칠 수 있는 것은 세계를 '그것'이 아닌 '당신'으로 볼 수 있는 힘에 의해서다. 그리고 그 힘은 그토록 우리가 자주 입에 담는 '공감'의 힘이다.

바리데기를 모시는 무당은 하늘과 땅에서부터 시작해 집안의 부뚜막과 변소에 이르기까지 하다못해 집밖과 마을을 떠도는 온갖 객귀와 잡귀까지 불러 모아 한판 거나하게 잔치굿을 벌린다. 모두가 함께 먹고 떠들고 춤추고 노래한다. 모두가 함께 평안해야 온누리가 평안하기 때문이다. 그렇게 해서 바리데기 여신의 후예들이 이 세계에 가져다주는 것은 숨과 피와 살을 살리는 꽃, 모두를 당신으로 변모시키는 힘, 바로 사랑이다.

에필로그

스핑크스의 질문에 답하며

사자의 몸, 독수리의 날개, 뱀의 꼬리를 지닌 여자인 스핑크스가 던진 질문은 '너는 누구인가'다. 지금 여기 서 있는 당신은 누구이며, 어디에서 와서 어디로 가고 있는 것인가? 사람은 그녀가 던진 질문처럼 세 종류의 시간을 지난다. 네 다리로 기다가 두 다리로 우뚝 서 걸으며 다시 땅으로 반쯤 기울어 땅으로 돌아갈 준비를 한다. 그의 아침은 허리를 곧추세우고 일어설 준비를 하는 시간이고, 그의 낮은 당당하게 우뚝 서 세계를 마주보는 시간이며, 그의 저녁은 다시 땅을 향해 기울어 가는 시간이다. 세 가지 시간의 길을 걷는 그에게 우주가 묻는다. "너는 누구이며 어디에서 어디로 가는 중인가?"라고.

스핑크스의 모습은 그 자체로 우주의 전체성을 상징한다. 사자, 독수리, 뱀, 인간은 밤하늘의 네 귀퉁이를 차지하는 별자리를 상징하며 또한 땅 위를 걸어 다니는 존재, 하늘을 나는 존재, 땅 속을 오가는 존재 그리고 그 모든 요소를 함께 지니고 있는 우리 자신의 다른 면모를 나타내기도 한다. 큰 우주가 작은 우주에게 묻는 것이다. "지금 길을 가고 있는 너는 누구인가?"라고.

　　　　일찍이 하나의 빛이 '펑!' 하고 터져 버린 태초의 시간에 모든 것은 하나였다. 최초의 폭발과 함께 세상은 자꾸 자꾸 멀리 퍼져 나갔다고 한다. 멀리 퍼져 나가는 시간 동안 별이 생기고 태양이 생기고 지구가 생기고 물과 돌, 나무와 동물, 인간이 생겨났다. 그 모든 것이 처음에는 하나였다고 한다. 그래서 장미꽃과 나, 저 멀리서 빛을 밝히고 있는 별은 같은 원소로 이루어져 있다. 별과 장미꽃은 하나였으며 나도 마찬가지다. 하지만 우리는 별과 장미꽃은커녕 나와 비슷하게 생긴 바로 옆의 인간 종에게까지도 같음보다는 다름을 더 많이 의식한다. 나는 그와 다르며, 나는 고양이와 다르며, 나는 장미꽃과 다르다. 나는 별이 아니고 나무가 아니며 태양이 아니며 길가에 구르는 돌맹이가 아니다. 나는 오로지 '나'일 뿐이다. 우리는 수천 겹으로 구분된 그 다름의 경계 속에서 오로지 '나'로 살아간다. 그런데 그 '나'란 대체 누구란 말인가?

　　　　태초에 인간의 모습을 한 아트만 ātman이 있었다. 그가 주위를 둘러보니 그가 아닌 존재는 아무것도 없었다. 그래서 그는 '내가 있다'라고 말했다. 그리고 나자 두려웠다. 그가 느낀 이 최초의 두려움 때문에 우리는 혼자가 되는 것을 두려워한다. 그런데 나 이외에 아무도 없는데 대체 누구를 두려워한단 말인가. 생각이 거기에 미치자 두려움은 점차 사라졌다. 두

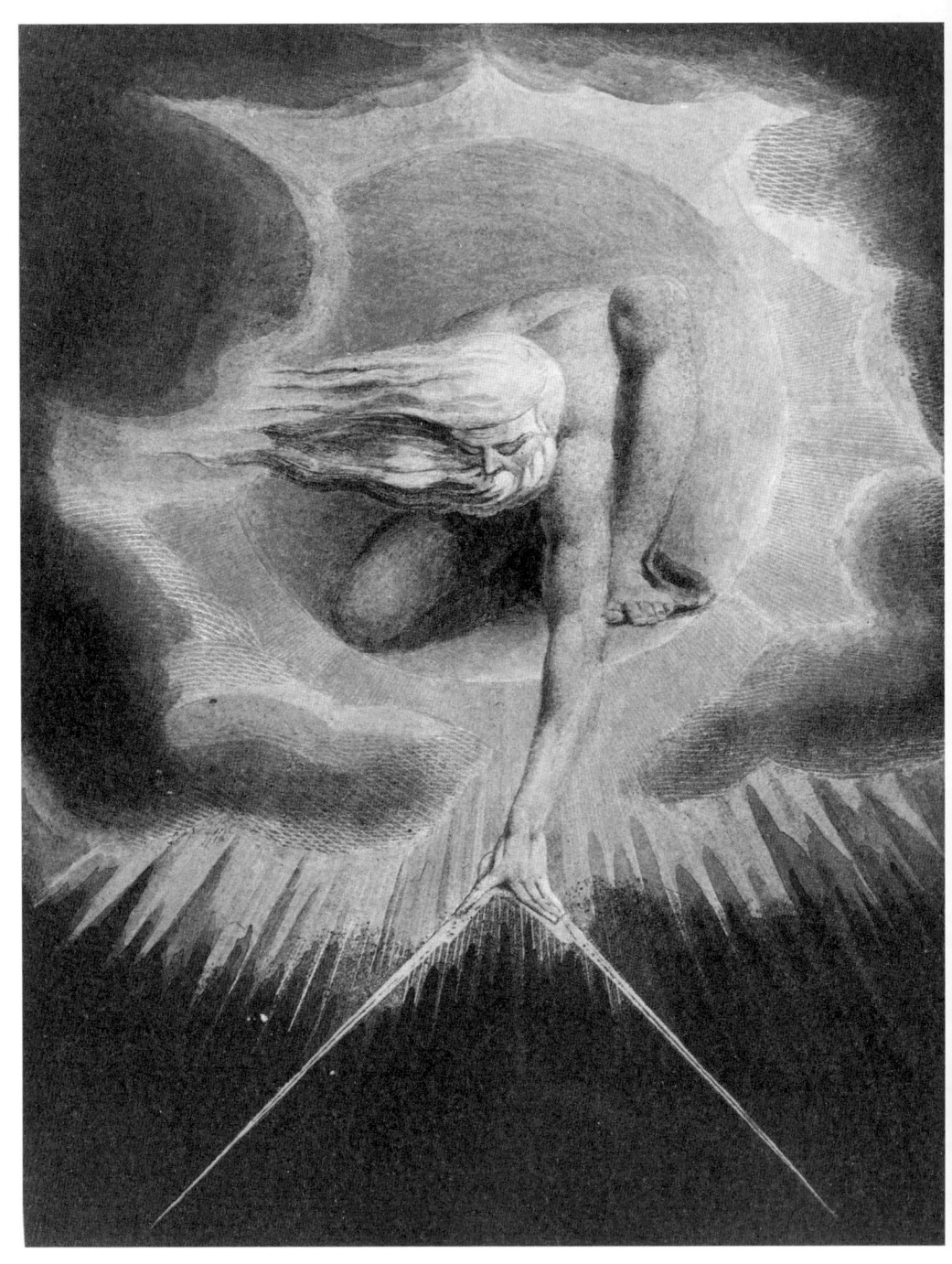

윌리엄 블레이크, 〈태고의 날들〉, 1794

려움이란 다른 존재로 인해 생기는 것이다. 하지만 그는 전혀 즐겁지 않았다. 그가 이때 즐겁지 않았기 때문에 지금 우리는 혼자가 되는 것을 즐거워하지 않는다. 그는 다른 누군가를 원했다. 그러자 몸이 두 배로 부풀었다. 그리고 자신을 둘로 나누었다. 거기서 남편과 아내가 생겨났다. 그리고 커다란 허공인 아내와 합했다. 그러자 인간이 태어났다. 최초의 여자는 생각했다. '그가 어떻게 자기 자신에게서 생겨난 나와 결합할 수 있는가?' 그녀는 스스로 모습을 바꿔 자신을 숨기기로 마음먹었다. 그녀는 암소가 되었다. 그러자 그는 수소가 되어 그녀와 결합했고 거기서 소가 생겨났다. 다시 그녀가 암말이 되자 그는 수말이 되어 그녀와 결합했으며 그녀가 암탕나귀가 되자 그는 수탕나귀가 되었고 그녀가 다시 암염소가 되자 그는 숫염소로, 그녀가 암양이 되니 그는 숫양이 되었고 이렇게 해서 작은 벌레에 이르기까지 모든 생물이 생겨났다. 그는 이 모든 것의 창조자였으니 '내가 바로 창조'임을 알았다.

    이 이야기는 《우파니샤드》에서 이 세상이 어떻게 창조되었나를 말하는 대목이다. 오로지 나만이 있었는데 그로부터 내가 아닌 온갖 것이 창조되었다는 이야기다. 그렇다면 그 모든 것은 나로부터 생겨난 것들이며 또 다른 나다. 이 모든 나 아닌 또 다른 나를 만들어 내는 것은 내가 '나'라는 것을 의식하면서부터다. '내가 있다'라고 말하는 순간 두려움이 생기고 두려움이 그리움을 낳고 그리움이 짝을 만들어 낸다. 최초에 하나였던 것이 그것을 인식하면서 둘로, 다시 여럿으로 나뉘게 되었다는 것이다. 우주에 다양한 존재가 생겨난 것은 더하기가 아니라 나누기에 의해서였다. 하나가 둘로, 둘이 다시 넷이 되고 그 분할이 회를 거듭하면서 수없이 많은 존재가 생겨난다.

　　　　　그리스 철학자 플라톤은 이 세상에 창조가 같음을 나눠받는 방식으로 일어났다고 했다. 마치 우리가 어머니와 아버지의 유전자를 나눠 받으면서도 그들과는 다른 존재인 것처럼, 또한 우리가 나눠 받은 유전자를 자식들에게 나눠 주면서 그들 역시 우리와 다른 존재로 태어나는 것처럼 말이다. 우리는 모두 서로 다른 존재이면서 동시에 같은 것들을 지니고 있다. 그는 이렇게 같음을 나눠 받는 것을 큰 존재에 참여하는 것이라고 했다. 우리가 그 같음을 진정으로 이해할 때 우리는 신과 하나가 된다.

　　　　　우리가 흔히 '비유analogy'라고 부르는 것은 서로 다른 것처럼 보이는 것들 속에 숨겨진 같음을 찾아낼 때 쓰는 말이다. 호수를 보고 하늘을 닮았다고 하거나 연인의 눈동자를 보고 별빛 같다고 하는 것 말이다. 이런 말들은 그저 말에 불과한 것이 아니라 이 세상에 존재하는 것들이 서로 닮아 있고 어느 순간 우리 앞에 그 닮음을 드러내기 때문에 우리가 그렇게 느끼는 것이다. 우리는 물론 이 말들의 의미를 완벽하게 이해한다. 호수가 하늘이 아니고 별빛은 눈빛이 아니지만 우리는 그 말이 무엇을 전하고 있는지 이해하고 공감한다. 우리가 이런 표현을 이해하고 공감할 수 있는 것은 각각의 개념이 지칭하는 대상이 표피적인 공통점만을 가지고 있어서는 아니다. 서로 멀리 떨어져 있는 듯이 보이는 서로 다른 사물에는 수사법 이상의 공통분모가 존재한다. 이성은 여기서 다름을 찾아내고 그것으로 사물의 정체성을 규정하지만 우리 안에 잠재되어 있는 시적 직관은 다름 너머에 자리 잡고 있는 같음을 보는 것이다. 신화가 건네는 말들이 우리의 마음을 건드릴 수 있는 것은 바로 그 말들이 이러한 종류의 시적 직관을 깨우기 때문이기도 하다. 그래서 신화는 우리를 '존재에의 참여'로 이끈다.

    내가 호두 한 알을 바라보면서 호두껍질 안을 궁금해 하고 있을 때 나의 상상계 속에서 호두는 점점 커다랗게 변하면서 겉과 속을 가진 공간으로 변한다. 그때 나는 호두 안에 들어간 엄지공주가 되고, 거인국에 간 걸리버가 된다. 세계는 커지고 반대로 나는 작아진다. 호두 안으로 들어간 나는 호두껍질 안의 딱딱함을 손바닥으로 느끼며 그 굴곡을 바로크 양식의 궁전 벽 장식처럼 느낄 수도 있고, 신데렐라의 황금마차로 느낄 수도 있다. 나는 그때 카프카의 〈변신〉 속 주인공 케이처럼 호두를 파먹는 한 마리 벌레로 변신할 수도 있다. 내가 그보다 더 무한히 작아지고 또 작아진다면 호두껍질 안은 아마 거대한 우주처럼 커질 수도 있을 것이다. 그때 작은 호두는 크기를 잃어버린다. 작은 것인지, 큰 것인지. 프랑스 철학자 바슐라르 Gaston Bachelard는 우리가 사과의 내부를 들여다볼 때 사과는 열기를 내뿜고 있는 태양계로 변할 수도 있다고 한 적이 있다. 그때 사과의 중앙은 태양이며 그 과육은 열을 뿜어내는 대기가 된다. 호두껍질 속으로, 사과 속으로 들어가 버린 나는 그 세계에 참여하고 있는 것이다. 내가 호두 속으로 들어가 호두의 영혼으로 변할 수도, 사과의 영혼으로 변할 수도 있다. 내 몸이 사과의 과육으로 변할 수도 있고 사과를 파먹는 벌레의 몸으로 변할 수도 있다. 느껴지시는가?

우주는 나의 시적 직관 속에서 무한히 크게 확장되기도 하지만 무한히 축소되기도 한다. 한 알의 호두가 태양계만한 크기로 확대될 수도 있지만 정반대로 태양계 전체가 호두만한 크기로 축소될 수도 있는 것이다. 그때 나는 인도의 오래된 경전《우파니샤드》에 등장하는 최초의 인간인 프루샤가 된다. 그의 호흡이 바람이 되고 그의 눈빛이 불이 되었으므로 우주의 바람은 나의 호흡이고 우주에 빛을 발하고 있는 행성은 나의 눈동자가 된다. 그렇다면 나는 누구란 말인가?《우파니샤드》의 핵심적 전언은 "네가 바로 그것"이라는 경구다. 바람과 불과 천둥과 비, 나무와 꽃, 바위, 짐승들, 구름과 강, 존재하는 모든 것이 바로 당신이다. 인도인들은 이 모든 것 속에 잠재되어 있는 같음을 아트만이라 불렀다. 아트만은 '작은 나'라는 뜻이다. 이 '작은 나'들이 오밀조밀 모여 있는 이곳이 바로 우주다.

모든 존재는 자신을 '나'라 부른다. 그런데 그 모든 '나'에는 같음이 있다. 그 모든 존재는 자신을 아끼고, 살아 있고 싶어 하며, 숨 쉬고 싶어 하며, 느끼고 향유하고 싶어 한다. 나와 다른 수많은 '나'가 생을 열망하며 행복을 원한다. 그리고 그 모든 다른 '나'의 열망을 나는 시적 직관을 통해 알 수 있고 공감할 수 있다. 그때 내가 다른 존재들에게서 경험하는 것은 내가 내 안에서 느끼는 것과 같다. 공감은 미루어 짐작하는 것이 아니라 그냥 함께 느끼는 것이다. 내가 다른 존재들과 무엇인가를 함께 느끼고 있을 때 세상은 다른 차원으로 펼쳐진다. 마치 시간이 멎는 듯, 느리게 흘러가는 듯하며 장소는 빛을 발한다. 일종의 에피파니 Epiphany, 이 세상을 처음 만난 듯한 강렬한 감정이 일어나는 것이다.

엘리아데는 신화가 바로 이 에피파니를 불러일으킨다고 한 적이 있다. 그는 신화가 우리를 최초의 시간으로 되돌려 최초의 시간을 다시 살게 만든다고 했다. '처음'의 순간은 늘 강렬하고 짜릿하다. 모든 것이 명료하고 빛을 발한다. 그 처음의 순간에 우리가 체험하는 것들은 우리의 살갗을 파고들며 오래 각인된다. 그러나 모든 처음은 사라지고 반복되는 체험이 우리를 무디게 만들어 급기야는 아무것도 느끼지 못하게 되는 데까지 이르기도 한다. 하지만 모든 '지금'은 '처음'이다. 세상은 매순간 변화하고 있어서 지금 존재하는 모든 것은 바로 전의 상태와 다른 것이 된다. 그러나 우리의 둔감해진 눈과 귀는 아무것도 눈치채지 못하고 권태의 잠 속으로 빠져들곤 한다.

에피파니를 불러일으킨다는 것은 매 순간의 변화, 매 순간 이어지고 있는 영원한 사건의 탄생에 눈을 뜨게 한다는 것이다. 세계는 무수한 처음의 순간으로 이루어져 있다. 모든 것은 매 순간 처음이다. 그것을 다시 깨우치게 하는 데는 '옛날 옛적 먼 옛날에'로 시작되는, 잊어버린 처음의 이야기를 다시 꺼내야 한다. 처음의 순간이 지금 이 시간 속에서도 실존하고 있으니 그 순간의 비밀을 알아채라는 이야기다.

스핑크스가 던진 수수께끼는 '마리아의 공리'라 부르는 비밀을 담고 있다.(마리아의 공리는 4+3+2+1=10이다.) 마리아의 공리는 넷, 셋, 둘, 하나로 이어지는 우주의 비밀이다. 어떤 비밀이 들어 있는지 당신이 먼저 알아채셨겠지만 그래도 한쪽 눈만 뜬 이들을 위해 비밀을 공개하면 이렇다. 넷은 전체성을 상징하는 숫자다. 물, 불, 흙, 공기/감정, 직관, 감각, 지성/동서남북 등이 '넷'의 공리다. '넷'은 또한 달의 네 상태를 나타낸다. 달이 28일을 주기로 한 바퀴 돌아 제자리로 돌아오듯이 먼 여정을 거쳐 처음으로 되돌아오는 것은 한 주기의 완성, 전체성에 대한 자각을 상징하기도 한다. 탄생-성장-쇠퇴-죽음이라는 삶의 네 단계 속 진실을 이해하는 것, 자라나는 낮의 의식이 정오의 태양을 거쳐 저녁 해로 기울고 밤의 꿈과 잠을 거쳐 다시 새벽의 깨어남으로 순환하고 있다는 사실을 이해하는 것이 '넷' 의 비밀이다.

그런데 넷으로 나뉜 그 모든 순환의 계기는 다시 아침-점심-저녁, 초승달-보름달-그믐달의 세 국면, 아버지-어머니-아이, 아이-어른-늙은이의 세 단계로도 나뉜다. 그리고 다시 이 세 단계는 두 가지 국면의 다른 모습이다. 이 세상은 남과 여, 밝음과 어둠, 삶과 죽음, 기쁨과 슬픔, 이쪽과 저쪽으로 나뉘어 있다. 그리고 결국에는 이 모든 것이 하나의 여러 모습, 한 존재의 우주적 얼굴이다. 넷과 셋과 둘은 모두 하나의 다른 모습이라는 것. 그것이 바로 스핑크스의 수수께끼, 마리아의 공리가 전해 주는 비밀이다. 그리고 그 모든 것의 합이 또 다른 차원으로 가는 열쇠가 된다. $4=3=2=1=10!$ 알아차리시겠는지? 하나가 여럿이 되고 여럿이 하나가 되는 원리를. 당신이 바로 우주, 당신이 바로 그것, 당신이 바로 나임을.

1   소포클레스,《오이디푸스 왕》, 황문수 옮김, 범우사, 2000, 55쪽.
2   위의 책, 76쪽.
3   카렌 암스트롱,《축의 시대》, 정영목 옮김, 교양인, 2010, 101쪽.
4   리안 아이슬러,《성배와 칼》, 김경식 옮김, 비채, 2006, 109쪽.
5   임철규,《눈의 역사 눈의 미학》, 한길사, 2004, 348쪽.
6   나카자와 신이치,《대칭성 인류학》, 김옥희 옮김, 동아시아, 2005.
7   유럽전기통신표준협회가 정한 고속무선호출 시스템의 표준인 범유럽무선호출시스템 이름이 헤르메스다.
8   조지프 캠벨,《신의 가면 I : 원시 신화》, 이진구 옮김, 까치, 2003, 306~308쪽 참조.
9   나카자와 신이치,《곰에서 왕으로》, 김옥희 옮김, 동아시아, 2003, 49~53쪽 참조.
10 조지프 캠벨,《신의가면 III : 서양 신화》, 이진구 옮김, 까치, 1999, 76쪽.
11 제임스 프레이저,《황금가지 1》, 박규태 역주, 을유문화사, 2005, 659쪽.
12 자크 아탈리,《미로, 지혜에 이르는 길》, 이인철 옮김, 영림카디널, 1997.
13 Hopi Creation Stories:The Four Creation,, http://alexnoble.typepad.com/journal2012.
14 《신데렐라는 재투성이다》라는 신데렐라 해설서를 쓴 이양호는 특히 그림 형제 판본이 신데렐라 이야기의 본질을 담고 있다고 본다. 그는 최근에 만들어진 신데렐라 이야기들은 재투성이를 공주로 바꾸고 혼인잔치를 무도회로 바꾸는 등의 무책임한 변형을 가했다고 지적한다. 이양호,《신데렐라는 재투성이다》, 글숲산책, 2009, 13쪽.
15 이양호, 72쪽.
16 나카자와 신이치,《신화, 인류 최고의 철학》, 김옥희 옮김, 동아시아, 2008, 165~170쪽 참조.
17 고대 그리스인들에게 창조주는 데미우르고스Demourgos라 불리는 신이었다. 그는 컴퍼스와 자를 들고 기하학 법칙을 적용해 이 우주를 창조했다고 전한다. 블레이크는 이 데미우르고스의 이미지를 빛의 컴퍼스를 지상에 내리쬐는 하나님의 모습으로 바꿨다.

18 앨리슨 쿠더트, 《연금술 이야기》, 박진희 옮김, 민음사, 1995, 115쪽.

19 루키우스 아풀레이우스, 《황금당나귀》, 송병선 옮김, 매직하우스, 2007, 142~143쪽 참조.

20 Sinoda Bolin, "Transitiom as Liminal and Archetypal Situation", from a lecture at the Mythic Journeys Conference, June 2004, Atlanta, Georgia.

21 로버트 존슨, 《She : 신화로 읽는 여성성》, 고혜경 옮김, 동연, 2006, 99쪽 참조.

22 아폴로니오스 로디오스, 《아르고호의 모험》, 김원익 옮김, 바다출판사, 2005, 189쪽 참조.

23 에리히 노이만, 《의식의 기원사》, 이유경 옮김, 분석심리학연구소, 2010, 204~217쪽 참조.

24 제임스 프레이저, 《황금가지 1》, 박규태 역주, 을유문화사, 2005, 682쪽

25 양털 가죽은 민간전승에서 마법과 관계가 깊다고 한다. 고대 에트루리아 예언서들에서 황금양털 가죽은 일족과 왕국이 앞으로 번영하게 되리라는 예언이었다고 한다. 지금의 터키에 해당하는 아나톨리아 반도에서는 신년 축제에서 봉헌된 숫양의 털가죽을 신전의 나무토템들 위에 내거는 것이 매년 봄 왕권을 갱신하는 제의의 일부였다고 한다. 마이클 우드, 《신화추적자》, 최애리 옮김, 웅진지식하우스, 2005, 114쪽.

26 리즈 그린, 《신화와 점성학》, 유기천 옮김, 문학동네, 2000, 40쪽.

27 카를 케레니, 《그리스 신화 1》, 장영란·강훈 옮김, 궁리, 2002, 202쪽.

28 케레니, 450쪽.

29 김산해, 《최초의 신화, 길가메쉬 서사시》, 휴머니스트, 2005, 183쪽.

30 김산해, 187쪽.

31 물과 지혜의 신의 이름은 수메르에서는 엔키였지만 바빌로니아에서는 에아Ea라고 불렀다.

32 세르기우스 골로빈 외, 《세계 신화 이야기》, 이기숙·김이섭 옮김, 까치, 2001, 258쪽.

33 고대 그리스의 철학자 플라톤은 평생에 한 번이라도 엘레우시스 제전에 참여한 적이 있는 사람이라면 불멸의 진정한 의미를 알 수 있을 것이라고 한 적이 있다.

34 Edward A Beach, The Eleusinian Mysteries,
http://www.uwec.edu/philrel/faculty/beach/publications/eleusis.html

35 김산해, 159쪽.

36 조지프 캠벨, 《신의가면 III : 서양 신화》, 이진구 옮김, 까치, 1999, 99쪽.

37 에케하르트 토너·게르노트 로터, 《비너스, 마리아, 파티마》, 신철식 옮김, 울력, 2001, 206쪽.

38 Starhawk, The Earth Path, Harper Collins, 2004, pp.23~24.

39 '루시퍼'가 악마라는 언급은 기독교 성서에 어디에도 없다고 한다. 악마는 '적'이란 의미의 '사탄satan'으로 불리거나 '타진하는 자'라는 의미의 '디아블로diablo'라는 이름으로 나타날 뿐이다.

에케하르트 토너, 위의 책, 135쪽.

40 에케하르트 토너, 221쪽.

41 알베르 베갱, 이부 본느푸아 편역, 《성배의 탐색》, 장영숙 옮김, 문학동네, 1999, 63쪽 참조.

42 장 마르칼, 《아발론 연대기 6: 성배의 기사 퍼시벌》, 김정란 옮김, 북스피어, 2005 참조.

43 조지프 캠벨, 《신의 가면 IV: 창작 신화》, 정영목 옮김, 까치, 2002, 510쪽.

44 이시스 여신은 질투에 가득 찬 세트 신의 음모로 열세 조각으로 찢겨 죽은 오시리스 신을 사랑의 힘으로 다시 부활시킨 이집트의 태모신이다. 이시스와 오시리스 사이에서 태어난 호루스 신은 파라오들의 수호신이며 태양신으로 숭배된다. 오시리스 신은 부활하기는 했지만 세트가 사방으로 던져 버린 몸 가운데 성기에 해당하는 부분을 되찾지 못해 저승의 신으로 자리잡게 된다. 이시스는 '의자'라는 뜻도 가지고 있다. 이시스는 호루스의 의자이며 파라오는 호루스를 대신하는 존재로서 그의 왕권의 힘은 이시스의 의자로부터 나온다.

45 리안 아이슬러, 157쪽.

46 예수의 신화를 디오니소스 신화의 일종이라고 보는 견해를 잘 정리한 책으로는 티모시 프리크, 피터 갠디의 《예수는 신화다》가 있다. 그는 이 책에서 초기 기독교의 모든 상징체계들은 지중해 근방의 토속신앙으로부터 빌려온 것들이라고 주장한다. 무엇보다도 대표적인 신이 바로 디오니소스다.

47 이것이 각각, 카르마 요가, 즈냐냐 요가, 박티 요가라고 부르는 수행법이다. 우리가 흔히 요가로 알고 있는 호흡과 스트레칭 위주의 수행법은 하타요가라고 부른다.

48 김선우, 《바리공주》, 열림원, 2003, 105쪽.

김산해, 《최초의 신화, 길가메쉬 서사시》, 휴머니스트, 2007.

김선우, 《바리공주》, 열림원, 2003.

김선자, 《중국신화이야기》, 아카넷, 2004.

나카자와 신이치, 《신화, 인류 최고의 철학》, 김옥희 옮김, 동아시아, 2003.

_____, 《곰에서 왕으로: 국가, 그리고 야만의 탄생》, 김옥희 옮김, 동아시아, 2003.

_____, 《대칭성 인류학: 무의식에서 발견하는 대안적 지성》, 김옥희 옮김, 동아시아, 2005.

_____, 《신의 발명: 인류의 지와 종교의 발명》, 김옥희 옮김, 동아시아, 2005.

다비드 르 브르통, 《걷기예찬》, 김화영 옮김, 현대문학, 2000.

댄 브라운, 《다빈치 코드》, 양선아 옮김, 대교베텔스만, 2005.

로버트 A. 존슨, 《He, 신화로 읽는 남성성》, 고혜경 옮김, 동연, 2008.

_____, 《She, 신화로 읽는 여성성》, 고혜경 옮김, 동연, 2008.

루키우스 아풀레이우스, 《황금당나귀》, 송병선 옮김, 매직하우스, 2007.

리안 아이슬러, 《성배와 칼:여성의 관점으로 본 인류의 역사, 인류의 미래》, 김경식 옮김, 비채, 2006.

리즈 그린, 《신화와 점성학》, 유기천 옮김, 문학동네, 2000.

마이클 우드, 《신화추적자》, 최애리 옮김, 웅진지식하우스, 2005.

미르치아 엘리아데, 《샤마니즘》, 이윤기 옮김, 까치, 1992.

_____, 《영원회귀의 신화》, 심재중 옮김, 이학사, 2003.

_____, 《신화, 꿈, 신비》, 강응섭 옮김, 숲, 2006.

빅터 터너, 《제의에서 연극으로》, 이기우, 김익두 옮김, 현대미학사, 1996.

사무엘·헨리 후크, 《중동신화》, 박화중 옮김, 범우사, 2011.

세르기우스 골로빈, 《세계신화이야기》, 이기숙·김희섭 옮김, 까치, 2005.

소포클레스, 《오이디푸스 왕》, 황문수 옮김, 범우사, 2002.

아놀드 비틀링어, 《칼 융과 차크라》, 최여원 옮김, 슈리 크리슈나 다스 아쉬람, 2010.
아이스킬로스, 《오레스테스》, 김창화 옮김, 평민사, 1999.
아폴로니오스 로디오스, 《아르고호의 모험》, 김원익 옮김, 바다출판사, 2005.
아폴로도로스, 《원전으로 읽는 그리스 신화》, 천병희 옮김, 숲, 2004.
알베르 베갱, 이부 본느푸아 편역, 《성배의 탐색》, 장영숙 옮김, 문학동네, 1999.
앨리슨 쿠더트, 《연금술 이야기》, 박진희 옮김, 민음사, 1995.
에리히 노이만, 《위대한 어머니 여신》, 박선희 옮김, 살림, 2007.
_____, 《의식의 기원사》, 이유경 옮김, 분석심리학 연구소, 2010.
에케하르트 토너·게르노트 로터, 《비너스, 마리아, 파티마》, 신철식 옮김, 울력, 2001.
오비디우스, 《변신이야기》, 이윤기 옮김, 민음사, 1999.
이양호, 《신데렐라는 재투성이다》, 글숲산책, 2009.
임철규, 《눈의 역사, 눈의 미학》, 한길사, 2004.
자크 아탈리, 《미로, 지혜에 이르는 길》, 이인철 옮김, 영림카디널, 1997.
장 마르칼, 《아발론 연대기 6: 성배의 기사 퍼시벌》, 김정란 옮김, 북스피어, 2005.
_____, 《아발론 연대기 7: 갈라하드와 어부왕》, 김정란 옮김, 북스피어, 2005.
장영란, 《사라진 여신들의 역사: 위대한 어머니 여신》, 살림, 2003.
제임스 조지 프레이저, 《황금가지》, 박규태 역주, 을유문화사, 2005.
조지프 캠벨, 《신화의 이미지》, 홍윤희 옮김, 살림, 2006.
_____, 《신의 가면 I : 원시신화》, 이진구 옮김, 까치, 2003.
_____, 《신의 가면 II : 동양신화》, 이진구 옮김, 까치, 2003.
_____, 《신의 가면 III : 서양신화》, 정영목 옮김, 까치, 2003.
_____, 《신의 가면 IV : 창작신화》, 정영목 옮김, 까치, 2004.
지그문트 프로이트, 《종교의 기원》, 이윤기 옮김, 열린책들, 2011.
찰스 스콰이어, 《켈트 신화와 전설》, 나영균, 전수용 옮김, 황소자리, 2010.
최정은, 《트릭스터, 영원한 방랑자》, 휴머니스트, 2005.
카렌 암스트롱, 《축의 시대》, 정영목 옮김, 교양인, 2011.
카를 구스타브 융, 《원형과 무의식》, 융 저작 번역위원회 옮김, 솔, 2002.
_____, 《인격과 전이》, 융 저작 번역위원회 옮김, 솔, 2004.

카를 케레니, 《그리스 신화》, 장영란·강훈 옮김, 궁리, 2002.

티모시 프리크·피터 갠디, 《예수는 신화다》, 승영조 옮김, 동아일보사, 2002.

파울로 코엘료, 《연금술사》, 최정수 옮김, 문학동네, 2001.

헤시오도스, 《신들의 계보》, 천병희 옮김, 숲, 2011.

헨리에타 맥컬, 《메소포타미아 신화》, 임웅 옮김, 범우사, 1997.

홍태한, 《서사무가 바리공주 전집1》, 민속원, 1997.

Edward A Beach, *The Eleusinian Mysteries*,
   http://www.uwec.edu/philrel/faculty/beach/publications/eleusis.html

Hopi Creation Stories: The Four Creation, http://alexnoble.typepad.com/journal2012.

Katalin Koda, Fire of Goddess:Nine Paths to Ignite the Sacred Feminine, Llewellyn, 2011.

Marie-Loise von Franz, Alchemy:An Introduction to the Symbolism and the Psychology, Inner City Books, 1980.

Richmond Lattimore, Hesiod, The Univercity of Michigan Press, 1984.

Starhawk, The Earth Path, Harper Collins, 2004

Starhawk, The Spiral Dance:A Rebirth of the Ancient Religion of the Great Goddess, Harper Collins, 1999.

Sinoda Bolin, "Transitiom as Liminal and Archetypal Situation", from a lecture at the Mythic Journeys Conference, June 2004, Atlanta, Georgia.